Andreas Klein (Hrsg.)

Mergers & Acquisitions im Mittelstand

Andreas Klein (Hrsg.)

Mergers & Acquisitions im Mittelstand

Haufe Group
Freiburg • München • Stuttgart

Bibliografische Information der Deutschen Nationalbibliothek

Die Deutsche Nationalbibliothek verzeichnet diese Publikation in der Deutschen Nationalbibliografie; detaillierte bibliografische Daten sind im Internet über http://dnb.dnb.de abrufbar.

Print: ISBN 978-3-648-12413-0 Bestell-Nr.: 16669-0001

ePDF: ISBN: 978-3-648-10891-8 Bestell-Nr.: 16669-0150

Andreas Klein (Hrsg.)
Mergers & Acquisitions im Mittelstand
1. Auflage 2019

© 2019, Haufe-Lexware GmbH & Co. KG
Niederlassung München
Redaktionsanschrift: Postfach, 82142 Planegg/München
Hausanschrift: Fraunhoferstraße 5, 82152 Planegg/München
Telefon: 089 895 17-0, Fax: 089 895 17-290
E-Mail: info@haufe.de
Internet: https://www.haufegroup.com

Kommanditgesellschaft, Sitz Freiburg
Registergericht Freiburg, HRA 4408
Komplementäre: Haufe-Lexware Verwaltungs GmbH,
Sitz Freiburg, Registergericht Freiburg, HRB 5557;
Martin Laqua

Geschäftsführung: Isabel Blank, Sandra Dittert, Jörg Frey, Birte Hackenjos, Dominik Hartmann, Markus Reithwiesner, Joachim Rotzinger, Dr. Carsten Thies
Beiratsvorsitzende: Andrea Haufe

USt-IdNr. DE812398835

Lektorat: Günther Lehmann (V.i.S.d.P.)

Umschlag: RED GmbH, 82152 Krailling.
Druckvorstufe: Reemers Publishing Services GmbH, Luisenstraße 62, 47799 Krefeld.
Druck: Beltz Grafische Betriebe GmbH, Am Fliegerhorst 8, 99947 Bad Langensalza.

Vorwort

Die Motive für Unternehmenskäufe und Unternehmensverkäufe sind vielfältig. Für viele Mittelständler geht es bei einem Unternehmensverkauf darum, die eigene Nachfolge zu regeln, die Altersversorgung zu sichern und das Lebenswerk in die richtigen Hände zu übergeben. So berechnete das Institut für Mittelstandsforschung Bonn, dass aktuell jährlich rund 25.000 Unternehmerinnen und Unternehmer einen Nachfolger suchen. Weitere Gründe für einen Verkauf des Unternehmens bzw. von Anteilen an Externe liegen in der Behebung finanzieller Engpässe, der Befriedung/Lösung von Gesellschafterstreitigkeiten oder in der Umsetzung verabschiedeter Unternehmensstrategien.

Auf der anderen (Käufer-)Seite hat sich die Übernahme von Unternehmen – auch im Mittelstand – zu einer wichtigen Option innerhalb einer Wachstumsstrategie entwickelt. Das Interesse der Käufer wird in Zeiten des billigen Geldes noch befördert.

Doch über 50 Prozent der Anbahnungen kommen nicht zu einem Abschluss, etwa weil die richtigen Strategien fehlen oder die Bewertungen auf nicht nachvollziehbaren Annahmen fußen.

Und wenn die Transaktion schließlich zustande gekommen ist, können bei der sogenannten Post Merger Integration noch viele Fehler gemacht werden. Verlässliche Zahlen sind schwer zu finden, jedoch ist davon auszugehen, dass viele Integrationsprojekte ihre Ziele deutlich verfehlen.

Die Praxis zeigt aber auch, dass sich viele der Probleme aus fehlendem Prozess-Know-how, ungeeigneten Instrumenten und kulturellen Missverständnissen ergeben. Diese Fehler lassen sich bei strukturierter Vorbereitung, Planung, Bewertung und Umsetzung leicht vermeiden, wie erfolgreiche Übernahmen und Fusionen belegen. Hier sind die Controller gefragt und gefordert. Dazu haben unsere Experten die wichtigsten Prozesse, Werkzeuge und „Soft Factors" in übersichtlichen Praxisbeiträgen zusammengetragen. Ein Überblick über praxisrelevante weiterführende Literatur schließt den Band ab.

Viel Erfolg wünscht Ihnen

Andreas Klein

Heidelberg im Februar 2019

Inhalt

Kapitel 4: M&A im internationalen Kontext

Kapitel 5: Literaturanalyse

Die Autoren

Matthias Deeg
Diplom-Ingenieur, Principal und Leiter des Bereichs Energiewirtschaft bei der Horváth & Partner GmbH in Frankfurt am Main. Seit über 16 Jahren berät er dabei schwerpunktmäßig Stadtwerke und Energiedienstleister in Strategiefragen.

Johannes Dürr
Studium der Betriebswirtschaftslehre an der Universität Erlangen-Nürnberg. Seit 2013 ist er für die Concentro Management AG tätig, wo er Projekte in den Bereichen Corporate Finance, Unternehmensentwicklung und Restrukturierung leitet.

Jörgen Erichsen
Dipl. Betriebswirt Jörgen Erichsen ist Unternehmensberater und berät vor allem kleine und mittelständische Betriebe. Er verfügt über langjährige Erfahrung als Controller, Leiter Finanzen und Projektmanager in Industrie- und Dienstleistungsunternehmen. Als Autor schreibt er Fachbeiträge und Bücher u.a. zu den Themen Controlling, Kostenrechnung und Betriebswirtschaft. Als Referent und Trainer arbeitet er z.B. für die Industrie- und Handelskammern sowie für die duale Hochschule Baden-Württemberg.

Prof. Dr. Thorsten Feix
Professor an der Hochschule Augsburg für die Themenfelder M&A, Corporate Finance und Corporate Strategy. Daneben lehrt er M&A an der Harvard University und Innovation Strategies an der Universität.

Leonard Gerch
M. Sc. Wirtschaftsingenieurwesen (Energie und Ressourcen) TU Berlin. Consultant bei der Horváth & Partner GmbH in Berlin mit fundierter Projekterfahrung in den Bereichen M&A, Smart Energy und innovative Technologien, Energieeffizienz sowie in weiteren Themen in der Energiewirtschaft.

Benedikt Hofstetter
Studium der Betriebswirtschaftslehre und Volkswirtschaftslehre an der Universität Passau sowie Wissenschaftlicher Mitarbeiter am dortigen Lehrstuhl für Finanzcontrolling. Für die Concentro Management AG ist er als Consultant in den Bereichen Corporate Finance und Restrukturierung tätig.

Andreas Jaburg
Principal bei der Concentro Management AG und insbesondere in den Bereichen Corporate Finance/M&A tätig.

Prof. Dr. Andreas Klein
Professor für Controlling an der SRH Hochschule Heidelberg und Herausgeber des Controlling-Beraters.

Kirsten Meynerts-Stiller
Gründerin und Managing Partner der Frankfurter Gruppe Unternehmensentwicklung. Sie berät Unternehmen in anspruchsvollen Veränderungsprozessen auf der Ebene Strategie, Struktur und Prozesse sowie zu PMI, Change-Dynamiken und Leadership-Themen.

Dr. Ralph Niederdrenk
Leiter der Deutsche Deals Strategy Group und verantwortlich für das Thema „Commercial Due Diligence" bei PwC Deutschland. In dieser Funktion beraten er und sein Team Unternehmen bei der Formulierung ihrer M&A- und Wachstumsstrategien. Er kann auf rund 750 Transaktionen zurückblicken. Darüber hinaus ist er Autor von mehr als 50 Publikationen in Zeitungen, Zeitschriften, Fachbüchern und Büchern.

Prof. Dr. Claudia Ossola-Haring
Dipl. Kfm. Prof. Dr. Claudia Ossola-Haring hat BWL an der Uni. Mannheim studiert und im Fach Betriebswirtschaftliche Steuerlehre promoviert. Seit 2002 ist sie Professorin an der SRH-Hochschule für Wirtschaft und Medien Calw. Über 10 Jahre war sie Chefredakteurin für Steuerfachliteratur und GmbH-Publikationen. Seit 1992 führt sie ein Redaktions- und Herausgeberbüro, ist Unternehmensberaterin, freie Fachjournalistin sowie Referentin in den Bereichen Steuern, GmbH, Personal und Kommunikation.

Dr. Christoph Rohloff
Managing Partner der Frankfurter Gruppe Unternehmensentwicklung. Als Change-Manager berät er Unternehmen in anspruchsvollen und komplexen Veränderungsprozessen sowie Post Merger-Integrationen.

Prof. Dr. Reinhard Rupp, WP/StB
Professor für Controlling, Finance & Accounting an der Business School der Hochschule Pforzheim. Davor war er lange im Finanzbereich, als CFO in internationalen Unternehmen sowie als Wirtschaftsprüfer und Steuerberater tätig, wodurch er umfassende Erfahrungen in M&A-Transaktionen erwarb. Er ist heute noch als Aufsichtsrat der DELTA Revision GmbH, Mannheim im Berufsstand aktiv.

Dr. Alexander Sasse

Partner und Vorstand bei der Concentro Management AG, eine auf mittelständische Unternehmen spezialisierte Unternehmensberatung mit dem Fokus Restrukturierung, M&A und Unternehmenssteuerung. Ferner ist er Lehrbeauftragter an der Universität Erlangen-Nürnberg und an der Westsächsischen Hochschule Zwickau.

Prof. Dr. Stephan Schöning

Akademischer Leiter und Professor für ABWL/Finance am Campus Calw der SRH Hochschule Heidelberg. Gastdozent an der Marmara Universität Istanbul. Forschungsschwerpunkte: Finanzierung, Risikomanagement sowie Bankenregulierung.

Andreas Schwenzer

Principal bei der Horváth & Partner GmbH in Hamburg. Er studierte Volkswirtschaftslehre und katholische Theologie und verfügt über langjährige Erfahrung in der Beratung von Energie- und Rohstoffunternehmen.

Dominik Schwyter

Dipl. Wirtschaftsprüfer, M.A. HSG in Accounting und Finance. Senior Project Manager bei der Horváth & Partner AG in Zürich mit über 7 Jahren Projektleitungserfahrung in den Bereichen M&A, Valuation, Controlling, Reporting, Accounting, Konsolidierung und finanzielle Planung.

Matthias Siems

Mitglied einer Unternehmerfamilie der Finanzindustrie mit 40-jähriger Tradition. Die Familie hat sich engagiert in der Bereichen Financial Industries, Railroads, Telecom, Real Estate, Entertainment, Shipping and FMCG. Dabei werden ausschließlich Beteiligungen mit einer Laufzeit von mindestens 8 Jahren ausgewählt.

Martin Sieringhaus

CFO, Mitglied der Geschäftsleitung von Voith Turbo und verantwortlich für die Bereiche Finanzen & Controlling, Prozesse und Governance & Risk. Zuvor war er als Mitglied der Geschäftsführung von Voith Digital Solutions für den Geschäftsbereich Finance, Commercial & Administration zuständig.

Dr. Mario Stephan

Promovierter Betriebswirt mit Fokus auf Unternehmenssteuerung und Performance-Optimierung. Seit 20 Jahren in der Managementberatung tätig, aktuell als Leiter Unternehmenssteuerung und Digitalisierung bei Horváth & Partners in Zürich. Daneben fast ebenso lang tätig als Dozent für strategische Unternehmensführung an der Steinbeis-Hochschule Berlin.

Prof. Dr. rer. pol. Christian Timmreck

Professor für Unternehmensstrategie und Finanzwirtschaft an der Hochschule Niederrhein mit Forschungsschwerpunkten in den Bereichen Mergers & Acquisitions und Unternehmensbewertung. Darüber hinaus ist er seit Juni 2015 Partner bei der auf mittelständische Transaktionen spezialisierten Beratungsgesellschaft IMAP M&A Consultants AG, und verfügt über mehr als 15 Jahre Berufserfahrung u.a. bei der Strategieberatung Boston Consulting Group, der WGZ Bank und der Wirtschaftsprüfung Ernst & Young.

Andreas Wolkau

Unternehmensberater und Interim-Manager für Finance und Controlling in Berlin.

Kapitel 1: Standpunkt

Das Experten-Interview zum Thema „Mergers & Acquisitions"

▦ Interviewpartner:

Matthias Siems, Mitglied einer Unternehmerfamilie der Finanzindustrie mit 40-jähriger Tradition. Die Familie hat sich engagiert in der Bereichen Financial Industries, Railroads, Telecom, Real Estate, Entertainment, Shipping and FMCG. Dabei werden ausschließlich Beteiligungen mit einer Laufzeit von mindestens 8 Jahren ausgewählt.

Dr. Mario Stephan, promovierter Betriebswirt mit Fokus auf Unternehmenssteuerung und Performance Optimierung. Seit 20 Jahren in der Managementberatung tätig, aktuell als Leiter Unternehmenssteuerung und Digitalisierung bei Horváth & Partners in Zürich. Daneben fast ebenso lang tätig als Dozent für strategische Unternehmensführung an der Steinbeis-Hochschule Berlin.

▦ Das Interview führte:

Prof. Dr. Andreas Klein

Professor für Controlling an der SRH Hochschule Heidelberg und Herausgeber des Controlling-Beraters.

Warum betrifft bzw. interessiert Sie das Thema M&A?

Matthias Siems: Bei uns ist es faktisch eine Familientradition, Ideen, Menschen und Visionen zu begleiten. Mein Vater hat schon in den 1970er Jahren des letzten Jahrhunderts einen der ersten Hedge-Fonds in den US gegründet und andere Fonds mit Geld ausgestattet. Ich investiere heute vor allem in junge und/oder innovative Unternehmen, die mit ihren Produkten einen für mich wichtigen Beitrag für die Gesellschaft leisten.

Mario Stephan: Als Berater begleiten wir derlei Prozesse ebenfalls seit jeher. Das Wachstum der Unternehmen erfolgt nach wie vor zu großen Teilen anorganisch, d.h. durch Zukäufe. Der Unterschied zu früher liegt darin, dass es Unternehmen bisher zumeist darum ging, das Investoren versprochene Wachstum zu liefern und schnell in neue Märkte vorzudringen. Heute ist es für viele einfach die effektivste Art, disruptiven Entwicklungen zu begegnen und ihre Agilitätsdefizite zu kompensieren.

Was machen für Sie Investitionen in mittelständische Unternehmen besonders interessant und was reizt Sie an Start-ups?

Siems: Im Mittelstand definiert sich das Unternehmen oft als Lebenswerk des Inhabers. In vielen dieser Unternehmen haben dann auch die Mitarbeiter ein entsprechendes Verbundenheitsgefühl. Das schlägt sich auf die langfristige

Performance des Unternehmens nieder, weil intrinsisch motivierte Mitarbeiter langfristig immer performanter sind als extrinsisch motivierte.

Wichtig ist in diesem Zusammenhang zu betonen, dass wir keine Venture Capitalisten sind die versuchen, aus X Tausend EURO X Millionen EURO zu machen, sondern dass wir altes Vermögen in Unternehmen investieren, die langfristig zweistellige Renditen erwirtschaften. Unser Maßstab ist die Normalität und das funktioniert mit eigentümergeführten Unternehmen, die eine eigene Mission erfüllen, langfristig am besten.

Stephan: Für uns ist an mittelständigen Unternehmen insb. spannend, dass es dort entweder nach erfolgter Investition durch einen Investor oder im Rahmen der Post-Merger-Integration (PMI) nach einem Verkaufsprozess, als allererstes um die Konzeption eines optimalen Steuerungskonzeptes für die neue Organisation geht. Und genau diese beiden Themen, d.h. die Entwicklung von Steuerungskonzepten und die Optimierung der Unternehmensleistung sind die Kernkompetenzen der meisten unserer Berater.

Auf welche Kennzahlen schauen Sie bei der Beurteilung eines möglichen Investitionsobjekts?

Siems: Zu allererst einmal auf die EK-Quote. Am wichtigsten ist aber letztlich, wie hoch die Investition im Vergleich zum Output, d.h. der Unternehmenswertsteigerung, ist. Wobei der Wert auch in der Marge, dem Image, dem Umsatzwachstum oder in Stiftungsarbeiten etc. liegen kann.

Stephan: Die richtige Orientierungsgröße richtet sich nach dem Zweck der Investition. In aller Regel versuchen wir zuerst zu verstehen, welches Leistungspotential sich in einer Steigerung von Umsatz und Marge verbirgt um daraus das Multiple, d.h. das Wertsteigerungspotential zu schätzen. Da auch wir keine Venture Capitalisten sind, spielen klassische Kenngrößen gegenüber reinen Wachstumszahlen wie bspw. bei Start-ups, nach wie vor die größte Rolle.

Wie wichtig ist Bauchgefühl in diesem Prozess?

Siems: Bei der Analyse der Kennzahlen 0 %, im Gespräch mit den Menschen 100 %. Wenn Sie mit einem Unternehmer sprechen, spüren Sie schnell, ob Sie sich eine vertrauensvolle Zusammenarbeit vorstellen können und das korreliert nur mittelbar mit den Kennzahlen. Ungeachtet aktueller Kenngrößen hängt es am Ende davon ab, ob Sie Vertrauen haben können, dass Sie offen über alles sprechen können, was gut läuft, was weniger gut läuft und wo persönliche Belastungsgrenzen beginnen. Vertrauen ist die Basis des zukünftigen Erfolgs und dafür brauchen Sie Ihren Bauch.

Stephan: Das Thema Bauchgefühl ist m.E. der größte Unterscheid zwischen einem unternehmerisch handelnden Investor alter Schule und einem „nur" hochqualifizierten Berater. Herr Siems hat das Thema praktisch schon mit der Muttermilch aufgesogen und – wenn ich es richtig gehört habe – schon als kleines

Kind unter dem Konferenztisch spielen dürfen, während auf dem Tisch große und kleine Deals verhandelt wurden. In so einem Umfeld entwickelt sich eine Intuition, die nicht durch noch so viele Executive MBAs ausgeprägt werden kann. Aus diesem Grund müssen wir uns an die kalten Fakten halten und uns weitestgehend auf die Analytik verlassen.

Wenn Sie dann aber doch auch auf die Zahlen schauen, Interessieren sie dann mehr die „harten" Vergangenheitsdaten oder der Blick in die (unsichere) Zukunft?

Siems: Analyse und Bewertung sind zu 99 % auf die Zukunft ausgerichtet. Die Vergangenheit sorgt für die Erstellung von mentalen Sicherheitsankern. Um die unsichere Zukunft positiv beeinflussen zu können ist sie aber weniger von Bedeutung. Sie können als Investor nur das Morgen beeinflussen und dabei spielt das Vertrauen in den Unternehmer eine größere Rolle als die letztjährige Umsatzrendite.

Was sind also die für Sie kritischsten Erfolgsfaktoren für eine erfolgreiche Beteiligung?

Siems: Zu allererst ein authentisches Management, danach eine belebende Vision, gepaart mit Energie und eine Hingabe der Verantwortlichen für die Entwicklung des Unternehmens. Wie erwähnt geht es darum einen Mehrwert zu schaffen und das heißt, dass das Produkt oder der Service einen Beitrag leisten muss, dass Menschen besser lernen, arbeiten, leben können. Der elementare Mehrwert der Ökonomie ist es, Lösungen zu schaffen und davon muss ich überzeugt werden, dass dies gelingen kann.

Und was sind die kritischsten Erfolgsfaktoren für einen Merger zwischen Unternehmen?

Siems: Ein Zusammenschluss klappt meiner Erfahrung nach nur dann, wenn sich die zwei Ursprungskulturen ergänzen, wenn sich die Produkte komplementieren und die Dienstleistungen bestärken. Nur dann wachsen Marktanteil und Image und in Folge auch die Finanzkennzahlen.

Stephan: Beim Zusammenschluss von Unternehmen ist in 9 von 10 Fällen erfolgsentscheidend, dass sich die Unternehmen so früh wie möglich auf das gemeinsame neue Steuerungsmodell einigen. Wir betreuen gerade den Zusammenschluss zweier bekannter Unternehmen aus den Top 10 ihrer Branchen: Eines der Unternehmen plant rudimentär top-down, eines ausgiebig bottom-up. Bei einem Unternehmen sind viele interne Unterstützungseinheiten wie externe Servicepartner aufgestellt und verrechnen Planpreise, während beim anderen eine klassische Cost-Center-Denke vorherrscht, bei dem die Kosten einfach weiterberechnet werden.

Das klingt jetzt nach viel Detail, aber das ist es, was letztlich für eine schnelle Performance-Steigerung verantwortlich ist. Dass diese Aktivitäten mit einem begleitenden Change-Management betrieben werden, ist selbstredend. Kein Händchenhalten, sondern eine sauber strukturierte Begleitung des Veränderungsprozesse mit modernen Methoden und Tool.

Herr Siems, woran scheitern M&A-Prozesse Ihrer Meinung am häufigsten?

Siems: Ich denke, es ist die Mischung aus zu viel Hoffnung, dass es schon klappen wird und Übereifer, d.h. der Glaube, dass mit viel Arbeit automatisch viel erreicht wird, ohne auf die richtige Arbeit zu achten. Wenn Sie im falschen Zug sitzen ist die Geschwindigkeit egal, weil die Richtung nicht stimmt. Für mich kommt zudem noch der Mut zur Wahrheit dazu, d.h. nichts zu versprechen was man nicht halten kann. Das gilt für die persönliche Beziehung aber auch bspw. in den Verhandlungen mit den Banken. Wenn Sie nicht offen darlegen, was realistisch in welcher Zeit erreicht oder getragen werden kann, belasten Sie sich und das Unternehmen. Wenn dann noch Liquiditätsengpässe hinzukommen und die Burn-Rate sich beschleunigt haben Sie keine Reserven mehr.

In Bezug auf die Change-Begleitung wurde eben schon von modernen Tools gesprochen. Welche Rolle spielt das Überthema Digitalisierung?

Siems: Die modernen Instrumente der Digitalisierung helfen Daten richtig anzuwenden und Erkenntnisse in Ergebnisse zu wandeln. Im Rahmen der Due Diligence werden heute komplexere Simulationen durchgeführt und viel längere Zeitreihen und Umfeldfaktoren berücksichtigt. Aus Sicht des unternehmerischen Investors bedeuten mehr Daten aber auch mehr Gedanken, Diskussion und auch mehr Unsicherheit. Digitalisierung macht also bestimmte Prozesse effizienter und umfassender, aber am Ende bleibt es eine Bauchentscheidung auf Basis von Vertrauen.

Stephan: Für uns sind die neuen Möglichkeiten der Digitalisierung natürlich fast durchweg positiv. Wir schaffen es einerseits mehr Sicherheit aus den vorhandenen Daten zu ziehen und so Risiken zu minimieren. Zum anderen hilft es den Unternehmen ihre Ressourcen immer mehr von transaktionalen Aufgaben zu befreien und mehr Zeit in die Interpretation der Daten zu investieren. Für viele Unternehmen beginnt diese Reise meist noch mit einzelnen Pilotanwendungen wie einem automatisierten Forecast aber es gibt auch schon Unternehmen, die sich trauen ihre Organisation um diese Möglichkeiten herum zu bauen. Ein Zusammenschluss von Unternehmen ist dabei ein perfekter Zeitpunkt, sich zu überlegen, wie man das neue Unternehmen idealerweise aufbauen würde.

Lassen Sie uns auf den Teilprozess der Preisfindung eingehen. Welche Bedeutung hat bspw. die Fähigkeit, ein Pokerface zu zeigen? Kann man damit 2 % oder 10 % vom Preis beeinflussen?

Siems: Ich bin mir sicher, dass es einige institutionelle Investoren gibt, die ein gutes Pokerface machen können. Pokerface ist für mich jedoch ohne Relevanz, weil man vielleicht ein oder zweimal ein Pokerface zeigen kann, aber nicht, wenn sich der Prozess über viele Treffen hinzieht und wenn Sie im Prozess regelmäßig mit Ihrem Geschäftspartner Essen gehen usw. Die Erfahrung zeigt, dass Sie durch Ehrlichkeit langfristig bessere Deals bekommen als durch Pokern. Ehrlichkeit führt weiter, weil man sich nicht ausgetrickst fühlt und gerne an seinen Geschäftspartner denkt. In meinem Geschäft muss man geduldig sein, weil viele Verkaufsprozesse erst dadurch in Gang kommen, dass man dem Verkäufer durch das eigene Netzwerk Verkaufsoptionen bietet, an die er oder sie vorher noch gar nicht gedacht hat. Und in diesem Prozess zählen Offenheit, Ehrlichkeit und Integrität. Ein Pokern würde Ihnen hier mehr kaputt machen als nutzen.

Wie lange halten Sie typischerweise Ihre Beteiligungen, mit welcher Zielsetzung tun Sie das und woran erkennen Sie, dass es Zeit wird für einen Verkauf?

Siems: Die meisten Beteiligungen behalten wir zwischen 8-15 Jahre. Danach bieten wir dem Unternehmen an, die Anteile wieder selbst zu kaufen oder wir stellen es dem Netzwerk zur Verfügung. Der exakte Zeitpunkt ist dabei nicht messbar, auch nicht mit den neusten „Predictive" KPIs. Zumeist starten die Gespräche dann, wenn die Energie beim Unternehmer nicht mehr voll da ist, wenn bspw. das Lebenswerk erreicht ist. Es kann aber auch sein, dass die Impulse aus dem Netzwerk kommen, d.h. dass ich angesprochen werde.

Welche Rolle spielen externe Berater, Banker oder Rechtsanwälte?

Siems: Im Kern sind es meistens sehr kluge Köpfe, die ihre Intelligenz einsetzen um viele einfache Dinge sehr kompliziert zu machen und uns so oft große Schwierigkeiten bereiten. Aus formaljuristischen Gründen notwendig, aber nicht immer geliebt. Ich würde mir wünschen, dass diese Menschen mehr autark entscheiden und arbeiten dürfen, denn viele Menschen haben tolle Ideen, die das System verunmöglicht.

Stephan: Die Entscheidung, ob in ein Unternehmen bzw. einen Unternehmer investiert wird, können wir Berater den Investoren wie Herrn Siems nicht abnehmen. Aber sobald der Entscheid gefallen ist, können wir mit Methodenwissen und der Kenntnis der aktuellsten technischen Möglichkeiten dafür sorgen, dass das Unternehmen schnell und ohne nur vordergründig sinnvolle Maßnahmen – Stichwort Downsizing – zu einer nachhaltigen Leistungssteigerung kommt. Zudem versachlichen wir den Transformationsprozess und können quantitative und qualitative Best-Practice einbringen.

Gibt es Themen, die Ihnen im Zusammenhang mit dem Thema M&A unterrepräsentiert sind oder schlicht vergessen werden?

Siems: Das gibt es tatsächlich und zwar die Frage was Sie machen, wenn Sie sich mit dem Unternehmer im Verlauf der Verhandlungen oder kurz nach Vertragsabschluss doch in die Haare bekommen. In jedem Investitionsprozess tauchen im Verlauf unvorhergesehene Themen auf und manchmal führt dies zu persönlichen Differenzen. Dann gilt es sich selbst nicht zu wichtig zu nehmen, loszulassen und andere die Betreuung oder die Verhandlungen übernehmen zu lassen. Wichtig ist hier, dass man nicht mit dem Kopf durch die Wand will oder es zu einer

Egothematik kommt. Ein gutes Netzwerk kann auch hier helfen die richtige Vertrauensperson zu finden die dann einspringt. Ich versuche mir zudem immer wieder bewusst zu machen, dass jede Krise immer nur temporär ist und mich dann auf die Vorfreude über den Abschluss oder die positive Unternehmensentwicklung zu orientieren.

Stephan: Ein Aspekt, der unser Ansicht nach gerade von Private Equity Firmen regelmäßig vernachlässigt wird ist die Analyse der Produktpipeline. Woher wissen Sie denn, ob das Unternehmen in der Produkt- oder Servicepipeline tatsächlich potenzialträchtige zukünftige Produkte bzw. Services hat? Es ist immer wieder erschreckend wie wenig Unternehmen gerade im Innovationsbereich auf die einfache Frage „Warum sollte ein Kunde gerade Ihr Produkt und nicht das der Konkurrenz kaufen?" eine effektive Antwort wissen. Wenn dann auch noch eine Abschätzung des erwartbaren Konkurrenzpotenzials fehlt, kauft ein Investor faktisch das sich gerade jetzt auszahlende Ergebnis früherer Innovationsanstrengungen, aber kein wirkliches Zukunftspotenzial.

Lassen Sie uns zum Abschluss in die Zukunft schauen, was steht an bzw. welche Entwicklungen sehen sie auf uns zukommen?

Siems: Die Welt und damit auch die Märkte werden sich in Zukunft noch schneller drehen. Wir werden hinsichtlich Kommunikation, Mobilität, Medizin usw. weiter Grenzen überschreiten. Ich bin mir sicher, dass wir noch unzählige tolle Ideen bewundern können, die viel Mehrwert für uns als Menschen schaffen. Wenn ich davon ausgehe, dass eine Lebenserwartung von über 100 Jahren bald Normalität sein wird, dann wird Raum und Zeit perspektivisch noch wertvoller. Auch aus diesem Grund suche ich Dinge, die Menschen leichter leben lassen.

Stephan: Für uns bleibt auf absehbare Zeit das Thema der Digitalisierung oben auf der Agenda. Wir haben aus diesem Grund schon vor Jahren ein sog., Steering Lab gegründet, das sich aber nicht wie die typischen Digitalisierungs-Showrooms gerade der großen Beratungen positioniert, sondern als Maschinenraum im dem das QBM, d.h. das Quantitative Business Modelling, stattfindet. Wir sehen, wie praktisch jeden Monat neue quantitative Modelle entwickelt werden, die immer komplexere Algorithmen beinhalten und die Unternehmenssteuerung nachhaltig verändern. Gerade auch in PMI Prozessen entstehen immer höhere Anforderungen an die Standardisierung und Harmonisierung der IT-Systeme. Die Anforderungen werden deshalb nicht nur für die Unternehmen, sondern auch für uns Managementberater technologischer. Sie stellen nicht nur die Unternehmen sondern auch uns selbst vor neue Herausforderungen und ändern das Standardprofil in Richtung mathematische Statistik und Datenmanagement.

Sehr geehrter Herr Siems, sehr geehrter Herr Stephan, ich danke Ihnen für die Zeit und wünsche Ihnen beiden alles Gute und viel Erfolg.

Kapitel 2: Grundlagen & Konzepte

Erfolgreiche Steuerung eines integrierten M&A-Prozesses

- M&A-Projekte stellen immer ein Investitionsprojekt dar, das einen Mehrwert für das Unternehmen und dessen Eigner generieren soll. Deshalb sind auch hier Strukturen und Prozesse notwendig, die eine effektive Steuerung ermöglichen.

- Die Investitionsstrategie eines Unternehmens muss mit dessen übergeordneter Strategie in Einklang stehen, um die effiziente und effektive Ausrichtung auf die Unternehmensziele sicherzustellen.

- Der Beitrag beschreibt zunächst, wie M&A-Aktivitäten als Investitionsprojekt und strategische Maßnahme zu organisieren sind. Danach werden für die Phasen der Deal-Vorbereitung und die Post-Merger-Integration die Anforderungen formuliert und Handlungsempfehlungen gegeben.

- Die Vorgehensweise wird jeweils anhand von Praxisbeispielen erklärt. Dies erleichtert die Übertragung auf eigene Fragestellungen.

▪ Die Autoren

Dominik Schwyter, Dipl. Wirtschaftsprüfer, M.A. HSG in Accounting und Finance. Senior Project Manager bei Horváth & Partner mit über 7 Jahren Projekleitungserfahrung in den Bereichen M&A, Valuation, Controlling, Reporting, Accounting, Konsolidierung und finanzielle Planung.

Dipl.-Volksw. Andreas Schwenzer, Principal bei der Horváth & Partner GmbH in Hamburg. Er studierte Volkswirtschaftslehre und katholische Theologie und verfügt über langjährige Erfahrung in der Beratung von Energie- und Rohstoffunternehmen.

Leonard Gerch, M. Sc. Wirtschaftsingenieurwesen (Energie und Ressourcen) TU Berlin. Consultant bei der Horváth & Partner GmbH in Berlin mit fundierter Projekterfahrung in den Bereichen M&A, Smart Energy und innovative Technologien, Energieeffizienz sowie in weiteren Themen in der Energiewirtschaft.

Matthias Deeg, Diplom-Ingenieur, Principal und Leiter des Bereichs Energiewirtschaft bei der Horváth & Partner GmbH in Frankfurt am Main. Seit über 16 Jahren berät er dabei schwerpunktmäßig Stadtwerke und Energiedienstleister in Strategiefragen.

1 Aktuelle Herausforderungen im M&A-Markt

In einer hochgradig dynamischen und stark globalisierten Wirtschaft gewinnen M&A-Aktivitäten für Unternehmen aus diversen Gründen an Relevanz. Zunehmend internationale Tätigkeiten und damit verbundene Abhängigkeiten sind Treiber für internationale Expansion und grenzüberschreitende Transaktionen. Brancheninterne Konzentrationen wiederum können nationale- wie auch internationale Zusammenschlüsse begünstigen.[1] So können grenzüberschreitende Akquisitionen gezielt Zugang zu neuen Märkten verschaffen. Unternehmen sehen sich oft auch gezwungen, anorganisch zu wachsen, um dem Imperativ der Disruption und steten Innovation gerecht zu werden. In einem sich schnell wandelnden Unternehmensumfeld lassen sich Innovationen oft nicht ausreichend forcieren und Technologien nicht intern entwickeln, ohne viel Zeit und damit den Anschluss an den Wettbewerb zu verlieren. Anorganisches Wachstum getrieben durch M&A-Aktivitäten kann hierbei den Zugang zu Innovationen, neuen Märkten und Technologien sicherstellen.

2 Bedarf an übergeordneter Steuerung des Investitionsprozesses

Grundsätzlich können externe Investitionen und Desinvestitionen in Form von M&A-Aktivitäten als spezifische Ausprägung regulärer Investitionsprojekte betrachtet werden. Demnach sollten auch M&A-Aktivitäten einem geordneten Prozess folgen und den gleichen Erfolgskriterien unterliegen wie ein herkömmliches Investitionsprojekt.[2] M&A-Aktivitäten stellen also ungeachtet der zugrundeliegenden strategischen Motivation, sei es der Abbau von Überkapazitäten oder die Beschaffung von Zugang zu neuen Märkten oder Technologien, immer auch ein Investitionsprojekt dar, das Wert für das Unternehmen und dessen Eigner generieren soll.

Wertschaffung wird in Bezug auf ein Investitionsprojekt nach gängiger Meinung in die Schaffung von Shareholder Value übersetzt, sprich der den Inhabern zurechenbare Unternehmenswert. Eine M&A-Aktivität muss aus dieser Perspektive somit zumindest ihre Kosten einschließlich der Kapitalkosten erwirtschaften. Um den Wertbeitrag einer M&A-Aktivität transparent zu gestalten, ist eine übergeordnete Steuerung des gesamten Investitionsprozesses sowie der Beteiligung nach ihrer Integration notwendig.[3]

Um das volle Potenzial strategisch motivierter M&A-Aktivitäten auszuschöpfen, muss ein Unternehmen geeignete Strukturen und Prozesse implementieren, die eine effektive Steuerung erst erlauben. Das Vorgehen muss klar definiert sein, von

---

[1] Lucks/Meckl, 2015, S. 5.
[2] Müller, 2014, S. 359.
[3] Lucks/Meck, 2015, S. 17.

der Festlegung der eigenen Investitionsstrategie über die Abwicklung der Transaktion bis hin zur Integration der Beteiligung. Zielunternehmen müssen einerseits zu einem angemessenen Grad operativ integriert werden, um Synergien erfolgreich freizusetzen. Andererseits müssen auch Berichtswesen und Datenstrukturen integriert und harmonisiert werden, um den Erfolg einer Transaktion transparent und messbar zu machen. Solch eine übergeordnete Steuerung des Investitionsprozesses wird erst durch eine klare Formulierung des M&A-Prozesses möglich. Sowohl in der Lehre als auch in der Praxis folgt man dabei zumeist einem Dreischritt aus Vorbereitungsphase, Transaktionsabwicklungsphase sowie Post-Merger-Integrationsphase bzw. Steuerung der Beteiligungen.[4]

Vorbereitungsphase

M&A-Aktivitäten sollten immer in Einklang mit der jeweiligen Investitionsstrategie eines Unternehmens in Einklang stehen, die wiederum aus der übergeordneten strategischen Ausrichtung abgeleitet werden kann. In einem weiteren Schritt steht dann die Identifikation potenzieller Zielunternehmen an. Die Festlegung auf ein Zielobjekt markiert in dieser Hinsicht das Ende der Vorbereitungsphase und sogleich den Übergang in die Transaktionsabwicklungsphase. Eine auf die Digitalisierung des eigenen Serviceangebots fokussierende Strategie, die u.a. durch eine anorganische Investitionsstrategie forciert werden soll, kann so bspw. die Akquisition eines Technologie-Start-ups legitimeren.

Transaktionsabwicklungsphase

In der Transaktionsabwicklungsphase wird das Zielunternehmen im Rahmen der Due Diligence bewertet und auf Risiken überprüft, bevor es nach Regelung des Beteiligungsgrades, der Finanzierung sowie dem Aufsetzen des Kaufvertrags zum effektiven Unternehmenserwerb kommt.

Post-Merger-Integrationsphase

Nach der Unterzeichnung des Kaufvertrags erfolgt in der Post-Merger-Integrationsphase die Steuerung der Beteiligung, um die strategisch angestrebten Synergien zu realisieren. Um eine zielgerichtete finanzielle Steuerung des akquirierten Unternehmens sicherzustellen, müssen adäquate Messgrößen und Kennzahlen definiert werden. Nebst operativer Integration ist in dieser Phase entscheidend, Daten der Beteiligung möglichst schnell in der auf Konzernebene benötigten Form bereitzustellen und die Berichtswesen zu harmonisieren. Nur so kann der Erfolg von M&A-Aktivitäten transparent gemacht werden.[5]

---

[4] Lucks/Meckl, 2015, S. 98.
[5] Häfner et al., 2006, S. 479.

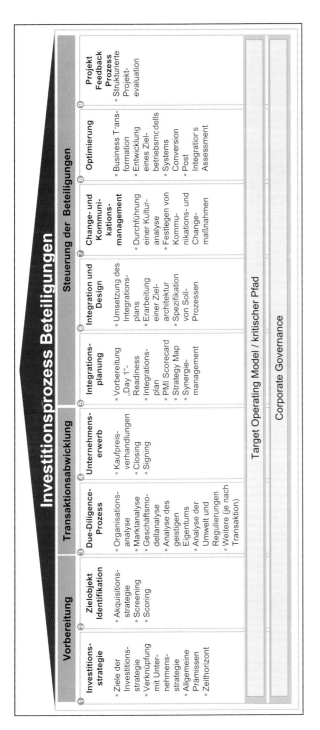

Abb. 1: Übersicht des Investitionsprozesses für Beteiligungen

3 Wachstums- und Investitionsstrategie als Ausgangspunkt

3.1 Bedeutung für den M&A-Prozess

Die Investitionsstrategie eines Unternehmens muss mit dessen übergeordneter Strategie in Einklang stehen, um die effiziente und effektive Ausrichtung auf die Unternehmensziele sicherzustellen. Bevor also eine Investitionsstrategie formuliert werden kann, muss Klarheit über die strategische Ausrichtung bestehen. Soll bspw. der Eintritt in neue Märkte oder Technologien im Vordergrund stehen oder geht es eher um eine Verbesserung der Rendite mittels Synergien? Davon ausgehend kann in der Folge eine Investitionsstrategie abgeleitet werden, die darauf abzielt, diese strategischen Ziele bestmöglich zu erreichen. Ebenfalls muss klar definiert sein, in welchem Maß anorganisches Wachstum überhaupt angestrebt wird. Um die Investitionen über die festgelegten Zeithorizonte effektiv zu steuern und zu beurteilen, müssen geordnete Bewertungsprinzipien definiert werden. Hier wird gemeinhin auf die Wertschaffung i. S. d. Erhöhung des Shareholder Value zurückgegriffen.[6] Ist eine Investitionsstrategie mit den dargelegten Parametern einmal formuliert, können potenzielle Investitionen an dieser gemessen werden, um zu einem Investitionsentscheid zu gelangen.

3.2 Definition einer Investitionsstrategie

3.2.1 Hintergrund der Strategieentwicklung

Anhand eines einfachen Praxisbeispiels sollen nachfolgend der Inhalt und die konkrete Umsetzung einer Investitionsstrategie illustriert werden. Dabei geht es um einen Importeur von Nutzfahrzeugen eines ausländischen Herstellers. Das familiengeführte Unternehmen hat einen Exklusivvertrag für den Import von Fahrzeugen dieser Marke und verfügt zugleich über ein weit verzweigtes Händlernetzwerk, über das er auch Dienstleistungen im Bereich Aftersales erbringt (Reparatur, Verkauf von Ersatzteilen etc.).

Aufgrund historisch gewachsener Strukturen sehen die Inhaber die Rentabilität des Unternehmens als ungenügend. Zudem haben sie erkannt, dass die technologischen Entwicklungen im Bereich Nutzfahrzeuge und Mobilität das angestammte Geschäftsmodell in den kommenden 10 Jahren grundlegend zu verändern drohen. Darüber hinaus wurden Akquisitionen in der Vergangenheit weitgehend opportunistisch vorgenommen, da keine klar definierte Investitionsstrategie vorlag.

Vor diesem Hintergrund soll die Investitionsstrategie folgende Ziele sicherstellen:

- Übersetzung der Unternehmensstrategie in Mittelallokation für den Zeitrahmen der strategischen Planung (5 Jahre);
- Vorgabe und Legitimation für die Mittelallokation;

---

[6] Ott, 2000, S. 63–66.

- Initialisierung und Ressourcenfokussierung auf freigegebene Inhalte;
- Sicherstellung finanzieller Leitplanken.

3.2.2 Prämissen definieren und Stoßrichtungen ableiten

Entsprechend wurden in Zusammenarbeit mit der Geschäftsleitung folgende 3 Prämissen der Investitionsstrategie definiert: Strategiekonformität, Rentabilität sowie finanzielle Tragbarkeit/Mittelallokation. Strategiekonformität bedeutet, dass sämtliche Aktivitäten den strategischen Stoßrichtungen dienen müssen, die darin bestehen, das existierende Kerngeschäft rentabler zu machen, zu transformieren, neue Märkte zu erschließen oder neue Geschäftsmodelle aufzubauen. Wenn Vorhaben diesen Zweck erfüllen, sind sie als strategiekonform zu bezeichnen.

In einer Ansoff-Matrix werden diese strategischen Stoßrichtungen durch das Management festgehalten. Dabei wird ebenfalls definiert, dass im ersten Schritt der Strategieumsetzung der Fokus auf der Marktentwicklung und der Diversifikation liegen soll, also im Wesentlichen neue Kunden gewonnen werden sollen. Das Geschäft mit bestehenden Kunden soll hingegen, insbesondere aus dem angestammten Geschäft, durch organisches Wachstum gestärkt werden.

Abb. 2: Nutzung der Ansoff-Matrix zur Strukturierung der Strategie

Hinsichtlich der Rentabilität werden im Rahmen der Investitionsstrategie klare Leitplanken geschaffen, anhand derer ein jeweiliges Geschäftsmodell gemessen wird. Die entsprechenden Wertbemessungsparameter wurden einheitlich festgelegt und umfassen:

- Payback-Periode des undiskontierten Cashflows
- Nettobarwert der Cashflows in einem konservativen Szenario

Die zu erreichende Payback-Periode unterscheidet sich je nach Quadrant der in Abb. 2 dargestellten strategischen Ziele. Bezüglich der finanziellen Tragbarkeit stehen insbesondere die Auswirkungen auf die Kapital- und Liquiditätsstruktur der gesamten Gruppe im Vordergrund. Dabei werden, wiederum je nach Quadrant, die einzelnen Zielvorgaben festgelegt. Die Parameter zur Beurteilung der finanziellen Tragbarkeit beziehen sich erstens auf die Eigenkapitalquote, die sicherstellt, dass die potenzielle Fremdfinanzierung der Investition keinen negativen Einfluss auf das langfristige Finanzierungspotenzial der Gesellschaft hat. Zweitens bestehen im Rahmen der Investitionsstrategie Vorgaben hinsichtlich der Position „Net Debt/Free Cashflow", wodurch ersichtlich wird, in welchem Zeitraum die Verschuldung der Gesellschaft aus eigenen Mitteln zurückgeführt werden kann.

3.3 Klare Fokussierung auf einzelne Wachstumsfelder

Um die Investitionsstrategie weiter zu konkretisieren, empfiehlt sich die zusätzliche Verfeinerung in einzelne Wachstumsfelder. Gerade im aktuellen Marktumfeld mit einer Vielzahl an möglichen Transaktionen, bedarf es einer klaren Fokussierung der M&A-Aktivitäten. Im vorliegenden Beispiel hat der genannte Nutzfahrzeugimporteur für die Marktentwicklung die Wertschöpfungskette analysiert und auf dieser Basis die Wachstumsfelder beschrieben. Innerhalb dieser Felder soll dann die Identifikation möglicher Zielobjekte vorangetrieben werden. Die Wertschöpfungskette sowie die Wachstumsfelder im Bereich Aftersales sind in Abb. 3 dargestellt.

Auf Basis der gegenwärtigen Aktivitäten der Gruppe ist eine Erweiterung der Wertschöpfungskette i.S.d. Ausbaus von Handelswaren sowohl in horizontaler als auch in vertikaler Richtung denkbar. Abb. 3 illustriert, basierend auf den gegenwärtigen Aktivitäten des Bereichs Aftersales, mögliche horizontale und vertikale Erweiterungen der Wertschöpfungskette.

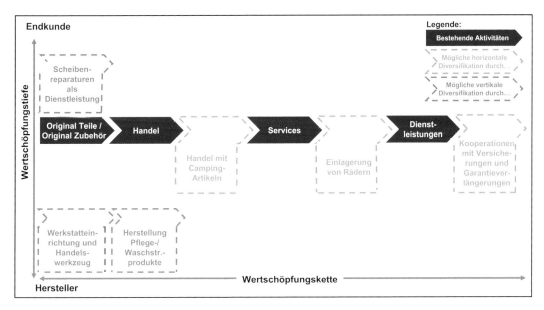

Abb. 3: Horizontale und vertikale Erweiterungen der Wertschöpfungskette

Die Bewertung der möglichen Wachstumsfelder erfolgt anhand der Parameter „Lebensdauer des Geschäftsfelds" sowie „Wachstums- und Rentabilitätspotenzial" gemessen am Deckungsbeitrag 2. Darauf basierend wird z. B. das Feld „Scheibenersatz und -reparaturen" als eines der Wachstumsfelder der Investitionsstrategie identifiziert. Dieses wird nachfolgend exemplarisch beschrieben.

Die verstärkte Bearbeitung des Wachstumsfelds „Scheibenersatz und -reparaturen" ist für die Gesellschaft attraktiv, da es sich um einen stabilen Markt mit attraktiven Margen handelt, dessen Existenz von externen Einflussfaktoren, wie autonomem Fahren oder Sharing-Economy, weitgehend unbeeinflusst ist. Die Herstellung und der Vertrieb von Produkten für die Autopflege und Waschstraßen sind durch hohe Margen sowie stabile Aussichten hinsichtlich Marktwachstum und Lebensdauer attraktiv. Sie bieten eine sehr margenstarke Chance zur Erweiterung der Wertschöpfung in vertikaler Ebene, d. h. zum Ausbau der Handelswaren, während durch den Handel mit diesen Produkten neue Vertriebskanäle (z. B. Großverteiler, Tankstellen, Betreiber von Waschstraßen) erschlossen werden können.

Sind die relevanten Wachstumsfelder identifiziert, gilt es die M&A-Aktivitäten in der sog. Pre-Deal-Phase weiter voranzutreiben. In dieser Phase des Prozesses wird die Akquisitionsstrategie festgelegt und mögliche Zielobjekte identifiziert.

4 Vorbereitung des Deals (Pre-Deal-Phase)

4.1 Identifikation des Zielobjekts

4.1.1 Festlegung des Akquisitionsmotivs

Nachdem die grundlegenden Unternehmensziele und die Investitionsstrategie bestimmt wurden, muss ein kritischer Pfad zu deren Umsetzung festgelegt werden (= „Akquisitionsstrategie"). Dieser Schritt ist fundamental für die Vorbereitung des Deals und sollte in einem angemessenen zeitlichen Horizont mit genügend Vorlaufzeit durchgeführt werden. Die Akquisitionsstrategie orientiert sich dabei an der Investitionsstrategie, in der durch eine Unternehmens- und Marktanalyse, bspw. eine Stärken-Schwächen- und Chancen-Risiken-Analyse oder einer Analyse nach Porters 5 Forces, die Ist-Position des eigenen Unternehmens beschrieben wird. Innerhalb der Investitions- und Wachstumsstrategie eines Unternehmens, repräsentiert die Akquisitionsstrategie die Verfolgung des Ziels anorganischen Wachstums. Abb. 4 zeigt dabei einen übergeordneten Aufbau und die Eingliederung der Akquisitionsstrategie in die Unternehmensstrategie.

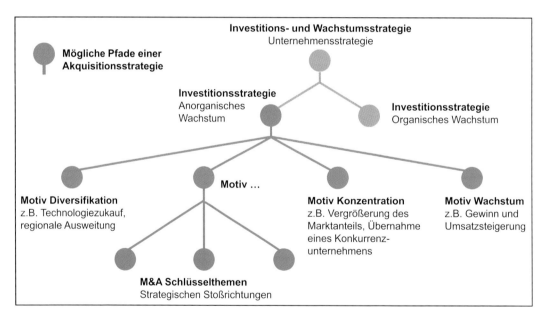

Abb. 4: Die Akquisitionsstrategie innerhalb eines Unternehmens

In dem folgenden Beispiel aus der Praxis wird die Wahl der Akquisitionsstrategie aus dem **Motiv des Wachstums** abgeleitet. In dem Praxisbeispiel handelt es sich um ein international tätiges Technologieunternehmen aus Deutschland mit einem starken Fokus auf die Produktion von Hardware. Aufgrund der zunehmenden Konkurrenz aus Asien und der dadurch deutlich verkleinerten

Margen im bestehenden Geschäftsbereich besteht Handlungsbedarf, die Wert-schöpfungskette zu erweitern. Ziel ist es, durch die Akquise eines Softwareunter-nehmens sowohl den Umsatz zu steigern und Synergien in der Kundenansprache zu heben als auch ein breiteres Produktportfolio anzubieten, um damit langfristige Kundenbindungen zu schaffen.

Im Gegensatz zum erwähnten Praxisbeispiel besteht häufig auch das **Motiv der Konzentration**, getrieben durch die Vergrößerung des Marktanteils und der etwaigen Akquisition eines direkten Konkurrenzunternehmens. Bei dem **Motiv der Diversifikation** handelt es sich um einen Technologiezukauf oder eine regionale Ausweitung des Geschäftsbereichs.[7]

4.1.2 Identifikation möglicher Zielobjekte

Im nächsten Schritt wird beschrieben, wie mögliche Zielobjekte identifiziert werden, das sog. Screening. Dabei bietet es sich eine agile Projektmethodik an, in der durch Schleifen innerhalb des Screening-Prozesses verschiedene Stakeholder involviert werden können und etwaige Anpassungen im Prozess möglich sind.

Im Praxisbeispiel des Technologieunternehmens war die Definition und Beschrei-bung des Motivs fundamental für den anschließenden Screening-Prozess, um eine klare Abgrenzung zu schaffen und die Anzahl potenzieller Kandidaten aktiv zu steuern. Eine zu hohe Anzahl an Kandidaten führt zu dem Problem, dass die Kandidaten nicht ordnungsgemäß beurteilt werden können. Eine zu geringe Anzahl, oder sogar nur der Fokus auf ein Objekt, führt zu einer Einschränkung von Möglichkeiten und einer sehr geringen Erfolgsquote. Demnach ist es von großer Bedeutung, eine möglichst umfassende Voridentifikation entlang der strategischen Stoßrichtungen vorzunehmen. Im Projektteam wurden so ca. 700 Zielobjekte in einer Grobauswahl gelistet. Insbesondere in dynamischen Marktumfeldern wie der Softwarebranche ist eine ständige Wachsamkeit und kontinuierliches Screening von Objekten notwendig. Auch im M&A-Umfeld gilt: Erfolg ist gegeben, wenn Möglichkeiten und Glück auf eine ausreichende strategische Planung treffen. Der Erfolg oder Misserfolg eines M&A-Deals entscheidet sich dabei oft schon im strategischen Planungsprozess.[8]

4.1.3 Analyse der identifizierten Zielobjekte

Bevor die Entscheidung getroffen werden kann, ob ein Unternehmen kontaktiert und eine detaillierte Analyse durchgeführt wird, bedarf es eines zweiteiligen Auswahlprozesses. In der Literatur werden die Inhalte des Prozesses oft unterschiedlich benannt und es besteht keine einheitliche Definition. Auch die Vorgehensweise kann abhängig von der jeweiligen Situation und dem Projekt variieren. Grundsätzlich kann der Auswahlprozess jedoch in Screening und

---

[7] Meyer, 2011, S. 39.
[8] Brady/Moeller, 2014, S. 126.

Scoring unterteilt werden. Abb. 5 zeigt dabei eine klassische Struktur beispielhaft am Auswahlprozess eines Softwareunternehmens.

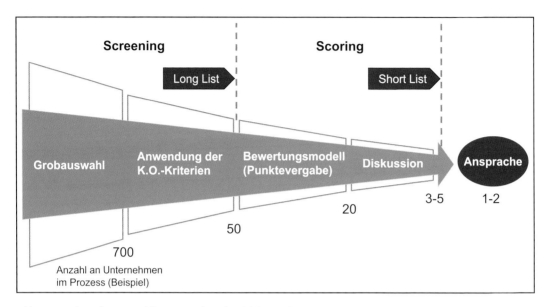

Abb. 5: Aufbau des Auswahlprozesses für Akquisitionsziele

4.1.4   Screening: Grobauswahl und Anwendung von K.O.-Kriterien

Eine erste Grobauswahl erfolgt durch die Schlagwortsuche in verschiedenen Datenbanken sowie durch den Kontakt zu Netzwerken und Beratern. Die definierten Schlagworte werden nahe an der Softwareindustrie, Softwaresystemen und den Tätigkeitsfeldern der Branche gewählt. Im nächsten Schritt des Projekts erfolgt der Screening-Prozess anhand standardgemäß definierter Kriterien. Je nach Projektart ändern sich die Kriterien, die als K.O.-Kriterien bezeichnet werden können. Im Allgemeinen sollten die Kriterien folgende Aspekte berücksichtigen:

- Industrie und Tätigkeitsfelder des Zielobjekts;
- geografische Lage;
- Größe des Unternehmens (Umsatz, Anzahl der Mitarbeiter, Marktwert etc.);
- Profitabilität und weitere finanzielle Kennzahlen;
- Risikopotenzial (Signifikante regulatorische und rechtliche Komponenten);
- gegebene Eigentumsverhältnisse.

Im Projektbeispiel ist der Screening-Prozess agil gehalten, um nicht durch eine zu starre Vorgehensweise potenziell geeignete Zielobjekte automatisch auszuschließen. Nach der Grobauswahl gelangen ca. 50 Softwareunternehmen auf eine Long List. Diese werden dann detaillierter untersucht, was letztendlich zu einer weiteren Eingrenzung der Unternehmen führt.[9]

Beispiel: Kriterien für Akquisitionsziele
Unternehmen mit einer hohen Anzahl an Akquisitionen in den letzten Jahren entwickeln Rahmenpläne für einen standardisierten Prozess und Auswahl. Ein international tätiges Konglomerat in der Technologie- und Telekommunikationsbranche definierte bspw. die folgenden 6 Punkte:

- Ähnliche Vision,
- Quick Wins müssen möglich sein,
- langfristige Gewinne für sämtliche Parteien,
- kulturelle Kompatibilität,
- passende geographische Komponenten sowie
- freundschaftliche Übernahme (niemals feindlich).

4.1.5 Scoring: Bewertungsmodell und Diskussion

Im weiteren Vorgehen des Akquiseprojekts werden die Zielobjekte auf der Long List mithilfe eines Bewertungsmodells immer weiter eingegrenzt. In dem Bewertungsmodell werden die Zielobjekte evaluiert und ihnen in verschiedenen Kategorien Punkte zugeschrieben. Die Verteilung der Punkte kann dabei auf unterschiedliche Weise erfolgen, abhängig von der Anzahl der zu bewertenden Unternehmen. Des Weiteren erhält jede Kategorie eine Gewichtung je nach Relevanz der vordefinierten Akquisitionsstrategie.

Die Kategorisierung erfolgt dabei nach qualitativen und quantitativen Faktoren.

- Die quantitativen Faktoren umfassen Kategorien wie Größe oder finanzielle Ertragslage des zu evaluierenden Unternehmens. In gewissem Maß lassen sich auch geografische Komponenten oder Eigentumsverhältnisse als quantitative Faktoren bestimmen. I.d.R. kann so ein vordefiniertes Raster entworfen werden, das die Zuordnung einer gewissen Punktzahl ermöglicht.
- Bei den qualitativen Faktoren ist eine eindeutige Zuordnung einer Punktzahl nicht immer möglich. Bspw. lassen sich Kategorien wie der strategische Fit eines Unternehmens oder auch die kulturelle Komponente nicht immer eindeutig evaluieren, sind aber von äußerst hoher Bedeutung im Evaluierungsprozess.

Im beschriebenen Projekt wird, insbesondere bei der Evaluierung des strategischen Fit, eine möglichst hohe Gewichtung gewählt und diese Kategorie nicht weiter aufgeschlüsselt. Dadurch wird eine gesamthafte Betrachtung möglich und das Zusammenspiel verschiedener Faktoren bewertbar, wie etwa dem Produktportfolio, der regionalen Komponente und den potenziellen Synergien der Software-

---

[9] Brady/Moeller, 2014, S. 128.

unternehmen. Anhand der Punktezuordnung je Zielobjekt lässt sich eine Rangliste erstellen, die als Entscheidungshilfe dient. Wichtig ist, dass diese Rangliste nicht die alleinige Entscheidungsbasis für die Short List liefert, sondern den Entscheidungsprozess lediglich unterstützen soll, indem sie die Diskussionsgrundlage für die Short List bildet. Im anschließenden Schritt folgt dann die Unternehmensansprache, verbunden mit bzw. gefolgt von einem detaillierteren Analyseprozess, der Due Diligence.

4.2   Due Diligence und Unternehmenserwerb

Die Due Diligence stellt den Analyseprozess der z.B. rechtlichen und wirtschaftlichen Risiken dar. Neben den Risiken werden im vorliegenden Beispiel insbesondere die Stärken und Schwächen des genannten Softwareunternehmens umfassend identifiziert und quantifiziert. Nicht zuletzt findet im Rahmen der Due Diligence eine Unternehmensbewertung statt. Dauer und Umfang des Prozesses sind dabei stark abhängig von der Zugänglichkeit der Informationen, der Zusammenarbeit zwischen Zielobjekt und Käufer sowie der Transaktionsgröße und -komplexität. Im Projektbeispiel des Hardware-Herstellers dauerte der Due-Diligence-Prozess aufgrund interner Differenzen in der Unternehmenspolitik vergleichsweise lang.

Als übergeordnetes Ziel des Prozesses gilt ist es, zunächst potenzielle Synergien zu identifizieren und als eine Art Frühwarnsystem die Risiken offenzulegen. Ein unzureichender Due-Diligence-Prozess wird von den meisten Experten als die Hauptursache für Scheitern einer M&A-Transaktion genannt, noch vor einer fehlerhaften Evaluierung des Unternehmens oder einer unzureichenden Integration des Personals und der Unternehmenskultur.[10]

Um einen effizienten Ablauf zu gewährleisten, werden die unternehmensrelevanten Informationen anhand einer Checkliste zusammengestellt und katalogisiert und dann den Analyseteams zur Verfügung gestellt. Die Due-Diligence-Prüfung umfasst die Dokumente zur finanziellen, steuerlichen, operativen und rechtlichen Beurteilung des Akquisitionsobjektes. Die **Financial Due Diligence** umfasst die Teilbereiche Organisationsanalyse, Marktanalyse sowie die Prüfung der Plausibilität des Geschäftsmodells inklusive einer historischen Betrachtung. Letzteres ist insbesondere bei jungen Softwareunternehmen von sehr hoher Bedeutung.

Die **Plausibilisierung des Geschäftsplans** erfolgt zum einen aus der Evaluierung der historischen Daten aus den vergangenen Jahresabschlüssen und Planungen basierend auf einer Kennzahlenanalyse. Zum anderen werden aktuelle Daten wie Cashflow, Liquidität und Umsätze mit einbezogen. Zusätzlich werden bestehende Lizenz- und Rahmenverträge des Softwareunternehmens oder die Anpassungsfähigkeit an zukünftige externe Veränderungen analysiert. Je nach Branche oder Geschäftsbereich

---

[10] Brady/Moeller, 2014, S. 194.

sind weitere Prüfungen vorzunehmen, wie z. B. die Prüfung des geistigen Eigentums, bspw. Patente, und die sich daraus ergebenden Möglichkeiten für technische Entwicklungen und Produktinnovationen. Des Weiteren sollten mögliche regulatorische und umweltspezifische Problemstellungen berücksichtigt werden.

Die Analyse aller Daten und Dokumente führt entweder zu einem Abbruch der Verhandlungen, zu Nachverhandlungen aufgrund neu aufgetretener Informationen oder zu einer Bestätigung des Akquisitionsvorhabens. Die Due Diligence bildet die Basis für die folgenden Vertragsverhandlungen. Nach Abschluss des Kaufvertrags (Signing) und Vollzug der Transaktion (Closing) startet die Phase der Post-Merger-Integration. Diese stellt die steuerungsintensivste Phase im Prozess dar, in der u. a. die Prozesse der operativen Integration und des Veränderungsmanagements starten. Die strategische Planung der Post-Merger-Integration sollte bereits während der Verhandlungsphase beginnen, um wichtige Kernpunkte in die Verträge mit einfließen zu lassen.

5 Post-Merger-Integration

5.1 Bedeutung der Post-Merger-Integration für die Prozesssteuerung

Die Post-Merger-Integration (PMI) in die Strukturen des Käuferunternehmens stellt den längsten und steuerungsintensivsten Prozess dar, da er viele Unternehmensbereiche und Strukturen betrifft. Erfahrungsgemäß stellt die Integrationsgeschwindigkeit kein Kriterium für einen erfolgreichen Zusammenschluss dar. Die **Integrationsarchitektur** sollte bereits lange vor der eigentlichen Integrationsphase festgelegt werden. Zu unterscheiden ist hierbei zwischen der zentralen, der dezentralen und der symbiotischen Integrationsarchitektur. Die **zentrale Architektur** ist, in der vollkommenen Ausführung, eine vollumfängliche Integration und Verschmelzung der beiden Unternehmen, was jedoch das Management vor große Herausforderungen stellt.

Im Projektbeispiel wurde hingegen die **dezentrale Integration** gewählt. Bei der dezentralen Architektur bleibt das Akquisitionsobjekt, in diesem Fall das Softwareunternehmen, als eigenständige Geschäftseinheit erhalten und wird als separate Säule neben dem bestehenden Unternehmen aufgestellt. Entsprechend gering fällt die Verzahnung interner Prozesse und die Verschmelzung von Unternehmenseinheiten aus. Die Vorteile liegen insbesondere in einer unkomplizierten und schnellen Post-Merger-Integration, wobei es durch die Separierung auch zur Verschleppung wichtiger Integrationsaktivitäten kommen kann, wodurch gewisse Synergiepotenziale nicht oder verspätet gehoben werden.

Die **symbiotische Architektur** stellt die Kombination beider Ansätzen dar. Hierbei erfolgt die Symbiose meist verspätet. Dieser Ansatz kommt etwa bei einer geplanten Veräußerung des zuvor akquirierten Objekts aufgrund einer strategischen Positionsveränderung oder zuvor festgelegten Spekulationsgründen zum Einsatz.

5.2 Einflussfaktoren der Post-Merger-Integration

Die an eine Übernahme anschließende Integration eines Unternehmens wird durch bestimmte Kräfte beeinflusst. Entlang dieser 5 Kräfte bzw. Charakteristika kann der Integrationsprozess beschrieben und die passende Integrationsstrategie identifiziert werden. Dabei sollte jede Integrationsstrategie ein angemessenes, offenes und zielorientiertes **Change- und Kommunikationsmanagement** beinhalten, da Transparenz, sowohl nach innen als auch nach außen, zur Schaffung von Vertrauen entlang sämtlicher funktionaler Einheiten beiträgt. Abb. 6 zeigt die 5 Kräfte sowie die davon ableitbaren Handlungsempfehlungen.

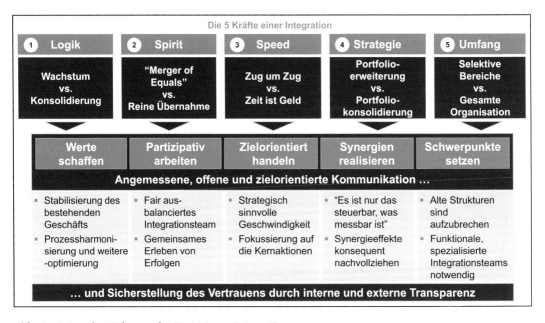

Abb. 6: Prägende 5 Faktoren der Post-Merger-Integration

Erfahrungen zeigen, dass bei einem signifikanten Anteil der Unternehmen die Profitabilität nach dem Zusammenschluss mit einem Akquisitionsobjekt sinkt. Die Gründe dafür sind durchaus vielfältig und der Erfolg oder Misserfolg einer Post-Merger-Integration lässt sich nur bedingt messen. Oft können durch eine Unternehmensakquisition und die anschließende Integration Quick Wins und kurzfristige Synergieerfolge erzielt werden, weshalb die möglichen Wertminderungseffekte und die langfristigen Risiken mitunter ignoriert bzw. nicht richtig quantifiziert werden. Zudem entstehen auch interne Herausforderungen durch unzureichende Aktivitäten und undefinierte Strukturen im Steuerungsprozess der Integration. Im Projektbeispiel kam ein adäquates Maßnahmentracking im Prozess zum Einsatz, um die notwendige Struktur zu gewährleisten. Außerdem wurden die bestehenden Kulturunterschiede konsequent analysiert und dokumentiert, um Ineffizienzen und langfristige Risiken zu vermeiden.

Des Weiteren entstehen Herausforderungen in Integrationsplanung und -prozess durch externe Einflüsse wie den Markt, die Politik oder die Öffentlichkeit. Erfolgsdruck kann zu einer Unterschätzung der Integrationsdauer und des Integrationsaufwands führen oder zu einer Kompromisslösung zwingen, die die Erwartungen später nicht erfüllt. Öffentliche Diskussionen in der Politik und den Medien können außerdem zu großen Spannungen in den Management- und Mitarbeiterebenen führen, wodurch Fehlentscheidungen entstehen und kulturelle Diskrepanzen weiter aufreißen. Aus den genannten Herausforderungen lassen sich diverse Gründe für ein Scheitern von Unternehmensintegrationen erkennen:

- Unstrukturiertes Integrations- und Synergiemanagement;
- mangelnde Kompatibilität der Unternehmenskulturen;
- organisatorische Defizite und unprofessionelle Managemententscheidungen;
- keine oder eine falsche strategische Integrationslogik.

5.3 Der Post-Merger-Integrationsprozess als Erfolgsfaktor einer Akquisition

5.3.1 Frühzeitige Planung bereits in der Pre-Deal-Phase

Die Planungs- und strategischen Gründe für ein Scheitern lassen sich durch ein integriertes Verständnis und eine aktive Steuerung des Prozesses eliminieren. Abb. 7 zeigt beispielhaft den Ablauf des strukturierten Integrationsprozesses bei der Integration des Softwareunternehmens in das Technologieunternehmen.

Phase 1, die **Planung der Post-Merger-Integration** begann im beschriebenen Projekt bereits in der Pre-Deal-Phase. Es wurde ein übergeordneter high-level **Integrationsplan** inklusive einer 100-Tage-Planung erstellt, der die effektive Umsetzung der Integration ab dem Zeitpunkt des Closings ermöglichen sollte. Der Integrationsplan adressierte die wesentlichen Kernthemen, stellte aber noch keine detaillierte operative Planung dar. Viel eher wurden hier die relevanten **Meilensteine für das Integrationstracking** gesetzt. Ein weiterer fundamentaler Bestanteil des Integrationsplans waren die **PMI-Scorecards**, mit denen KPIs erfasst und über den gesamten Integrationsprozess der Phase 1 bis 3 gesteuert wurden.

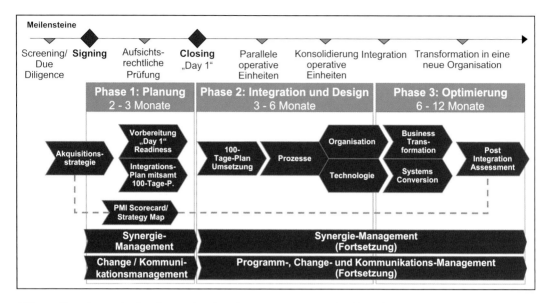

Abb. 7: Vorgehensweise für eine strukturierte Post-Merger-Integration in 3 Phasen

5.3.2 Strategisches Konzept und klare Zuständigkeiten

Unsicherheiten im Prozess, insbesondere bei dem akquirierten Softwareunternehmen, lässt sich durch eindeutige Zuständigkeiten und ein strategisches Konzept, inklusive vorher definierter Checklisten, entgegenwirken. Die Abarbeitung der Checkliste im Vorfeld ermöglicht einen strukturierten Ablauf und bietet ein Werkzeug zur Steuerung des Prozesses. Die Checkliste sollte sich im Wesentlichen auf die folgenden Bereiche konzentrieren:

- Umstellung von IT-Systemen;
- Transaktionsdurchführungen und -abwicklungen;
- Kundeninteraktionen insbesondere in der Kommunikation und den operativen Einheiten;
- Prozesse in den einzelnen Funktionaleinheiten sowie in den horizontalen Geschäftsprozessen;
- Mitarbeitererlebnisse und Partnerinteraktionen.

5.3.3 Change- und Kommunikationsmanagement

Weitere Teilprozesse in der Planungsphase umfassen die ersten Schritte des Synergiemanagements sowie das Change- und Kommunikationsmanagement. Diese beinhalten die **Identifikation der relevanten Zielgruppen** im Veränderungsprozess und die **Ableitung von Change-Zielen** aus zuvor definierten Standards. Diese Ziele sollten sich stets an kulturellen Prinzipien orientieren. Hinsichtlich des

Kommunikationsmanagements erfolgt in der ersten Phase der Entwurf eines Kommunikationsplans. Bereits in der sehr frühen Phase des Integrationsprozesses des Softwareunternehmens stellte sich heraus, dass der Einsatz von **Integrationsteams**, bestehend aus Mitgliedern der funktionalen und organisationalen Einheiten, einen kritischen Erfolgsfaktor darstellte.

Der Einsatz der Integrationsteams sollte demnach mit oder bereits vor der ersten Phase der Post-Merger-Integration beginnen und sämtliche Prozesse eng begleiten. In der Phase 2 des Prozesses, „Integration und Design", werden ein operatives Zielmodell und ein entsprechendes Umsetzungskonzept erarbeitet. Das Zielmodell wird hier beispielhaft über 4 Phasen iterativ ausdetailliert und verfeinert (s. Abb. 8).

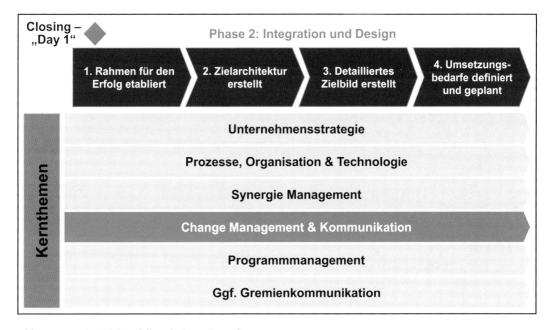

Abb. 8: Iterative Zielmodellerarbeitung in 4 Phasen

In diesen 4 Phasen werden strukturierte Arbeitspakete erstellt und operative Meilensteine entlang von 6 Kernthemen festgelegt. Hierbei werden u.a. Soll-Prozessen spezifiziert, der Personalbedarf ermittelt, Fachkonzepte sowie die Zielorganisation erstellt und die konkrete Umsetzung geplant. Des Weiteren wird das Geschäftsmodell verfeinert und verifiziert sowie eine Kulturanalyse durchgeführt, welche die Festlegung von Kommunikations- und Change-Maßnahmen beinhaltet.

Bei der Festlegung der Maßnahmen müssen erfolgskritische Faktoren konsequent ausgerichtet und eingehalten werden. Die Erfolgsfaktoren in der Kommunikation lassen sich wie folgt definieren:

- Notwendigkeit, Dringlichkeit und Bedeutung klar vermitteln;
- zentrale Botschaften immer wieder bekräftigen;
- kaskadierend, konsistent und bewusst redundant kommunizieren;
- in digitalen Zeiten trotzdem persönlich durch das Top-Management kontaktieren;
- offen, direkt und konkret über Fortschritt und Prozess informieren;
- Unsicherheiten, Ängste und Emotionen adressieren.

In der abschließenden Phase 3, der **Optimierungsphase**, werden das Projektmanagement und -controlling etabliert sowie die neuen Strukturen umgesetzt. Hierbei geht es darum, Quick Wins zu realisieren und erste Synergien durch die PMI-Scorecards zu identifizieren und zu quantifizieren. Das Ergebnis sollte ein optimiertes und integriertes Zielbetriebsmodell darstellen.

6   Fazit

Eine durchgängige Prozesssteuerung ist für sämtliche Bereiche der (finanziellen) Führung eines Unternehmens von Bedeutung. Gerade aufgrund der aktuellen Herausforderungen im Bereich der Digitalisierung und der finanziellen Transformation wird dadurch ein verlässlicher Referenzrahmen abgesteckt, in dem sich eine Gesellschaft agil bewegen kann. Im Bereich der Unternehmenstransaktionen ist derzeit eine Zunahme der Aktivitäten am Markt zu beobachten, wodurch die effiziente Steuerung des M&A-Prozesses zusätzlich an Bedeutung gewinnt, gerade in Branchen, die einer hohen Wettbewerbsdynamik ausgesetzt sind.

Ausgehend von einer Wachstums- und Investitionsstrategie, die eng mit der Gesamt-Unternehmensstrategie verzahnt sein muss, ermöglicht erst ein klar definierter M&A-Prozess die erfolgreiche Durchführung von Akquisitionen oder Desinvestitionen. Für alle Prozessschritte sind dabei die einzelnen Aufgaben und Verantwortlichkeiten klar zu definieren, um die Verlässlichkeit des Ergebnisses sicherzustellen. Besonders die Phasen der Vorbereitung und der Abwicklung von Transaktionen bedürfen einer klaren Strukturierung und Standardisierung, um die Fokussierung der Ressourcen zu gewährleisten.

Die zentrale Herausforderung einer erfolgreichen Steuerung des M&A-Prozesses liegt aber oft in der Phase im Anschluss an die Transaktion: die Post-Merger-Integration. Diese zieht sich häufig über einen langen Zeitraum hin und durchdringt sämtliche Unternehmensbereiche, sowohl der übernehmenden als auch der übernommenen Gesellschaft. Durch die Sicherstellung der „Day 1 Readiness" sowie des operativen Zielmodells, inklusive eines Umsetzungskonzepts, kann dieser Herausforderung wirkungsvoll begegnet werden.

Kurzum: nur eine integrierte End-to-End-Sicht auf den gesamten M&A-Prozess kann eine erfolgreiche Umsetzung der Investitions- und somit der Gesamtunternehmensstrategie sicherstellen.

7   Literaturhinweise

Brady/Moeller, Intelligent M&A: Navigating the Mergers and Acquisitions, 2014.

Häfner/Keuper/von Glahn, Der M&A-Prozess: Konzepte, Ansätze und Strategien für die Pre- und Post-Phase, 2006.

Horváth & Partners, Neue Geschäftsmodelle der Automobilindustrie, 2017.

Lucks/Meckl, Internationale Mergers & Acquisitions: Der prozessorientierte Ansatz, 2015.

Meyer, Erfolgsfaktoren bei Mergers & Acquisitions: Eine emprirische Untersuchung externer Einflussfaktoren auf den Transaktionserfolg aus Käufersicht. Bergischen Universität Wuppertal: Doktorarbeit, 2011.

Müller, Investitionscontrolling, 2014.

Ott, Strategisches Investitionscontrolling in internationalen Konzernen, 2000.

Unternehmensbewertung in der Praxis: Von der Nobelpreis-Formel zur Daumenregel

- Die Fachliteratur kennt zwar eine Vielzahl von Bewertungsanlässen, der mit Abstand wichtigste ist aber vermutlich die Ermittlung von Preisgrenzen im Rahmen von M&A-Transaktionen.

- Dabei ist es wichtig zwischen einem theoretisch richtigen Wert und dem am Markt realisierbaren Preis zu unterscheiden, sowie die jeweiligen Stellschrauben zu kennen.

- Die Discounted-Cashflow-Methode (DCF-Methode) gilt als internationaler Standard und basiert auf dem nobelpreisgekrönten Capital Asset Pricing Model, das nicht nur eine gewisse Komplexität verursacht, sondern auch zu erheblichen Herausforderungen bei der Anwendung führt.

- Alternativ dazu bietet sich das Multiplikatorverfahren an, das teilweise von der Wissenschaft als Daumenregel belächelt wird, obwohl es deutliche Parallelen zur DCF-Methode aufweist und sich einer hohen Beliebtheit in der Praxis erfreut.

- Der Beitrag vergleicht beide Verfahren in Bezug auf Aufwand und Ergebnis. Abschließend wird ihre Bedeutung in der M&A-Praxis beleuchtet.

■ **Der Autor**

Prof. Dr. rer. pol. Christian Timmreck, Professor für Unternehmensstrategie und Finanzwirtschaft an der Hochschule Niederrhein mit Forschungsschwerpunkten in den Bereichen Mergers & Acquisitions und Unternehmensbewertung. Darüber hinaus ist er seit Juni 2015 Partner bei der auf mittelständische Transaktionen spezialisierten Beratungsgesellschaft IMAP M&A Consultants AG, und verfügt über mehr als 15 Jahre Berufserfahrung u.a. bei der Strategieberatung Boston Consulting Group, der WGZ Bank und der Wirtschaftsprüfung Ernst & Young.

1 Worum geht es überhaupt bei der Unternehmensbewertung?

In gewissem Sinn liegt der Wert eines Unternehmens – wie die Schönheit eines Kunstwerks – im Auge des Betrachters. Wie ist es sonst zu erklären, dass Facebook bei seinem Börsengang im Jahr 2012 mit rund 80 Mrd. EUR bewertet wurde? Damals entsprach das etwa dem Wert von Adidas, BMW und Deutsche Bank zusammen bzw. dem Gesamtwert von Siemens und Volkswagen.

Zugegeben handelt es sich hierbei um ein sehr extremes Beispiel, aber die Frage, wie viel ein Unternehmen wert ist, bleibt ein komplexes Unterfangen und lässt sich auch in der Praxis nur in den seltensten Fällen rein rational mit finanzmathematischen Modellen klären. Daher geht es bei der Unternehmensbewertung auch eher um die Abschätzung von Preisgrenzen als um die Festlegung eines konkreten Werts.

1.1 Bewertungsanlässe

Die Fachliteratur kennt eine Vielzahl von Bewertungsanlässen:

- So wird im Rahmen der wertorientierten Unternehmenssteuerung (Stichwort: Shareholder-Value-Management) eine regelmäßige Unternehmensbewertung notwendig, um festzustellen, ob durch bestimmte Maßnahmen Werte geschaffen oder vernichtet wurden.
- Im Aktienrecht sind Unternehmensbewertungen zur Bestimmung des Umtauschverhältnisses im Rahmen von Verschmelzungen oder zur Berechnung der Abfindungshöhe beim Squeeze-Out von Minderheitsaktionären notwendig.
- Nach geltenden Rechnungslegungsnormen muss der bei Übernahmen bezahlte Kaufpreis auf die erworbenen Vermögensgegenstände verteilt und der darüber hinausgehende Firmenwert (auch „Goodwill" genannt) ermittelt werden.
- Agiert das Unternehmen nach den Vorschriften der IFRS (International Financial Reporting Standards), muss dann jährlich eine Unternehmensbewertung (ein sog. „Impairment Test") durchgeführt werden, um die Werthaltigkeit dieser Bilanzposition zu überprüfen. Evtl. kann sich hier ein Abschreibungsbedarf ergeben.

Daneben gibt es noch weitere Bewertungsanlässe im Rahmen der Kapitalmarktkommunikation wie z. B. bei der Emission von Finanztiteln. In diesem Beitrag geht es allerdings ausschließlich um das Thema „Mergers & Acquisitions" im Mittelstand, also den Kauf bzw. Verkauf von (ganzen) Unternehmen bzw. Beteiligungen an Unternehmen.

1.2 Bewertungsziele

Bei solch einer M&A-Transaktion müssen sich Käufer und Verkäufer vor allem über den Kaufpreis einigen. Dafür ist es wichtig, dass sich die Akteure im Vorfeld Preisober- bzw. -untergrenzen setzen und wissen, wie diese in den Verhandlungen bestmöglich zu begründen sind. Die im Markt realisierbaren Preise dürfen dabei nicht außer Acht gelassen werden. Es muss vermutlich nicht erläutert werden, dass der Käufer ein Interesse daran hat, einen möglichst geringen Kaufpreis zu zahlen und der Verkäufer im Gegensatz dazu den höchstmöglichen Kaufpreis erhalten möchte.

Startpunkt wird auf beiden Seiten so etwas wie der theoretische Wert der Gewinnerwartungen des Unternehmens (in seiner aktuellen Verfassung) sein. Danach prüfen beide Seiten, welches Potenzial noch in dem Unternehmen steckt und welcher finanzielle Aufwand zu betreiben ist, um dieses Potenzial zu heben. Eine wichtige Rolle spielen dabei – neben operativen Verbesserungen – Synergien, die bspw. durch Skaleneffekte beim Einkauf oder durch Einsparungen bei Stabsstellen bzw. der Infrastruktur erzielt werden. Einen Teil solcher Potenziale könnte der Verkäufer häufig selbst realisieren (z.B. durch ein Restrukturierungsprogramm oder den Anschluss an eine Einkaufsgemeinschaft). Deshalb wird er auch erwarten, dass dieser Teil der (Netto-)Wertschöpfung im Kaufpreis reflektiert ist. Erst wenn der Käufer ein höheres Wertschöpfungspotenzial als den insgesamt zu bezahlenden Kaufpreis sieht, gibt es einen Verhandlungsspielraum, in dem sich die Akteure einigen können.

Allerdings können auch weitere Faktoren eine Rolle bei der Bewertung von Unternehmen spielen. So kann die vorhandene Liquidität und das Verhältnis von Angebot und Nachfrage im Gesamtmarkt die Zahlungsbereitschaft beeinflussen. Haben potenzielle Käufer hohe Liquiditätsbestände und gibt es wenig Investitionsalternativen, so werden die Kaufpreise tendenziell höher sein, als wenn die Liquidität eher gering ist und/oder es viele Investitionsalternativen gibt. Der aktuelle Zinssatz und die Verfügbarkeit von Fremdkapital können diesen Effekt noch verstärken.

Neben solch rational nachvollziehbaren Aspekten gibt es aber auch immer wieder eher irrationale Einflussfaktoren auf den Kaufpreis. So können psychologische Aspekte, wie der Wunsch eines Managers eine bestimmte Unternehmensgröße zu erreichen oder ein bestimmtes Leistungsportfolio zu komplettieren, dazu führen, dass „zu hohe" Kaufpreise bezahlt werden. Umgekehrt kann sich ein Verkäufer (z.B. im Rahmen der Nachfolgeregelung) zeitlich unter Druck fühlen und dann einen Kaufpreis akzeptieren, der „zu gering" ist.

1.3 Grundlegende Verfahrensunterschiede

Somit spielt sich die Unternehmensbewertung immer auf 2 Ebenen ab: einer eher theoretischen finanzmathematischen Bewertung und einer praktischen Abschätzung eines am Markt erzielbaren Kaufpreises. Was im Rahmen von M&A-Transaktionen regelmäßig keine Rolle spielt sind die Substanzwerte (also Liquidations- bzw. Rekonstruktionswerte für einzelne Vermögensgegenstände). So betonte schon der große deutsche Betriebswirtschaftler Eugen Schmalenbach „Für das Gewesene gibt der Kaufmann nichts!".

Es geht also um sog. Gesamtbewertungsverfahren, die zum einen von der unternehmerischen Einheit als Bewertungsobjekt ausgehen und zum anderen die zukünftigen Erfolgswerte in den Mittelpunkt rücken. Die Gewinne, die ein Hersteller wie Coca-Cola aus einer Abfüllanlage erzielen kann, sind eben deutlich höher als die einer unbekannten Getränkefirma, und Apple kann seine Mobilfunkgeräte mit besseren Margen verkaufen als andere Hersteller.

Bei diesen Gesamtbewertungsverfahren wird zwischen

- Zukunftserfolgswertverfahren (zu denen auch die Discounted-Cashflow-Methode gehört) und
- Vergleichswertverfahren (zu denen das Multiplikatorverfahren zählt)

unterschieden. Von beiden Verfahren gibt es diverse Abwandlungen und dennoch haben sich einzelne Varianten in der praktischen Anwendung durchgesetzt.

> Hinweis: Veranschaulichung durch Excel-Tool „Unternehmensbewertung, Verfahren im Vergleich"
> Für die nachfolgend vorgestellten Verfahren **Discounted-Cashflow-Methode** und **Multiplikatormethode** finden Sie in dem Excel-Tool „Unternehmensbewertung, Verfahren im Vergleich" jeweils einfache Zahlenbeispiele. Diese Tabellen können Sie als Grundlage für eigene Berechnungen heranziehen.

2 Discounted-Cashflow-Methode: International anerkannter Standard auf Basis des nobelpreisgekrönten CAPM

2.1 Discounted-Cashflow-Methode im Überblick

Die Discounted-Cashflow- oder kurz DCF-Methode ist im Prinzip nichts anderes als die Kapitalwertmethode aus dem Werkzeugkasten der dynamischen Investitionsrechnung. Ziel ist es dabei, den Barwert aller zukünftigen Einzahlungsüberschüsse einer Investition zu ermitteln. Liegt dieser über den Investitionskosten, ist die Investition wirtschaftlich sinnvoll. Werden mehrere

Investitionsalternativen miteinander verglichen, ist diejenige zu bevorzugen, die den höchsten Nettobarwert (Barwert der zukünftigen Einzahlungsüberschüsse minus Investitionskosten) ergibt.

Die theoretischen Grundlagen hierfür fanden sich schon lange in ökonomischen Lehrbüchern, aber wirkliche Verbreitung erfuhr die DCF-Methode erst, als die Unternehmensberatung McKinsey 1990 das Buch „Valuation" veröffentlichte, in dem der Zusammenhang zwischen Unternehmensstrategie, wertorientiertem Management und der Unternehmensbewertung mittels DCF-Methode auf sehr verständliche Weise dargestellt wurde.

Obwohl in Deutschland noch lange das Ertragswertverfahren bevorzugt wurde (das unter entsprechenden Annahmen, dem sog. Equity-Ansatz, der DCF-Methode entspricht), hat die Globalisierung der Kapitalmärkte und die Zunahme grenzüberschreitender M&A-Transaktionen dazu geführt, dass im Rahmen der Aktualisierung der Grundsätze zur Durchführung von Unternehmensbewertungen („IDW Standard S 1") im Jahr 2000 die DCF-Methode vom Institut der Wirtschaftsprüfer (IDW) als gleichwertig zum Ertragswertverfahren anerkannt wurde.

Prinzipiell wird bei der DCF-Methode zwischen Equity- und Entity-Ansatz unterschieden.

- Beim Equity-Ansatz werden die Einzahlungsüberschüsse, die den Eigenkapitalgebern zufließen, mit den Eigenkapitalkosten diskontiert. Das Ergebnis entspricht dann dem Wert des Eigenkapitals.
- Bei dem weiter verbreiteten Entity-Ansatz geht es um den Unternehmensgesamtwert, von dem anschließend noch der Wert des Fremdkapitals abzuziehen ist, um zum Eigenkapitalwert zu gelangen. Daher werden auch die Einzahlungsüberschüsse angesetzt, die allen Kapitalgebern zur Verfügung stehen. Diese sind dann mit einem gewichteten Kapitalkostensatz zu diskontieren, der die anteilige Finanzierung mit Fremd- und Eigenkapital widerspiegelt.

Im Englischen heißen diese Kapitalkosten „weighted average cost of capital" und die Methode wird daher auch als WACC-Ansatz bezeichnet. Die finanzmathematische Formel für die DCF-Methode im Entity- bzw. WACC-Ansatz stellt sich wie folgt dar:

$$V_0 = \sum_{t=1}^{\infty} \frac{FCF_t}{(1 + WACC)^t}$$

Der Unternehmensgesamtwert (V_0) ergibt sich als die Summe aller zukünftigen Einzahlungsüberschüsse (FCF_t = Free Cashflows in der jeweiligen Periode t für t=1 bis unendlich), die mit den gewichteten Kapitalkosten (WACC) diskontiert werden. Eine Periode entspricht dabei üblicherweise einem Jahr.

2.2 Ermittlung der bewertungsrelevanten Zahlungsströme

2.2.1 Funktionsweise der DCF-Methode

Zur Unternehmensbewertung mit Hilfe der DCF-Methode werden also zuerst die bewertungsrelevanten Zahlungsströme (also die Free Cashflows der zukünftigen Perioden) benötigt. Ausgangslage zu deren Berechnung ist das operative Ergebnis des Unternehmens, welches im Englischen als EBIT („earnings before interest and tax") bezeichnet wird und sich aus der Gewinn-und-Verlust-Planung (GuV) ergibt. Hier zeigt sich schon die Umsetzung des Entity-Ansatzes, da die Zinszahlungen zum bewertungsrelevanten Zahlungsstrom hinzugerechnet werden, obwohl sie an die Fremdkapitalgeber fließen.

Anschließend wird vom EBIT ein fiktiver Betrag für die Unternehmenssteuer abgezogen. In Deutschland wird je nach Region und Hebesatz für Kapitalgesellschaften mit rund 30 % gerechnet. Hierin enthalten sind die Gewerbesteuer, die Körperschaftsteuer und der Solidaritätszuschlag. Um einen fiktiven Betrag handelt es sich, da die Unternehmenssteuer vom EBIT berechnet wird, obwohl die gezahlten Fremdkapitalzinsen eigentlich die Steuerlast senken würden. Dieser Steuervorteil der Fremdkapitalfinanzierung wird aber später bei den Kapitalkosten berücksichtigt.

Danach muss das Ergebnis noch um zahlungsunwirksame Buchungen (wie Abschreibungen und die Erhöhung von Rückstellungen) bereinigt und um zahlungswirksame Investitionen (in das Anlagevermögen oder in die Erhöhung des Working Capital) gekürzt werden. Das Working Capital bezeichnet dabei das – durch den operativen Geschäftsbetrieb – gebundene Kapital, welches nicht durch zinsfreie Lieferantenkredite finanziert ist und berechnet sich aus den Bilanzpositionen **Vorräte** plus **Forderungen** plus **liquide Mittel** reduziert um die **Verbindlichkeiten aus Lieferungen und Leistungen**. Am Ende ergibt sich der (operative) Free Cashflow, der allen Kapitalgebern zur Verfügung steht.

	Operatives Ergebnis (EBIT)
−	Unternehmenssteuern (auf das EBIT)
+	Abschreibungen
+	Erhöhung von Rückstellungen
−	Investitionen ins Anlagevermögen
−	Erhöhung des Working Capital
=	(operativer) Free Cashflow

Abb. 1: Free-Cashflow-Ermittlung

2.2.2 Ablauf einer integrierten Planung

Gerade bei mittelständischen Unternehmen ist es nicht immer üblich, eine integrierte Planung, die neben der GuV-Planung auch eine Bilanzplanung beinhaltet, aufzustellen. Beides ist aber unverzichtbar für die Ermittlung des Free Cashflows und damit für die Anwendung der DCF-Methode. Schon die Planung des operativen Ergebnisses stellt viele Unternehmen vor gewisse Herausforderungen.

Hier empfiehlt es sich, Schritt für Schritt vorzugehen und mit der Umsatzplanung zu beginnen. Dabei ist die Verwendung von Wertreibermodellen zu empfehlen, die den Umsatz in Abhängigkeit von realwirtschaftlichen Faktoren planen lassen. Damit werden nicht nur – sonst implizit gemachte – Annahmen transparent gemacht, sondern häufig auch Ansätze für Wertsteigerungsoptionen geliefert. So lässt sich bspw. der Umsatz eines neuen Pkw-Modells als Funktion von Menge mal Preis ableiten, wobei sich der Preis aus der Marktforschung ergibt und die abgesetzte Menge dem Marktanteil bezogen auf die Neuzulassungen entspricht. Die Neuzulassungen wiederum ergeben sich aus dem PKW-Bestand im Verhältnis zur technischen Lebensdauer. Der Pkw-Bestand ist eine Funktion von Fahrzeugen pro Kopf und der Einwohnerzahl in einer Absatzregion.

Solche Prognosen lassen sich dann beliebig verfeinern und z.B. die Entwicklung der Einwohnerzahl oder eine Veränderung der technischen Lebensdauer berücksichtigen. Um dann vom Umsatz zum operativen Ergebnis zu kommen, müssen anschließend die Kosten geplant werden. Hier kann auf Basis der eigenen historischen Daten extrapoliert oder anhand von Benchmarking der Branchendurchschnitt (z.B. Materialeinsatz in % vom Umsatz) angesetzt werden.

2.3 Herausforderung der (risikoadäquaten) Kapitalkostenbestimmung

Wie bereits erwähnt, wird in der DCF-Methode im Entity-Ansatz auf die gewichteten Kapitalkosten (WACC) abgestellt. Hierbei werden die Eigenkapitalkosten (r_{EK}) mit dem Anteil des Eigenkapitals am Gesamtkapital und die Fremdkapitalkosten (r_{FK}) mit dem Anteil des Fremdkapitals gewichtet. Die Fremdkapitalkosten ergeben sich aus dem entsprechenden Zinssatz für die Fremdkapitalfinanzierung reduziert um den Steuervorteil (1-s). Aufgrund der Tatsache, dass nur 75 % der Zinsaufwendungen steuerlich geltend gemacht werden können, ist der anzusetzende Steuersatz bei der Berechnung des Steuervorteils nicht identisch mit dem zu zahlenden Unternehmenssteuersatz, sondern liegt leicht darunter (im bundesdeutschen Durchschnitt bei ca. 26 %).

$$WACC = r_{EK} \times \frac{EK}{GK} + r_{FK} \times (1-s) \times \frac{FK}{GK}$$

Die Eigenkapitalkosten können mit Hilfe des nobelpreisgekrönten Capital Asset Pricing Model (CAPM) ermittelt werden. Professor William F. Sharpe von der Stanford University erhielt 1990 den Nobelpreis für seinen Beitrag zur Preisbildungstheorie im Kapitalmarkt. Im Mittelpunkt steht der Zusammenhang zwischen Rendite und Risiko und die zu erwartende Rendite (r_{EK}) auf eine Investition ergibt sich in Abhängigkeit von ihrem Risiko wie folgt:

$$\tilde{r}_{EK} = r_f + \beta \times (\tilde{r}_M - r_f)$$

Dabei steht r_f für die Rendite von risikolosen Anlagemöglichkeiten, die i.d.R. durch den Zinssatz inländischer Staatsanleihen mit langer Laufzeit approximiert und aktuell (Stand: 1.1.2019) vom Institut der Wirtschaftsprüfer mit 1,0 % angegeben wird. Das ist deutlich niedriger als bei empirischen Untersuchungen, die einen historischen Mittelwert für den risikolosen Zinssatz eher bei rund 5 % sehen. Mit dem risikolosen Zins könnte nun ein sicherer Einzahlungsüberschuss aus der Zukunft auf den heutigen Barwert diskontiert werden.

Allerdings fehlt noch die Berücksichtigung des Risikos. Hierzu wird der Marktpreis des Risikos als Differenz zwischen erwarteter Gesamtmarktrendite (r_M) und dem risikolosen Zinssatz (r_f) gebildet und mit dem Risikogehalt der Investition (gemessen als Beta) multipliziert. Als Gesamtmarktrendite wird regelmäßig auf die Rendite eines möglichst großen Aktienindex zurückgegriffen (in Deutschland ist dies der DAX).

Schwieriger ist es allerdings, den Risikogehalt der Investition zu bestimmen, insbesondere wenn es um die Bewertung mittelständischer Unternehmen geht, für die notwendige Finanzmarktdaten zur Berechnung des Betafaktors nicht gegeben sind.

$$\beta = \frac{cov(r_{EK}, r_M)}{\delta_M^2}$$

Der Betafaktor spiegelt die Kovarianz der Rendite der Investition zur Gesamtmarktrendite im Verhältnis zur Varianz der Gesamtmarktrendite wider. Einfacher ausgedrückt: bei einem Betafaktor von 1 würde die Rendite der Investition genauso schwanken wie die Gesamtmarktrendite, bei einem Betafaktor größer 1 wäre die Schwankung größer als die des Gesamtmarktes und umgekehrt.

Als praktikable Lösung hat sich durchgesetzt, auf Basis von vergleichbaren börsennotierten Unternehmen einen Betafaktor abzuleiten oder gleich auf sog. Branchenbetas zurückzugreifen, die von verschiedenen Finanzdatenanbietern (wie z.B. Bloomberg) oder Beratungsgesellschaften (wie z.B. PwC) angeboten werden. Bei der Verwendung von Betafaktoren auf Basis vergleichbarer börsennotierter Unternehmen bzw. von Branchenbetas ist relevant, dass die Finanzierungsstruktur Einfluss auf das Unternehmensrisiko hat. Daher müssten die Betafaktoren an die

Finanzierungsstruktur des zu bewertenden Unternehmens angepasst werden, worauf an dieser Stelle nicht weiter eingegangen wird. Ausführungen hierzu finden sich in den angegebenen Literaturhinweisen.

Branche	Beta-faktor	EK-Kosten	EK-Quote	FK-Kosten	FK-Quote	WACC
Automobilindustrie	1,2	7,8–9,7 %	81,0 %	1,7 %	19,0 %	6,7–8,2 %
Gesundheitswesen & Pharma	1,1	6,9–8,4 %	91,3 %	1,8 %	8,7 %	6,4–7,9 %
Industrielle Produktion	1,0	6,7–8,3 %	82,6 %	1,7 %	17,4 %	5,9–7,2 %
Handel & Konsumgüter	1,0	6,3–7,8 %	88,1 %	1,8 %	11,9 %	5,8–7,1 %
Immobilien	0,8	5,4–6,5 %	67,5 %	1,7 %	32,5 %	4,2–5,0 %
Medien	1,0	6,5–8,0 %	86,5 %	1,8 %	13,5 %	5,9–7,2 %
Software Industrie	1,0	6,4–7,8 %	96,2 %	1,8 %	3,8 %	6,4–7,8 %
Technologie	1,1	7,0–8,7 %	98,1 %	1,8 %	1,9 %	6,9–8,5 %
Telekommunikation	0,6	4,5–5,4 %	62,9 %	1,7 %	37,1 %	3,5–4,1 %
Transport & Logistik	0,8	5,6–6,8 %	73,8 %	1,7 %	26,2 %	4,6–5,5 %
Versorgungsbetriebe	0,6	4,3–5,2 %	57,1 %	1,7 %	42,9 %	3,2–3,7 %
Werkstoffindustrie	1,1	7,1–8,8 %	77,9 %	1,8 %	22,1 %	6,0–7,3 %
Marktrisikoprämie von 5,5–7,0 % *Basiszinssatz von 1,0 %*						

Abb. 2: Branchenbetas und -kapitalkosten[1]

2.4 Der Fortführungswert als Abkürzung

Abgesehen von der Immobilienbranche oder vielleicht noch den Versorgungsbetrieben, in denen über entsprechende Verträge extrem lange Planungszeiträume möglich sind, liegen i. d. R. Planungen für maximal 5 Jahre vor. Allerdings generiert das Unternehmen auch nach diesem Zeitraum noch Einzahlungsüberschüsse und hat damit einen Wert. Die DCF-Methode wird daher in 2 Bereiche unterteilt: den sog. Detailplanungszeitraum (von t=1 bis t=T), in dem GuV und Bilanz detailliert geplant und auf deren Basis die Free Cashflows ermittelt werden, und den sog. Fortführungswert für die Einzahlungsüberschüsse aus dem Zeitraum danach.

---

[1] Quelle: PwC eValuation Data Deutschland, https://pwc-tools.de/kapitalkosten/, Stand: Dezember 2018.

$$V_0 = \sum_{t=1}^{T} \frac{FCF_t}{(1 + WACC)^t} + \frac{Fortführungswert}{(1 + WACC)^T}$$

Der Fortführungswert ist quasi ein Platzhalter für den Barwert aller Einzahlungs-überschüsse, die nach dem Detailplanungszeitraum noch erwartet werden. Da dieser Barwert aber erst aus Sicht der Periode T ermittelt wird, ist er auch mit den gewichteten Kapitalkosten zu diskontieren (und zwar für alle Jahre des Detailplanungszeitraums). Zur Ermittlung des Fortführungswerts wird regelmäßig auf das Modell der „ewigen Rente" zurückgegriffen, bei dem – ausgehend vom letzten geplanten Free Cashflow – eine ewige und konstante Wachstumsrate für den Free Cashflow (g) unterstellt wird, die realistischerweise ungefähr der Inflationsrate entspricht (also zwischen 0 und 2 % liegt).

$$Fortführungswert = \frac{FCF_T \times (1 + g)}{WACC - g}$$

Wichtig: Fortführungswert dominiert Gesamtwert
Der Fortführungswert macht regelmäßig zwischen 70 und 90 % des Unternehmensgesamtwerts aus.

2.5   Anwendung der DCF-Methode in der Zusammenfassung

Wir können festhalten, dass bereits bei der Ermittlung bewertungsrelevanter Zahlungsströme eine gewisse Ungenauigkeit vorliegt. Welche Umsätze mit welchen Kosten in den nächsten 3 bis 5 Jahren realisiert werden, kann nicht mit Sicherheit vorhergesagt werden. Auch die Bestimmung risikoadäquater Kapitalkosten ist aufgrund der fehlenden Inputparameter wie dem Betafaktor nicht eindeutig und bietet damit Manipulationsspielraum. Das kann insbesondere beim Fortführungswert erhebliche Auswirkungen haben, da dieser sehr sensibel auf Veränderungen der Kapitalkosten reagiert.

Daneben verlangt die WACC-Formel die Verwendung von Marktwerten in Bezug auf das Eigen-, Fremd- bzw. Gesamtkapital. Gerade der Marktwert des Eigenkapitals soll aber mit der Unternehmensbewertung erst ermittelt werden, sodass sich ein Zirkularitätsproblem ergibt. In Zeiten von Tabellenkalkulationsprogrammen wie Excel stellt das keinen Bewerter vor große Herausforderungen, da die Lösung über iterative Berechnungen zu finden ist. Alternativ kann auch eine (Ziel-)Kapitalstruktur (also eine EK- bzw. FK-Quote) vorgegeben werden.

Die für die DCF-Methode notwendigen konsistenten und integrierten GuV-, Bilanz- und Free-Cashflow-Planungen sind sehr zeitaufwendig und komplex, stellen aber nur 10 bis 30 % des Unternehmensgesamtwerts dar. Keinesfalls sollte man sich von einer gewissen Pseudo-Wissenschaftlichkeit blenden lassen und deshalb die der DCF-Methode zugrundeliegenden Annahmen hinterfragen.

Wichtig ist auch zu verstehen, welche Auswirkungen die Veränderung von Parametern wie den Kapitalkosten (bzw. dem Betafaktor) oder der Wachstumsrate hat. Wie bereits zu Beginn ausgeführt, bleibt der Kaufpreis am Ende Verhandlungssache und da ist es durchaus hilfreich, auf (nobelpreis-)fundierte Argumente zurückgreifen zu können.

In Abb. 3 ist ein einfaches Beispiel für ein DCF-Verfahren mit 3 Jahren Detailplanung zu sehen. Die Tabelle aus dieser Abb. ist in dem Excel-Tool „Unternehmensbewertung, Verfahren im Vergleich" unter dem Arbeitsblatt **DCF mit 3 Jahren Detailplanung** zu finden.

Detailplanungsphase (in Mio. Euro)	t=0	t=1	t=2	t=3
vereinfachte Plan-GuV nach § 275 (2) HGB				
Umsatzerlöse	50,0	58,0	62,0	65,0
Bestandsveränderung fertige/unfertige Erzeugnisse	0,5	0,5	0,5	0,5
sonstige betriebliche Erträge	1,5	1,0	1,0	1,0
Materialaufwand	28,0	33,0	34,0	35,0
Personalaufwand	15,0	17,0	18,0	19,0
Abschreibungen	1,0	1,0	1,0	1,0
sonstige betriebliche Aufwendungen	5,0	5,5	6,0	6,0
operatives Ergebnis vor Zins und Steuern (EBIT)	3,0	3,0	4,5	5,5
Beteiligungergebnis	0,0	0,0	0,0	0,0
Zinserträge	0,0	0,0	0,0	0,0
Zinsaufwand	0,5	0,6	0,6	0,7
Ergebnis vor Steuern	2,5	2,4	3,9	4,8
Steuern vom Einkommen und vom Ertrag	0,9	0,7	0,0	0,0
Jahresüberschuss/-fehlbetrag	1,6	1,7	3,9	4,8
vereinfachte Plan-Bilanz nach § 266 (2) und (3) HGB				
Anlagevermögen	12,5	13,2	14,4	15,2
Immaterielle Vermögensgegenstände	3,0	3,0	3,0	3,0
Sachanlagen	9,0	9,7	10,9	11,7
Finanzanlagen	0,5	0,5	0,5	0,5
Umlaufvermögen	16,0	16,1	25,5	18,9
Vorräte	5,0	5,1	8,0	6,3
Forderungen	10,0	10,2	12,7	11,6
Wertpapiere	0,0	0,0	0,0	0,0
Kassenbestand und Bankguthaben	1,0	0,8	4,8	1,0
Bilanz-Check	*0,0*	*0,0*	*0,0*	*0,0*
Eigenkapital	8,0	8,1	10,3	11,2
Gezeichnetes Kapital	2,0	2,0	2,0	2,0
Rücklagen	2,9	2,9	2,9	2,9
Gewinnvortrag/Verlustvortrag	1,5	1,5	1,5	1,5
Jahresüberschuss/-fehlbetrag	1,6	1,7	3,9	4,8
Rückstellungen	3,0	3,2	3,5	3,0
Verbindlichkeiten	17,5	18,0	26,1	19,9
Bankverbindlichkeiten	6,5	6,8	10,1	6,9
Verbindlichkeiten aus Lieferungen und Leistungen	6,0	6,2	10,0	7,0
Sonstige Verbindlichkeiten	5,0	5,0	6,0	6,0
FCF-Ermittlung im WACC-Ansatz				
EBIT		3,0	4,5	5,5
Unternehmenssteuern		0,9	1,3	1,6
Abschreibungen		1,0	1,0	1,0
Veränderung Rückstellungen		0,2	0,3	-0,5
Investitionen ins Anlagevermögen		1,7	2,2	1,8
Veränderungen des Working Capital		0,1	1,6	0,2
(operativer) Free Cashflow		1,5	0,7	2,4
Barwertberechnung				
Diskontierungsfaktor		0,93	0,87	0,82
Barwert des Free Cashflow		1,4	0,6	1,9

Abb. 3: Discounted-Cashflow-Verfahren, einfaches Beispiel

Weitere Angaben	
Unternehmenssteuersatz	29,8%
Gewerbesteuer	3,5%
Hebesatz	400,0%
Körperschaftssteuer	15,0%
Solidaritätszuschlag	5,5%
Steuervorteil für Fremdkapital	26,3%
gewichtete Kapitalkosten (WACC)	7,0%
geplante Finanzierungsstruktur des Bewertungsobjektes	
EK-Quote	70%
FK-Quote	30%
Kapitalmarktdaten	
risikoloser Zinssatz	1,0%
Marktpreis des Risikos	6,3%
Beta auf Basis von Branchendaten	
Branchenbeta (levered)	1,2
Branchen EK-Quote	81%
Branchen FK-Quote	19%
Branchenbeta (unlevered)	1,0
Beta (relevered)	1,3
Fremdkapitalzinssatz	1,7%
Fortführungswert	39,9
langfristige Wachstumsrate	1,0%
Free Cashflow in t=T	2,359625
WACC	7,0%
Barwert der Fortführungswertes	32,6
in % vom Gesamtwert	89%
Unternehmensgesamtwert	36,6
Fremdkapital	5,5
Wert des Eigenkapitals	31,1

3 Multiplikatorverfahren: Zu Unrecht als Daumenregel belächelt

3.1 Das Konzept des Multiplikatorverfahrens: Bewerten mit dem Dreisatz

Der deutsche Ökonom und „Altmeister des Rechnungswesens" Adolf Moxter betonte immer „Bewerten heißt vergleichen!". Das gilt auch für die DCF-Methode, bei der die Investition in ein Unternehmen über das CAPM in gewisser Weise mit der Alternativinvestition in den Gesamtmarkt verglichen wird. Auch der indischstämmige Professor Aswath Damodaran, der heute an der Stern School of Business der New York University lehrt, konstatiert, dass der Wert eines Unternehmens nicht präzise berechnet werden kann, sich aber vom Preis einer vergleichbaren Investition ableiten lässt.

Damit sind wir bei der Bewertung mit dem Dreisatz: Im ersten Schritt ist eine geeignete Vergleichsgruppe von Unternehmen festzulegen, für die dann die relevanten Finanzdaten (Unternehmenswert sowie mögliche Bezugsgrößen wie Umsatz, EBITDA[2] und EBIT) zusammenzustellen sind.

Anschließend werden die Multiplikatoren (also die Verhältniszahlen zwischen dem Unternehmenswert und den Bezugsgrößen) für die Unternehmen der Vergleichsgruppe ermittelt und statistisch ausgewertet, indem das arithmetische Mittel und der Median bestimmt werden. Die sich so ergebenden Multiplikatoren können dann auf die Bezugsgröße des zu bewertenden Unternehmens angewendet werden und ermöglichen damit Preisschätzungen für dieses.

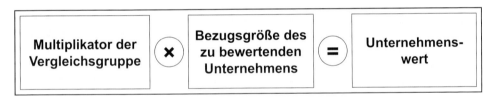

Abb. 4: Multiplikatorverfahren

3.2 Auswahl geeigneter Vergleichsunternehmen

Berücksichtigt man, dass für die Unternehmen der Vergleichsgruppe sowohl die Unternehmenswerte als auch die Bezugsgrößen bekannt sein müssen, ergeben sich primär zwei mögliche Informationsquellen. Zum einen werden vergleichbare börsennotierte Unternehmen herangezogen, für die der Unternehmenswert als Summe der Marktkapitalisierung und der Nettofinanzverbindlichkeiten berechnet werden kann. Aufgrund der Publizitätspflicht sind hier auch die Bezugsgrößen wie Umsatz, EBITDA und EBIT öffentlich verfügbar.

---

[2] EBITDA = „earnings before interest, tax, depreciation and amortization" (operatives Ergebnis vor Zins, Steuern und Abschreibungen auf Sachanlagen sowie immateriellen Vermögensgegenständen).

Branche	Börsen-Multiples		Experten-Multiples Small-Cap				Experten-Multiples Mid-Cap			
	EBIT-Multiple	Umsatz-Multiple	EBIT-Multiple		Umsatz-Multiple		EBIT-Multiple		Umsatz-Multiple	
			von	bis	von	bis	von	bis	von	bis
Beratende Dienstleistungen	n.v.	n.v.	6,4	8,7	0,71	1,00	7,1	9,0	0,81	1,12
Software	10,5	2,13	7,7	10,0	1,29	1,78	8,5	10,9	1,48	2,01
Telekommunikation	11,8	1,80	7,4	9,1	0,90	1,25	8,3	10,0	1,05	1,40
Medien	11,7	1,72	6,7	9,0	0,90	1,50	7,5	10,0	1,10	1,65
Handel und E-Commerce	13,0	1,94	6,5	8,8	0,58	0,91	7,4	9,9	0,65	1,10
Transport, Logistik und Touristik	9,9	0,91	6,0	8,0	0,50	0,80	7,0	9,0	0,50	0,89
Elektrotechnik und Elektronik	11,2	1,75	6,6	8,6	0,68	1,00	7,5	9,8	0,75	1,10
Fahrzeugbau und -zubehör	8,6	0,81	6,0	7,9	0,58	0,88	6,7	9,0	0,63	0,98
Maschinen- und Anlagenbau	13,7	1,21	6,8	8,2	0,70	1,00	7,5	9,3	0,72	1,04
Chemie und Kosmetik	9,4	1,08	7,6	9,5	0,95	1,30	8,1	10,5	1,07	1,50
Pharma	8,7	1,52	8,1	10,3	1,40	2,00	9,0	11,1	1,49	2,10
Textil und Bekleidung	7,8	1,06	6,2	7,9	0,70	0,97	6,8	8,5	0,79	1,06
Nahrungs- und Genussmittel	7,0	0,44	7,5	9,5	0,95	1,32	8,5	10,4	1,01	1,48
Gas, Strom, Wasser	10,9	0,69	6,0	7,8	0,70	1,00	6,5	8,5	0,75	1,12
Umwelttechnologie	n.v.	n.v.	6,6	8,2	0,72	1,06	7,6	9,3	0,84	1,20
Bau und Handwerk	9,8	0,73	5,4	7,2	0,50	0,77	6,3	8,3	0,53	0,80

Small-Cap: Umternehmensumsatz unter EUR 50 Mio.
Mid-Cap: Unternehmensumsatz EUR 50 Mio. bis EUR 250 Mio.

Abb. 5: Branchenmultiplikatoren[3]

---

[3] Quelle: Finance Magazin, https://www.finance-magazin.de/research/multiples/, Stand: November 2018.

Alternativ kann auf kürzlich stattgefundene M&A-Transaktionen zurückgegriffen werden, bei denen bekannt ist, zu welchem Kaufpreis ein Unternehmen den Eigentümer gewechselt hat und welche Bezugsgrößen dieses Unternehmen aufweist. Häufig bietet es sich an, auf bereits ermittelte (Branchen-)Multiplikatoren zurückzugreifen. So werden bspw. im Finance Magazin auf Basis von Experten-Panels und Börsendaten solche Branchen-Multiplikatoren regelmäßig veröffentlicht. Teilweise ergeben sich große Bandbreiten in den einzelnen Branchen (von ... bis), so dass es ratsam wäre, die Analysen um Ausreißer mit besonders hohen oder besonders niedrigen Werten zu bereinigen. Deshalb wird bei eigenen Berechnungen auch regelmäßig empfohlen, den Median zu verwenden, der den Einfluss solcher Ausreißer bereits reduziert.

3.3 Festlegung der „richtigen" Bezugsgröße

Neben der Festlegung des Multiplikators liegt eine weitere Herausforderung in der Bestimmung der geeigneten Bezugsgröße. Da es – vergleichbar zur DCF-Methode – um die Wertermittlung auf Basis der (zukünftigen) Ertragskraft des Unternehmens geht, sollte bei Verwendung des Umsatzmultiplikators die Umsatzrendite bei Vergleichsgruppe und Bewertungsobjekt identisch sein. Alternativ kann direkt auf eine Bezugsgröße abgestellt werden, die – wie der EBIT oder EBITDA – für die Ertragskraft des Unternehmens steht.

Darüber hinaus gibt es einen zeitlichen Aspekt, der berücksichtigt werden muss. So kann es einen erheblichen Unterschied machen, ob auf historische Werte (z. B. die letzten 3 Jahre), auf das aktuelle Geschäftsjahr oder gar auf Zukunftsprognosen der Bezugsgröße (bspw. dem EBIT) abgestellt wird. Evtl. bietet es sich an, einen Durchschnittswert zugrunde zu legen. Insbesondere in Branchen, die starken konjunkturellen Schwankungen unterliegen ist dieses Vorgehen sinnvoll, da ja gerade eine nachhaltig zu erzielende Ertragskraft Grundlage der Unternehmensbewertung sein soll.

Deshalb sind auch außerordentliche Effekte (wie einmalige Restrukturierungsaufwendungen oder Erträge aus der Auflösung von Rückstellungen) zu bereinigen. Gleiches gilt für Kostenpositionen, die nicht marktgerecht sind (z.B. zu hohe Miete oder Pacht, wenn die Immobilie im Eigentum des Gesellschafters steht; zu geringe Gehälter, die an Familienmitglieder gezahlt werden oder übertrieben teure Firmenwagen). Bei Vergleichsgruppen, die sich aus internationalen Unternehmen zusammensetzen, wird häufig auf den EBITDA-Multiplikator zurückgegriffen, da dieser weniger anfällig für die landesspezifischen Rechnungslegungsvorschriften ist. Gerade bei der Identifikation von Bereinigungspositionen ist die Berücksichtigung von Ergebnissen einer (Financial) Due Diligence unabdingbar.

3.4 Multiplikatoren auf Basis von Werttreibern, oder: welchen Nutzen haben Daumenregeln?

Neben finanziellen Bezugsgrößen wie dem Umsatz, dem EBITDA oder dem EBIT, können auch nicht-finanzielle Bezugsgrößen genutzt werden. Wichtig ist dabei, dass diese Bezugsgrößen relevante Werttreiber innerhalb der jeweiligen Branche darstellen. So gilt bspw. für Hotels, Krankenhäuser und Pflegeheime die Anzahl der Betten als nicht-finanzielle Bezugsgröße, da diese eine maßgebliche Kapazitätsquelle zur Erzielung von Erträgen darstellt. Für Betreiber von Internetplattformen gelten Maßgrößen wie Page Impressions oder Clicks als geeignete nicht-finanzielle Bezugsgrößen und für Zeitungsverlage die Anzahl der Abonnenten. Aussagen wie „Für ein Pflegeheim wird ein Preis von rund 70 TEUR pro Pflegeplatz bezahlt." stellen sicherlich eine starke Vereinfachung dar. Andererseits wird deutlich, was die Grundlage der Ertragskraft ist, sodass eine erste grobe Einschätzung auf Basis rudimentärer Informationen erfolgen kann.

3.5 Was spricht für das Multiplikatorverfahren?

Aswath Damodaran kam bei einer Untersuchung zu dem Ergebnis, dass 85 % aller Aktienanalysen an der Wall Street (sog. „Equity Research Reports") und mehr als 50 % der Unternehmensbewertungen im Rahmen von M&A-Transaktionen auf dem Multiplikatorverfahren basieren. Auch die Daumenregel mittels nicht-finanzieller Bezugsgrößen erfreut sich großer Beliebtheit und ist nicht selten Grundlage für die finale Bewertungseinschätzung. So dienen viele DCF-Methoden häufig nur als wissenschaftliche Begründung für einen Unternehmenswert, der zuvor bereits auf Basis von Multiplikatoren ermittelt wurde.

Es soll hier allerdings nicht darüber hinweggetäuscht werden, dass auch die Anwendung des Multiplikatorverfahrens nicht frei von Manipulationsmöglichkeiten ist. Wenn wir aber berücksichtigen, dass der Fortführungswert in der DCF-Methode für rund 80 % des Unternehmensgesamtwertes steht und im Prinzip nichts anderes als ein Multiplikator auf das EBIT ist, kann aus Vereinfachungsgründen doch direkt auf das Multiplikatorverfahren gesetzt werden.

In der langfristigen Betrachtung und einem Wachstum, welches der Inflationsrate entspricht, kann davon ausgegangen werden, dass die Investitionen den Abschreibungen entsprechen und sowohl die Rückstellungen als auch das Working Capital konstant bleiben. Somit ist der Free Cashflow nichts anderes als der um die Unternehmenssteuer reduzierte operative Gewinn (EBIT). Bei Nutzung der Formel für den Fortführungswert und Berücksichtigung der notwendigen Diskontierung ergäbe sich folgender Multiplikator:

$$Multiplikator = \frac{(1-s) \times (1+g)}{(WACC - g) \times (1 + WACC)^T}$$

Bei einer Steuerquote von rund 26 %, einer nachhaltigen Wachstumsrate von 1 %, gewichteten Kapitalkosten von 6,5 % und einer Detailplanungsphase von 5 Jahren ergibt sich so ein EBIT-Multiple von 9,9 was auch in etwa dem Mittel der Branchenmultiplikatoren entspricht.

Hier ist nicht nur die Anwendung einfacher, sondern das Ergebnis spiegelt auch gleichzeitig die aktuelle Marktsituation wider und bietet damit eine gute Abschätzung für realisierbare Preise.

In Abb. 6 ist ein einfaches Beispiel für das Multiplikatorverfahren zu sehen. Die Tabelle aus dieser Abb. ist in dem Excel-Tool „Unternehmensbewertung, Verfahren im Vergleich" unter dem Arbeitsblatt **Multiplikatorverfahren** zu finden.

Zielunternehmen	Kaufpreis	Nettofinanz-verbindlichkeit	Unternehmens-gesamtwert	Umsatz	EBITDA	EBIT	V/S	V/EBITDA	V/EBIT
		in EUR Mio.		in EUR Mio.					
Unternehmen 1	38,0	11,5	49,5	34,5	5,5	5,0	1,4	9,0	9,9
Unternehmen 2	33,5	2,5	36,0	95,0	7,4	7,0	0,4	4,9	5,1
Unternehmen 3	73,0	11,0	84,0	96,0	7,2	6,0	0,9	11,7	14,0
Unternehmen 4	82,0	46,0	128,0	87,0	12,0	8,5	1,5	10,7	15,1
Unternehmen 5	57,0	13,5	70,5	57,6	8,0	5,2	1,2	8,8	13,6
Unternehmen 6	431,5	-6,0	425,5	301,5	35,9	32,5	1,4	11,9	13,1
Unternehmen 7	38,0	1,0	39,0	37,8	4,1	3,5	1,0	9,5	11,1
Unternehmen 8	312,0	-36,5	275,5	432,0	58,6	55,0	0,6	4,7	5,0
Unternehmen 9	251,5	-35,0	216,5	187,9	19,5	17,5	1,2	11,1	12,4
Unternehmen 10	87,0	-5,5	81,5	79,0	8,0	7,5	1,0	10,2	10,9

Daten des Bewertungsobjektes		Multiples der Vergleichsgruppe			Entity Value		
		Min	Median	Max	Min	Median	Max
	in Mio. EUR					in EUR m	
Umsatz	50	0,4	1,1	1,5	19	55	74
EBITDA	4	4,7	9,8	11,9	19	39	47
EBIT	3	5,0	11,8	15,1	15	35	45

Abb. 6: Multiplikatorverfahren, einfaches Beispiel

4 Mythen der Unternehmensbewertung und die Sicht von Finanzinvestoren

4.1 Zwischen Anspruch und Realität

Die Unternehmensbewertung ist keine objektive Suche nach dem wahren Wert eines Unternehmens, sondern Entscheidungsgrundlage für eine Verhandlungssituation. Von daher muss sie zwei Kriterien erfüllen: Sie muss zielgerichtet für die Interessen der jeweiligen Verhandlungspartei eingesetzt werden können und die aktuellen Marktgegebenheiten berücksichtigen.

Im Ergebnis wird sich (z. B. auf Basis von Sensitivitätsanalysen) immer eine Bandbreite für den Unternehmenswert ermitteln lassen, mit der in den Verhandlungen gearbeitet wird. Dabei ist ein einfaches und verständliches Bewertungsmodell sicherlich hilfreicher als ein hochkomplexes finanzmathematisches Modell, welches für den Anwender häufig eine Blackbox darstellt.

Egal welches Bewertungsmodell zugrunde gelegt wird, ist darauf zu achten, dass das Ergebnis nur dann sinnvoll und nutzbar ist, wenn die Eingabeparameter sinnvoll gewählt wurden. Am Ende ist der Kauf oder Verkauf eines Unternehmens eine unternehmerische Entscheidung und bleibt damit zumindest zum Teil immer eine Bauchentscheidung. Wäre das nicht so, bräuchten wir gar keine Unternehmer bzw. Manager mehr, sondern könnten alle Entscheidungen durch einen Computer-Algorithmus treffen lassen.

4.2 Die üblichen Werthebel

Gerade im Rahmen der Nachfolgeregelung bei mittelständischen Unternehmen kommen immer häufiger Finanzinvestoren zum Zuge. Diese hoch professionellen Akteure sammeln Gelder bei institutionellen Investoren und Privatanlegern ein, suchen entsprechende Investitionsmöglichkeiten und beteiligen sich (meist mehrheitlich und auf Zeit) am Eigenkapital von Unternehmen.

Da die Gelder von den Investoren oft für den Zeitraum von 10 Jahren zur Verfügung gestellt werden und die Finanzinvestoren innerhalb dieser Zeit nicht nur attraktive Übernahmekandidaten identifizieren und akquirieren, sondern im Anschluss auch eine Wertsteigerung durchführen und durch den Verkauf realisieren müssen, sind die Haltedauern meist bei 5 bis 7 Jahren. In dieser Zeit werden i. d. R. 4 Werthebel genutzt:

1. Organisches und anorganisches Wachstum des erworbenen Unternehmens
2. Erhöhung der Profitabilität durch Restrukturierung und Optimierung der Prozesse
3. Gespür für Preisentwicklungen auf dem Markt für Unternehmen („günstig einkaufen, teuer verkaufen", auch „Multiple Extension" genannt)
4. Nutzung optimaler Finanzierung bei der Übernahme und anschließende Zurückführung des Fremdkapitals durch laufende Tilgungen

Ziel ist es, durch diese Werthebel eine jährliche Rendite von über 20 % zu erzielen. Gerade das Thema der sog. „Multiple Extension" nimmt dabei einen wichtigen Stellenwert ein und macht klar, warum auch Finanzinvestoren bei der Bewertung von Unternehmen primär an das Multiplikatorverfahren denken, obwohl für die finanzierenden Banken immer auch ein DCF-Modell aufgebaut wird, damit diese prüfen können, ob die vereinbarten Zins- und Tilgungsleistungen plausibel sind.

5 Fazit

Um auf die erste Aussage dieses Beitrags zurückzukommen: Der Wert eines Unternehmens liegt im Auge des Betrachters. Der Verkäufer wird das Unternehmen als gut aufgestellt und entsprechend wertvoll ansehen. Ein Gutachter wird genauer hinschauen und vielleicht doch die ein oder andere Verbesserungsmöglichkeit identifizieren, einen Investitionsstau oder Wartungsrückstand feststellen und den Wert nach unten anpassen. Der Käufer wird zumindest in seiner Argumentation während der Kaufpreisverhandlungen viele wertrelevante Probleme sehen: unberücksichtigte Preissteigerungen bei Löhnen oder Rohstoffen, mögliche Kundenverluste und fehlende Konzepte für anstehende Marktveränderungen. Kommt noch eine Bank ins Spiel, die der Käufer für die Kaufpreisfinanzierung in Anspruch nimmt, wird diese weitere (risikobedingte) Wertabschläge machen.

Daher ist auch die Rolle eines professionellen M&A-Beraters insbesondere bei der Veräußerung eines mittelständischen Unternehmens von zentraler Bedeutung. Solch ein Berater stellt nicht nur sicher, dass die Wertvorstellungen anhand des aktuellen Marktumfelds plausibilisiert werden, sondern hilft durch seine umfassenden Marktkenntnisse auch, den „richtigen" Käufer zu identifizieren, der den höchsten Kaufpreis zahlt bzw. das beste Gesamtangebot abgibt.

Abgesehen davon ist die Veräußerung eines Unternehmens für den Gesellschafter i.d.R. eine einmalige Angelegenheit, während es für den M&A-Berater Tagesgeschäft ist. Er kennt die jeweiligen Kaufpreisniveaus und weiß, mit welchen Argumenten der Kaufpreis zu erhöhen bzw. mit welchen Gegenargumenten zu rechnen ist. Dabei hilft es, die Verfahren zur Unternehmensbewertung im Detail zu beherrschen, denn nur dann können die notwendigen Parameter zielgerichtet abgeleitet werden.

Auch wenn die Discounted-Cashflow-Methode als internationaler Standard gilt und wissenschaftlich fundiert ist, wird sich in den meisten Fällen herausstellen, dass das pragmatische Multiplikatorverfahren – bei richtiger Anwendung – zu vergleichbaren Ergebnissen kommt. Allerdings mit dem Vorteil, ohne viele Annahmen und komplexe Vorgehensweisen auszukommen. Am Ende bleibt der Kaufpreis ein Verhandlungsergebnis und in diesem Zusammenhang nützt eine theoretisch richtige Bewertung nichts, wenn sich kein Marktteilnehmer finden lässt, der bereit ist, diesen Preis zu zahlen.

6   Literaturhinweise

Damodaran, Damodaran Online, http://pages.stern.nyu.edu/~adamodar/, Abrufdatum: 22.1.2019.

Damodaran, Damodaran on Valuation: Security Analysis for Investment and Corporate Finance, 2. Aufl. 2009.

Drukarczyk/Schüler, Unternehmensbewertung, 7. Aufl. 2015.

Ernst/Schneider/Thielen, Unternehmensbewertungen erstellen und verstehen, 6. Aufl. 2017.

Finance Magazin, https://www.finance-magazin.de/research/multiples/, Abrufdatum: 22.1.2019.

McKinsey & Company (Hrsg.), Valuation – Measuring and Managing the Value of Companies, 6. Aufl. 2015.

PwC eValuation Data Deutschland, https://pwc-tools.de/kapitalkosten/, Abrufdatum: 22.1.2019.

Due Diligence verstehen und als Erfolgsfaktor im M&A-Prozess nutzen

▪ Due Diligence (DD) als Sorgfältigkeitsprüfung bei Unternehmenskäufen in M&A-Prozessen ist heutzutage nicht mehr wegzudenken, Risiken werden so zeitnah vor Signing und Closing identifiziert.

▪ Grundsätzlich ist ein M&A-Prozess komplex, unterschiedlichste Aspekte sind zu berücksichtigen, Sorgfalt schützt vor Fehleinschätzung, sowohl aus Sicht des Verkäufers als auch aus Sicht des Käufers.

▪ Zielgruppen einer Due Diligence sind ganz unterschiedlich und müssen individuell bedient werden; zudem kann es Verkäufer-DDs und Käufer-DDs mit unterschiedlichen Zielen und Tiefe geben.

▪ Waren früher ausschließlich vergangenheitsorientierte Due-Diligence-Prüfungen ausreichend, geht heute ohne Einschätzung der Zukunft nichts mehr. Die einzige Due Diligence mit Zukunftsaspekt ist die Commercial Due Diligence, sie gilt daher als Königsdisziplin.

▪ Alle Due Diligence-Disziplinen sind im M&A-Prozess relevant, hierbei ist es völlig unerheblich, ob ein Finanzinvestor oder ein strategischer Investor ein Unternehmen kaufen will. Beiden ist geraten, sich neutral beraten zu lassen. Nur so können Stärken, Schwächen, Chancen und Risiken wirklich bewertet werden.

▪ In dem Beitrag werden Aufgaben und Typen der Due Diligence erläutert und der Ablauf einer Commercial Due Diligence detailliert beschrieben.

■ Der Autor

Dr. Ralph Niederdrenk, Leiter der Deutsche Deals Strategy Group und verantwortlich für das Thema „Commercial Due Diligence" bei PwC Deutschland. In dieser Funktion beraten er und sein Team Unternehmen bei der Formulierung ihrer M&A- und Wachstumsstrategien. Er kann auf rund 750 Transaktionen zurückblicken. Darüber hinaus ist er Autor von mehr als 50 Publikationen in Zeitungen, Zeitschriften, Fachbüchern und Büchern.

1 Due Diligence als Teilprozessschritt des Unternehmens(ver)kaufs in M&A-Prozessen

Die Due Diligence stellt einen Teilprozessschritt des Unternehmenskaufs bzw. -verkaufs dar. Im Folgenden wird zunächst die unterschiedliche Bedeutung der Due Diligence für Finanzinvestoren und strategische Unternehmenskäufer diskutiert. Danach erfolgt eine Einordnung der verschiedenen Spielarten der Due Diligence in den typischen M&A-Prozess.

1.1 Arten von Unternehmenskäufern

Der Charakter eines Transaktionsprozesses wird stark durch die Art des Unternehmenskäufers bestimmt. Typischerweise wird zwischen Finanzinvestoren (Private-Equity-Häusern) und strategischen Investoren (Unternehmen) differenziert. Beide Käufergruppen verfolgen bei ihren Transaktionen unterschiedliche Zielsetzungen. Private-Equity-Häuser halten ihre Beteiligung allein aus Renditegründen und veräußern diese nach etwa 3 bis 5 Jahren im Rahmen des sog. Exits. Demgegenüber verfolgen strategische Käufer ganz unterschiedliche Interessen wie bspw. die Sicherung technologischer Kompetenzen, die Erschließung neuer Märkte, die Konsolidierung des eigenen Marktes, die Erschließung von Synergiepotenzialen oder die Sicherung von Wachstumsoptionen.

1.2 Ablauf eines typischen Transaktionsprozesses

Eine typischer Transaktionsprozess gliedert sich in fünf Phasen: Verkaufsvorbereitung, Käuferansprache, erste und zweite Bieterrunde sowie Vertragsverhandlungen. Dabei vergeht von den ersten Überlegungen bis zur finalen Vertragsunterzeichnung im Durchschnitt ein Zeitraum von rund sechs Monaten.

1.2.1 Verkaufsvorbereitung

In der Phase der Verkaufsvorbereitung erfolgt zunächst eine Klärung der grundsätzlichen Verkaufserwartungen, bspw. im Hinblick auf Kaufpreis, Zeitplan und Wunschpartner. Einher geht dies mit der Festlegung der beabsichtigten Verkaufsstrategie. So ist abzuwägen, ob allein die Erzielung des maximalen Verkaufspreises im Mittelpunkt stehen soll oder aber auch andere Faktoren wie Standorterhalt oder Arbeitsplatzgarantien Berücksichtigung finden werden. Ebenso ist zu bestimmen, ob es einen Bieterwettbewerb oder exklusive Verhandlungen geben soll. In diesem Zusammenhang werden drei wesentliche Verkaufsstrategien unterschieden: die exklusive Verhandlung, die kontrollierte Auktion und die offene Auktion. Bei ersterer wird mit nur einem Investor verhandelt, bei der kontrollierten Auktion wird eine begrenzte Anzahl von potenziellen Käufern angesprochen und bei der offenen Auktion erfolgt eine breite Ausschreibung und somit die Ansprache und Verhandlung mit einer Vielzahl von Interessenten.

Nachdem die Verkaufsstrategie definiert worden ist, werden die transaktionsrelevanten Unternehmensdokumente, die den Bietern bei der späteren Due Diligence über den Datenraum zur Verfügung gestellt werden, zusammengetragen. Zudem erfolgt die Erstellung und Plausibilisierung der mehrjährigen Geschäftsplanung der zu verkaufenden Gesellschaft. In diesem Zusammenhang wird auch das sog. lnformationsmemorandum, in dem das Unternehmen umfassend dargestellt wird, verfasst. Integraler Bestandteil dieses Memorandums sind ein Branchen- und Marktüberblick, die Beschreibung des Geschäftsmodells sowie sämtliche Finanzinformationen. Zudem wird ein Überblick über die rechtliche und organisatorische Struktur, die Produktionsstätten und das Leistungsangebot gegeben.

Im Anschluss erfolgt die Unternehmensbewertung, um die Bandbreite des zu erwartenden Verkaufserlöses festzulegen. In dieser Bandbreite sollten dann die Angebote der angesprochenen Kaufinteressenten liegen. Schließlich sind die Vorbereitung der Management Präsentation sowie die Erstellung eines ersten Entwurfs des Kaufvertrages wichtige Inhalte dieser Transaktionsphase. Häufig empfiehlt sich im Rahmen der Verkaufsvorbereitung auch die Durchführung von Vendor Assistance und Vendor Due Diligence. Auf die Vorteile dieser Spielarten der Due Diligence wird später noch im Detail eingegangen.

1.2.2 Käuferansprache

Zweiter Prozessschritt des Unternehmensverkaufs ist die Käuferansprache. Zu diesem Zweck müssen zunächst potenzielle Kaufinteressenten identifiziert werden. Diese können entweder der Gruppe der Finanzinvestoren (Private Equity) oder der Gruppe der strategischen Investoren angehören. In jüngster Zeit gibt es zudem eine dritte Gruppe, die sog. Family Offices. Hierbei handelt es sich um vermögende Familien, die ihre finanziellen Mittel partiell – ähnlich einem Finanzinvestor – in direkten Unternehmensbeteiligungen anlegen. Die möglichen Interessenten müssen entsprechend ihrer Attraktivität als Käufer in eine Rangfolge gebracht werden. In diesem Zusammenhang spricht man auch von der „Long List" der grundsätzlich in Frage kommenden Kaufinteressenten und von der „Short List" der prioritären und bevorzugt zu behandelnden potenziellen Investoren. Auf der Grundlage dieser Listen erfolgt die Ansprache der Kaufinteressenten. Nach Unterzeichnung einer Vertraulichkeitserklärung wird den Kaufinteressenten das Informationsmemorandum zugesandt. Im Vorfeld wird oftmals zusätzlich zum Informationsmemorandum auch ein sog. Teaser an die Kaufinteressenten verteilt. Dieses Dokument enthält eine Kurzdarstellung des Kaufobjekts, um ein erstes Interesse zu wecken.

1.2.3 Erste Bieterrunde

Aus Sicht des Verkäufers besteht das Ziel der ersten Bieterrunde in der Einholung eines indikativen, nicht-bindenden Angebotes seitens der Kaufinteressenten. Das Angebot wird auf Basis des Informationsmemorandums und ggf. einer Red Flag Due Diligence erstellt und enthält eine Kaufpreisindikation sowie Angaben zur geplanten Finanzierung der Transaktion und den Due Diligence Erfordernissen. Dies kann im Vorfeld einer Managementpräsentation oder nach Durchführung der Managementpräsentation erfolgen. Letztlich dient das indikative Angebot dazu, festzulegen, in welcher Form der Kaufinteressent im weiteren Verkaufsprozess zu berücksichtigen ist. Grundsätzlich gilt es für die Verkaufsseite in der ersten Bieterrunde, diejenigen potenziellen Kaufinteressenten auszuwählen, die in die konkrete Due Diligence beim Zielunternehmen eintreten.

1.2.4 Zweite Bieterrunde

Die zweite Bieterrunde führt zur Abgabe eines verbindlichen Angebotes durch die qualifizierten Kaufinteressenten. I.d.R. werden 3 bis 10 Bieter zur detaillierten Due Diligence eingeladen. Diese Bieter erhalten dann Zugang zur Vendor Due Diligence, zum Datenraum und zum Management der zu verkaufenden Gesellschaft. Parallel dazu erstellen die Kaufinteressenten ein Finanzierungskonzept. Aus Sicht des Verkäufers ist es wichtig, dass dieser Sicherheit gewinnt, in welcher Form der zu bezahlende Kaufpreis finanziert wird, welche Bankpartner hinzugezogen werden und wie die Finanzierung grundsätzlich zu strukturieren ist.

1.2.5 Kaufvertragsverhandlungen

Im letzten Prozessschritt werden Kaufvertragsverhandlungen – i.d.R. mit den beiden aussichtsreichsten Bietern – durchgeführt. In diesen Verhandlungen wird schließlich der Kaufvertrag mit dem optimalen Bieter einschließlich der vom Verkäufer zu übernehmenden Garantien verhandelt. Bestandteil ist die finale Festlegung des Kaufpreises. Auch gilt es, die Transaktion kartellrechtlich zu prüfen, die Kreditverträge zu finalisieren, etwaige Gremienentscheidungen einzuholen und dann letztlich den Kaufvertrag zu unterzeichnen (sog. Signing). Nach Signing erfolgt, oftmals zeitversetzt, das Closing. Closing bezeichnet letztlich den Übergangsstichtag der Anteile und die Überweisung des Kaufpreises.

2 Due Diligence im Transaktionsablauf

Eine Due Diligence kann sowohl durch den Käufer während der Exekutionsphase einer Transaktion als auch durch den Verkäufer während der Vorbereitungsphase durchgeführt werden.

2.1 Buy-Side Due Diligence

Der klassische Fall ist die vom Käufer durchgeführte Due Diligence, die auch als Buy-Side Due Diligence bezeichnet wird. In diesem Zusammenhang unterscheidet man i.d.R. 3 Formen: die Phase 1 (häufig Red Flag genannt) Due Diligence, die Full-Scope Due Diligence und die Top-up Due Diligence.

Die Phase 1 Due Diligence nimmt einen Zeitraum von etwa einer bis vier Wochen in Anspruch und verfolgt das Ziel, strategische Dealbreaker vor Durchführung der Full Scope Due Diligence bereits in der Frühphase des Transaktionsprozesses zu identifizieren.[1] Je größer das Transaktionsobjekt, je internationaler es aufgestellt ist oder je diversifizierter über Geschäftsbereiche, Kundengruppen, Länder etc., desto länger ist die Phase der DD. Ein Kontakt zum Management des Zielunternehmens und Zugang zum Datenraum sind für die Phase 1 Due Diligence nicht unbedingt üblich. Erste spezifische Fragestellungen, die einen Dealbreaker darstellen könnten, können von einem professionellen Due Diligence Team auch unabhängig analysiert werden.

Eine Full-Scope Due Diligence umfasst eine vollständige Analyse des Zielunternehmens im Rahmen aller Disziplinen der Due Diligence, d.h. Commercial, Financial, Tax, Legal, häufig auch IT, Environmental oder Management Audit. Eine Full-Scope Due Diligence setzt auch oftmals auf einer Red Flag Due Diligence auf. So werden dann die Ergebnisse der Red Flag-Phase nochmals im Detail überprüft und durch die anderen Teilbereiche der Due Diligence umfassend ergänzt.

Die dritte Form der Due Diligence auf Käuferseite ist die sog. Top-Up Due Diligence, die auf einer bereits existenten Vendor Due Diligence aufsetzt. So hat das Management des zu verkaufenden Unternehmens bereits eine umfassende Due Diligence durchführen lassen, die dann im Rahmen des Verkaufsprozess Grundlage für sämtliche kommerziellen Fragen darstellt. Eine Top-Up Due Diligence nimmt somit das Vendor-Due-Diligence-Gutachten als Grundlage und behandelt ausschließlich Themenbereiche, die entweder nicht oder nur unvollständig dargestellt sind oder deren strategische Logik aus Sicht des Kaufinteressenten nochmals überprüft werden muss. I.d.R. kann eine Top-Up Due Diligence in einem überschaubaren Zeitraum durchgeführt werden. Maßgeblich hierbei ist zweifelsohne die Qualität und inhaltliche Tiefe der vorliegenden Vendor Due Diligence.

---

[1] Zu den Ausführungen zur Red Flag Commercial Due Diligence vgl. Niederdrenk/Müller, 2008.

2.2 Vendor Due Diligence[2]

Neben der klassischen Due Diligence auf Käuferseite hat sich in den vergangenen Jahren die Vendor Due Diligence, die im Auftrag des Verkäufers in der Vorbereitungsphase einer Transaktion durchgeführt wird, etabliert. Die Vendor Due Diligence wird auch als Sell-Side Due Diligence bezeichnet.

Hintergrund dieser Form der Due Diligence ist, dass der traditionelle Verkaufsprozess, bei dem die Durchführung der Due Diligence der Käuferseite obliegt, aus Sicht des Verkäufers nicht die Erzielung des bestmöglichen Kaufpreises garantiert. So ist es nicht ausgeschlossen, dass die käuferseitige Due Diligence Risiken zu Tage bringt, die auch dem Verkäufer und seinen Beratern nicht bekannt waren. Daraus abgeleitet kann es zu einer Reduktion des angebotenen Kaufpreises kommen. Aufgrund des auftretenden Informationsungleichgewichts kann der Verkäufer zudem in eine schwächere Verhandlungsposition geraten, weil er meist kurzfristig nicht in der Lage ist, auf die vorgebrachten neuen Erkenntnisse zu reagieren. Ein weiterer Grund für einen möglichen suboptimalen Preis liegt in der Zeitdauer, die während der käuferseitigen Due Diligence vergehen kann. Die Bereitstellung der „richtigen" Daten führt häufig zu Verzögerungen. Viele Unternehmen sind auf die Frageliste und den Detaillierungsgrad der Due-Diligence-Dienstleister nicht optimal vorbereitet, was zu zeitaufwendigen Nacharbeiten und zusätzlichen Belastungen führt. Je länger jedoch ein Unternehmen im Verkaufsprozess gefangen ist, desto eher sind negative Folgen auf den zu erzielenden Preis, bspw. aufgrund von Störungen der Betriebsabläufe oder der starken zeitlichen Inanspruchnahme des Managements, wahrscheinlich. Zudem ist die Einhaltung der Vertraulichkeit in langen Verkaufsprozessen problematisch, so dass es zu negativen Auswirkungen bei Kunden, Lieferanten und Mitarbeitern kommen kann.

Um diesen Schwierigkeiten zu begegnen, hat sich in den letzten Jahren, insbesondere bei großen Auktionsprozessen unter Beteiligung von Private-Equity-Bietern, die Vorbereitung des Zielunternehmens in Form einer Vendor Due Diligence und ggf. auch einer Vendor Assistance durchgesetzt. Die Vendor Due Diligence wird durch einen unabhängigen Due-Diligence-Dienstleister durchgeführt, bevor das Unternehmen am Markt angeboten wird. Es handelt sich dabei um eine unabhängige Prüfung des zu verkaufenden Unternehmens gemäß den Anforderungen der potenziellen Investoren und ihrer finanzierenden Banken. Das Ergebnis ist ein vollumfänglicher und bankenfähiger Due-Diligence-Bericht. Die Vendor Due Diligence wird zwar vom Verkäufer beauftragt, der Auftrag und die Haftungsansprüche gehen aber nach Abschluss der Transaktion auf den Käufer über. Somit bietet die Vendor Due Diligence i.d.R. aus der Sicht eines potenziellen Käufers einen ähnlichen Grad an Sicherheit wie die klassische, vom Käufer durchgeführte Due Diligence.

---

[2] Der nachfolgende Abschnitt zur Vendor Due Diligence greift stark auf Frühauf/Niederdrenk, 2008, zurück. Der Text entspricht Niederdrenk/Müller, 2011, und wurde in Hertz-Eichenrode et al., 2011, erstveröffentlicht.

Der eigentlichen Vendor Due Diligence kann zusätzlich noch eine Vendor Assistance vorgeschaltet sein. Bei der Vendor Assistance wird das Management des zu verkaufenden Unternehmens durch einen externen Dienstleister mit dem Ziel beraten, einen möglichst optimalen Verkaufsprozess zu gewährleisten. Das Zielunternehmen wird daraufhin geprüft, ob alle transaktionsrelevanten Informationen in erforderlicher Qualität und notwendigem Detaillierungsgrad zur Verfügung stehen. Etwaige Informationslücken werden durch den Dienstleister in Zusammenarbeit mit dem Management geschlossen. Im Unterschied zur Vendor Due Diligence verbleibt bei der Vendor Assistance der Auftrag und die damit zusammenhängenden Haftungsansprüche beim Verkäufer.

Erhöhung der Prozesskontrolle

Die Vorbereitung eines Unternehmensverkaufs in Form von Vendor Due Diligence und Vendor Assistance bietet für den Verkäufer eine Reihe von Vorteilen. Erstens wird die Kontrolle des Verkäufers über den Verkaufsprozess in ganz erheblichem Maße erhöht. Die potenziellen Probleme, die im Rahmen der späteren käuferseitigen Due Diligence zu Tage treten können, sind bereits im Vorfeld bekannt, so dass das bereits erwähnte Informationsungleichgewicht verhindert wird. Das Management des zu veräußernden Unternehmens kann sich ganz in Ruhe auf die Fragen der Vendor Due Diligence einstellen, sämtliche Unterlagen zusammenstellen und „Due Diligence"-gerecht aufbereiten. Kritische Themenbereiche, die sich dann im Vendor-Due-Diligence-Bericht wiederfinden, sind im Vorfeld zwischen Management und Due-Diligence-Gutachter umfassend diskutiert worden. Überraschungseffekte sind infolgedessen weitestgehend ausgeschlossen. Zudem ist es möglich, identifizierte Schwachstellen im Unternehmen zeitnah zu beheben. Notfalls besteht sogar die Möglichkeit, den Verkaufsprozess frühzeitig abzubrechen, falls die Vendor Due Diligence Risiken identifiziert, die zu einer unangemessenen Bewertung führen würden.

Verkürzung des Verkaufsprozesses

Zweitens besteht eines der stichhaltigsten Argumente für eine Vendor Due Diligence in der Verkürzung des eigentlichen Verkaufsprozesses. Durch die gezielte Vorbereitung des Zielunternehmens und die professionelle Aufarbeitung der Informationen ist es möglich, mehrere Bieter gleichzeitig mit den für die Bewertung und Finanzierung notwendigen Fakten zu versorgen. Dadurch wird der Gesamtprozess, insbesondere bei Auktionen, deutlich verkürzt. Der vorbereitete Vendor-Due-Diligence-Bericht wird an die identifizierten Bieter versendet. Letztere erhalten dann im Prozess ein enges Zeitfenster für ihre eigene Due Diligence sowie die Möglichkeit, im Rahmen eines Fragen-und-Antworten-(Q&A)-Meetings den neutralen Due-Diligence-Gutachter zum Bericht zu befragen. Die eigentliche Due Diligence der Bieter wird sich dann nur noch auf einige wenige für den individuellen Käufer unerlässliche zusätzliche Untersuchungen beschränken. Oft vergehen von der Versendung des Berichtes über das Management-Meeting und die Q&A-Session bis zum Vertragsabschluss nur sechs Wochen. Dies ist im Rahmen der klassischen käuferseitigen Due Diligence nicht möglich.

Keine Blockade des Managements

Drittens läuft das zu veräußernde Unternehmen durch die Vendor Due Diligence nicht Gefahr, dass der gesamte operative Betrieb still steht. Insbesondere das Management ist i.d.R. stark in den Prozess eingebunden und findet nicht ausreichend Zeit, sich um das Tagesgeschäft zu kümmern. Eine Vendor Due Diligence kann so aufgesetzt werden, dass die bei Transaktionen üblicherweise entstehende Unruhe im Unternehmen weitgehend vermieden und die zeitliche Inanspruchnahme des Managements optimiert wird. So wird das Management etwa durch den Umstand, dass das Vendor Due Diligence Team einen Großteil der Q&A-Sessions während der Due Diligence der interessierten Bieter abdeckt, stark entlastet.

Viertens ermöglicht die professionelle Vorbereitung auf den Verkaufsprozess in vielen Fällen überhaupt erst die Ansprache einer größeren Anzahl von Bietern und von Private-Equity-Gesellschaften. Die sich daraus ergebene Konkurrenzsituation führt für den Verkäufer zwangsläufig zu höheren Verkaufspreisen.

Daneben bieten Vendor Due Diligence und Vendor Assistance auch für die Käuferseite nicht unerhebliche Vorteile. Durch die Vendor Assistance wird gewährleistet, dass Informationen von vorn herein in erforderlicher Form zur Verfügung stehen. Die Vendor Due Diligence stellt für die Käufer eine zusätzliche Informationsquelle dar, die oftmals Informationen enthält, die sonst nicht oder nur mit hohem Aufwand erhoben werden könnten. Ein Beispiel sind Kundenaussagen zum Zielunternehmen. In nahezu allen Verkaufsprozessen ist es unerwünscht, dass mehrere Due-Diligence-Dienstleister der Bieter die Kernkunden des Zielunternehmens zu ihrem Lieferanten befragen. Schließlich minimiert die Red Flag Due Diligence die versunkenen Kosten der Käufer im Falle eines vorzeitigen Ausscheidens aus dem Transaktionsprozess.

3 Zielgruppen der Due Diligence

Die Zielgruppen eines Due-Diligence-Berichts unterscheiden sich je nachdem, ob die Transaktion bereits abgeschlossen ist oder nicht. Vor Abschluss der Transaktion, dem sog. Closing, konzentriert sich der Leserkreis in erster Linie auf das Projektteam und das Investitionskomitee des Private-Equity-Hauses, die finanzierenden Banken sowie die anderen Due-Diligence-Dienstleister. Im strategischen Umfeld ist die Zielgruppe die entscheidenden Geschäftsführungen bzw. der

Vorstand, der Aufsichtsrat, der Beirat und der Gesellschafterkreis. Bei börsennotierten Unternehmen sind zweifelsohne wichtige Aktionärsgruppen ebenso inhaltlich abgeholt werden.

Das interne Projektteam besteht bei einem Finanzinvestor typischerweise aus dem für das Projekt zuständigen Partner sowie, je nach Größe der Transaktion, aus einem oder mehreren Investmentmanagern. Bei einem strategischen Investor kann es nur der CFO und CEO sein, je nach Größe der Organisation aber auch seine M&A-Abteilung oder der Bereich Strategie. Natürlich ist auch denkbar, dass punktuell Fach- oder Geschäftsbereiche hinzugezogen werden. Das Projektteam ist für die Abwicklung des gesamten Akquisitionsprozesses, vom Erstkontakt zum zu akquirierenden Unternehmen bis zum Closing, zuständig. Das bedeutet letztlich auch, dass es die Due Diligence verantwortet, in dem es den Arbeitsumfang festlegt und den externen Dienstleister bestimmt. Entsprechend gehört das Projektteam zu den Empfängern des kommerziellen Gutachtens.

Eine andere wichtige Zielgruppe des Due-Diligence-Berichts vor Closing sind die finanzierenden Banken. Es ist üblich, die Banken bereits bei der ersten Managementpräsentation des zu übernehmenden Unternehmens in den Transaktionsprozess zu integrieren. Somit sind die Banken frühzeitig involviert, um sich ein Bild über das Zielunternehmen zu verschaffen. Oftmals haben sie auch ihre eigenen Vorstellungen in Bezug auf die zu definierenden Prüfungsaspekte. Entsprechend wichtig ist es, dass diese Aspekte zeitnah in den Arbeitsumfang integriert werden und dann im Due Diligence Prozess Berücksichtigung finden. Die Banken lesen das Due-Diligence-Gutachten äußerst detailliert, sind diese Ergebnisse doch wiederum maßgeblich, um den eigenen Kreditausschuss von der Finanzierungsfähigkeit des Zielunternehmens zu überzeugen. Dies schließt auch Syndizierungspartner des Konsortialführers mit ein.

Des Weiteren sind auch die anderen Due-Diligence-Dienstleister Zielgruppe des Due-Diligence-Berichts. Die Anpassung bspw. der Umsatzplanung führt direkt zur Notwendigkeit der Anpassung der restlichen Gewinn- und Verlustrechnung, der Bilanz sowie der Cashflow-Rechnung. Auch kann es sein, dass die Erreichung gewisser Meilensteine in der Business Planung Auswirkungen auf die Honorierung des Kaufpreises hat. Dies würde dann im Rahmen des Gesellschaftervertrages Berücksichtigung finden. Entsprechend wird die Due Diligence häufig auch vom Legal-Due-Diligence-Dienstleister gelesen.

Nach Abschluss der Transaktion erweitert sich der Kreis der Adressaten um das Management des erworbenen Unternehmens sowie ggf. weitere finanzierende Banken. Insbesondere aufgrund der strategischen Aspekte einer Due Diligence wird diese sehr gerne vom Management des Zielunternehmens als strategisches Basispapier zu Themen wie Einschätzung der Marktentwicklung, Kundenwahrnehmung, Wettbewerbsstrategie oder der Erreichbarkeit des Business Plans verwendet. Auch wird die Due Diligence als Grundlage genommen, um Wertsteigerungspotenziale nach Closing zu heben. Zudem ist es gangbar, dass basierend auf dem Due-Diligence-Gutachten, neue Maßnahmen der Unternehmensstrategie, bspw. notwendige Internationalisierungsmaßnahmen, abgeleitet und umgesetzt werden. Eine gute Due Diligence hat immer den Charakter eines Strategiepapiers und kann somit für das Management auch eine wichtige Grundlage für die weitere Unternehmensentwicklung sein.

Neben dem Management der Zielgesellschaft können auch weitere kreditfinanzierende Banken, die nicht im Rahmen der Finanzierung des Kaufpreises als Bankpartner fungiert haben, Zielgruppe der Due Diligence sein. Wenngleich dies kein Automatismus ist, kann aber gerade eine positive Due Diligence dazu genutzt werden, Kreditverhandlungen sowohl im Langfrist- als auch Kurzfristbereich nochmals zu untermauern und entsprechend zu unterstützen.

4 Abgrenzung von Due-Diligence-Disziplinen

Im Rahmen von Unternehmenstransaktionen werden Financial, Tax und Legal Due Diligence nahezu immer standardmäßig durchgeführt. In den letzten rund 5 Jahren sind neben der Commercial Due Diligence weitere Disziplinen wie Operational Due Diligence, Environmental Due Diligence, IT Due Diligence und Management Audit hinzugekommen. Die unterschiedlichen Arten der Due Diligence und ihre Abgrenzung zur Commercial Due Diligence werden im Folgenden kurz dargestellt.

4.1 Financial Due Diligence

Bei der Financial Due Diligence steht die Analyse der Ertragskraft des Unternehmens im Mittelpunkt.[3] Das Unternehmen wird in punkto Vermögens-, Ertrags- und Finanzlage sowie Planungsrechnung untersucht. In diesem Zusammenhang werden erfolgs- und bestandsorientierte Kennzahlen sowie unterschiedliche Bilanz- und Bewertungsmethoden geprüft. Analysen im Bereich Current Year Trading, Quality of Earnings, Working Capital und Cashflow gehören ebenso zur Financial Due Diligence wie die Kalkulation des Net Debt. Diese sog. „Netto-Schulden" sind Basis für die spätere Bewertung des zu erwerbenden Unternehmens. Integraler Bestandteil der Financial Due Diligence ist auch die Validierung des Business Plans. Hier konzentriert sich diese Disziplin allerdings eher auf die Konsistenz der geplanten Zahlen. In vielen Financial-Due-Diligence-Berichten wird darüber hinaus die Erreichbarkeit der Planung aus der Ableitung entsprechender Umsatzwachstumsraten oder Aufwandsquoten aus der Vergangenheit validiert. Ist dies zweifelsohne ein legitimer Weg, muss dennoch festgestellt werden, dass die primär technische Analyse den Kern einer Business Plan Validierung nicht trifft. Gerade hier ist es ratsam, die Financial Due Diligence im

---

[3] Dazu und zu den nachfolgenden Ausführungen zur Financial Due Diligence vgl. Brebeck/Bredy, 2005.

Zusammenspiel mit der Commercial Due Diligence durchzuführen. Anders formuliert erfährt die Financial Due Diligence durch die Verzahnung mit der Commercial Due Diligence einen nicht zu unterschätzenden Mehrwert. Erst mit der Commercial Due Diligence wird die Validierung der Planungsrechnung auf eine fundamentale Basis gestellt. Typischerweise wird die Financial Due Diligence von Wirtschaftsprüfern durchgeführt, die entsprechende Transaktionserfahrung mitbringen.

4.2   Tax Due Diligence

Die Tax Due Diligence konzentriert sich auf die Untersuchung der vergangenen Wirtschaftsjahre und der damit einhergehenden steuerlichen Aspekte.[4] Entsprechend geht es darum, steuerliche Risiken aufzudecken, die zu finanziellen Verpflichtungen gegenüber dem Fiskus führen können. Damit gleicht die Tax Due Diligence einer Art Betriebsprüfung, bei der potenzielle Nachzahlungen für die betreffenden Steuerarten zu identifizieren sind. Ein weiterer Aspekt ist die steuerlich optimale Gestaltung der Akquisitionsstruktur. Hierbei stehen die künftige Abschreibung des Kaufpreises, die steuerliche Absetzbarkeit der Finanzierungskosten, die Schaffung der Organvoraussetzungen und die Nutzung der in der Zielgesellschaft ggf. existierenden Verlustvorträge im Mittelpunkt. Die Tax Due Diligence wird i.d.R. von auf diesen Bereich spezialisierten Steuerberatern durchgeführt. Eine Schnittstelle zur Commercial Due Diligence existiert nicht.

4.3   Legal Due Diligence

Die Legal Due Diligence analysiert die rechtlichen Verhältnisse des zu erwerbenden Unternehmens.[5] Ihren Stellenwert in der Beurteilung eines Unternehmens erfährt die Legal Due Diligence bei den Fragen, ob die Unternehmertätigkeit einwandfrei begründet ist und ausgeübt wird, welchen offenen oder verdeckten Bestands- oder Haftungsrisiken sie ausgesetzt ist und inwieweit die aktuelle wettbewerbliche Situation abgesichert ist. Sämtliche Fragestellungen können im Extremfall die unternehmerische Existenz gefährden. Beispiele sind eine fehlende Nutzungserlaubnis für eine Produktionstätigkeit, schwebende und versicherungsmäßig nicht abgedeckte Produkthaftpflichtprozesse oder Unterlassungsklagen von Wettbewerbern wegen angeblicher Verletzung von Schutzrechten. Die Legal Due Diligence hat allenfalls bei der Analyse von Kundenverträgen oder bei der Betrachtung von Patenten eine Schnittstelle zur Commercial Due Diligence. Üblicherweise wird die Legal Due Diligence von auf diesen Bereich spezialisierten Rechtsanwälten ausgeführt.

---

[4]   Dazu und zu den nachfolgenden Ausführungen zur Tax Due Diligence vgl. Welbers, 2005.

[5]   Dazu und zu den nachfolgenden Ausführungen zur Legal Due Diligence vgl. Fritzsche/Griese, 2005.

4.4 Operational Due Diligence

Seit Anfang der 2000er Jahre hat die Operational Due Diligence Einzug in den Katalog der unterschiedlichen Sorgfältigkeitsprüfungen genommen. Die Operational Due Diligence konzentriert sich in ihrer Analyse primär auf die operativen Wertsteigerungspotenziale des Zielunternehmens. So untersucht diese Disziplin sowohl Einzelpositionen aus der Gewinn- und Verlustrechnung als auch bilanzbezogene Kennzahlen sowie Sonderthemen aus dem operativen Umfeld eines Unternehmens. Im Rahmen der Gewinn- und Verlustrechnung durchleuchtet die Operational Due Diligence umfassend die Positionen Materialaufwand, Personalaufwand und sonstige betriebliche Aufwendungen. Dies erfolgt auf Basis umfassender Analysen des Beschaffungsmanagements sowie sämtlicher funktionaler Bereiche wie Administration, Vertrieb und Marketing, Forschung und Entwicklung und Produktion. Einher geht die Operational Due Diligence mit der Analyse von Optimierungspotenzialen im Working Capital, der Überprüfung der Investitionsplanung sowie der „Produktpipeline" aus Forschung und Entwicklung. Oftmals werden auch initiierte Restrukturierungsmaßnahmen auf ihre bisherige Zielerreichung überprüft. Aufgrund ihrer „Nähe" zur Gewinn- und Verlustrechnung hat die Operational Due Diligence eine deutliche Schnittstelle zur Commercial Due Diligence. Sie erfährt spätestens in der Validierung des Business Plans ihre Funktion, den Ergebnissen der Commercial Due Diligence zuzuarbeiten. Die Operational Due Diligence wird häufig von Personen durchgeführt, die über eine entsprechende operative Führungsverantwortung in den aufgezeigten Funktionen eines Unternehmens verfügen.

4.5 Environmental Due Diligence

Eine weitere Disziplin der Due Diligence ist die sog. Environmental Due Diligence, die die Identifikation von Umweltrisiken im Zusammenhang mit der geplanten Transaktion zum Gegenstand hat.[6] Konzentrierte sich diese in den 90er Jahren primär auf Branchen wie Petrochemie, Bergbau oder das verarbeitende Gewerbe, erstreckt sich die Notwendigkeit heutzutage auf fast alle Branchen. Treiber dieser Entwicklung ist das am Standort des Zielunternehmens geltende Umweltrecht. Bei Nichtbeachtung der Vielzahl von Gesetzen, Verordnungen und Verwaltungsvorschriften auf EU-, Bundes-, Landes- und Kommunalebene kann es schnell zu erheblichen finanziellen und mitunter auch strafrechtlichen Folgen kommen. Durchgeführt wird die Environmental Due Diligence von Experten aus den Fachbereichen Umweltrecht und Geologie.

---

[6] Dazu und zu den nachfolgenden Ausführungen zur Environmental Due Diligence vgl. Betko/Reiml/Schubert, 2005.

4.6 IT Due Diligence

Darüber hinaus wird auch die IT Due Diligence im Rahmen von Transaktionen durchgeführt.[7] Hier geht es darum, zu prüfen, ob das in der Zielgesellschaft existierende IT-System bzw. die IT-Systemlandschaft den aktuellen und künftigen Anforderungen entspricht. Häufig erfolgt eine IT Due Diligence auch dann, wenn Unternehmen selbst programmierte Software einsetzen, die für deren Geschäftsmodell von entsprechender Bedeutung sind. Die Tragfähigkeit dieser Software wird dann analysiert. Die IT Due Diligence wird typischerweise von ausgebildeten Informatikern oder Softwarespezialisten durchgeführt.

4.7 Management Audits

Ein letztes Spezialthema sind sog. Management Audits.[8] In diesen Audits wird eine Analyse der Kompetenzen und Potenziale sowohl von einzelnen Führungskräften als auch von kompletten Managementteams durchgeführt. Hintergrund dieser Analyse ist die Tatsache, dass im Zuge des Einstiegs eines Finanzinvestors das Management beteiligt werden sollen (Management Buy-Out/Buy-In). So ist der Finanzinvestor im Rahmen der Due Diligence fähig, das Management vorab einzuschätzen. Er erhält ein Gutachten über die Qualitäten und Verbesserungspotenziale des Managements. I.d.R. werden Management Audits von auf diesen Bereich spezialisierten Personalberatungsunternehmen durchgeführt.

Heutzutage werden Due-Diligence-Prüfungen oftmals integriert von einem Anbieter eingekauft. In diesem Zusammenhang spricht man auch von der integrierten Business Due Diligence (s. Abb. 1). Zielsetzung ist hierbei, den Koordinationsaufwand zwischen den Due Diligence Disziplinen zu minimieren, frühzeitig gemeinsame Red Flags/Dealbreaker zu identifizieren. Darüber hinaus ist sicher gestellt, dass in allen Reports eine konsistente Story erzählt wird.[9]

---

[7] Dazu und zu den nachfolgenden Ausführungen zur IT Due Diligence vgl. Koch/Menke, 2005.
[8] Zu den nachfolgenden Ausführungen vgl. Aldering/Högemann, 2005.
[9] Vgl. Niederdrenk, 2017, S. 12.

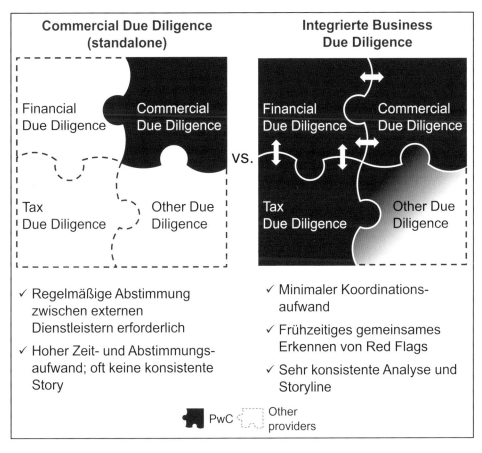

Abb. 1: Eine Business DD minimiert den Abstimmungsaufwand und sichert eine konsistente
Analyse und Storyline

4.8   Commercial Due Diligence: Die Königsdisziplin

Eine Commercial Due Diligence (CDD) ist die „sorgfältige" Prüfung eines
Zielunternehmens aus Markt-, Kunden- und Wettbewerbssicht im Vorfeld des
Unternehmenskaufs in enger Verzahnung zur Financial Due Diligence. Zielsetzung
der Commercial Due Diligence ist es, die Geschäftsplanung des zu übernehmenden Unternehmens quantitativ zu validieren. Grundlage dieser Validierung ist die
ausführliche Analyse der Nachhaltigkeit des heutigen und künftigen Geschäftsmodells des Zielunternehmens, seines Marktumfeldes, des Kundenverhaltens
sowie seiner Positionierung im relevanten heutigen und künftigen Wettbewerbsumfeld.

Integraler Bestandteil der Commercial Due Diligence ist die Analyse und Darstellung der maßgeblichen quantitativen Schnittstellen zur Financial Due Diligence. Eine fundierte Commercial Due Diligence ist daher immer auch in Kombination mit der entsprechenden Financial Due Diligence zu sehen. Es macht wenig Sinn, einen Business Plan im Rahmen einer Commercial Due Diligence zu validieren, ohne dass die Ergebnisse dann auch in ihrer Auswirkung auf die Bilanz und Cashflow-Rechnung übertragen werden. Umgekehrt würde auch eine Financial Due Diligence zu kurz springen, die sauber und detailliert die Zahlenwelt der Vergangenheit validiert, dann aber einseitig historische Wachstumsraten in die Zukunft projiziert. Oftmals sieht man auch, dass eine Financial Due Diligence Business Pläne technisch sehr sauber i.S.v. Zahlenrichtigkeit sowie in Verbindung zu Bilanz und Cashflow-Rechnung validiert. Dies ist zweifelsohne wichtig, sagt aber nichts über die Zielerreichbarkeit des Business Plans aus. Diese Bewertung ist nur unter Einbeziehung der Ergebnisse der Commercial Due Diligence möglich.[10]

Die Commercial Due Diligence ist im Vergleich zu allen anderen Disziplinen die einzige Sorgfältigkeitsprüfung, die sich mit den Zukunftsperspektiven eines Unternehmens beschäftigt. Sie gilt daher auch als Königsdisziplin.

5 Analyseinhalte der Commercial Due Diligence[11]

Die Commercial Due Diligence ist eine Prüfung des Zielunternehmens aus Markt-, Kunden- und Wettbewerbssicht mit dem Ziel der Validierung des Business Plans. Dementsprechend existieren unterschiedliche Analyseinhalte, die im Rahmen dieser Prüfung adressiert werden müssen.

---

[10] S. zur Definition der Commercial Due Diligence: Niederdrenk/Müller, 2012.
[11] Die nachfolgenden Inhalte lehnen sich an die entsprechenden Ausführungen in Niederdrenk/ Müller, 2012, und Niederdrenk, 2017, an.

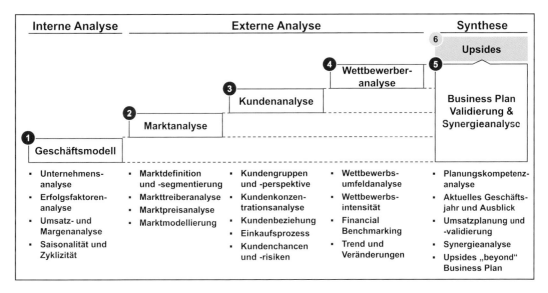

Abb. 2: Die 5 analytischen Schritte der Commercial Due Diligence

5.1   Analyse des Zielunternehmens

Ausgangspunkt der Commercial Due Diligence ist die Analyse des Zielunternehmens. In diesem Zusammenhang erfolgt zunächst eine umfassende Beschreibung und Bewertung des Geschäftsmodells. Die Betrachtung fokussiert sich dabei auf die vier Grundbausteine von Geschäftsmodellen – das Leistungsangebot, d.h. das Bündel aus Produkten und/oder Dienstleistungen, das einen Kundennutzen stiftet (sog. Angebotsmodell), die Zielkunden und die Kundenschnittstelle (sog. Kundenmodell), die Wertschöpfungsarchitektur und -partner (sog. Wertschöpfungsmodell) sowie schließlich Umsatz- und Kostenstruktur, die zusammen die Gewinnerzielungslogik des Zielunternehmens begründen (sog. Gewinnmodell).

Einen weiteren Untersuchungsschwerpunkt bildet die Analyse der finanziellen Leistungsfähigkeit des Zielunternehmens. Hierbei geht es weniger um eine umfassende Finanzanalyse i.S.e. Financial Due Diligence. Vielmehr steht für die Commercial Due Diligence die Analyse der historischen und geplanten Umsätze (Preis-Mengen-Gerüst) nach Geschäftsfeldern, Produkten, Kunden, geografischen Märkten und Vertriebskanälen im Mittelpunkt. Diese Analyse verfolgt das Ziel, die Treiber der historischen und geplanten Umsatzentwicklung zu identifizieren. Einher geht die Umsatzanalyse mit der Betrachtung der Profitabilität des Zielunternehmens. Typischerweise erfolgt diese auf sämtlichen Margenebenen der Gewinn- und Verlustrechnung, vom Rohertrag bis zum EBIT.

Zur Analyse des Zielunternehmens gehört schließlich die Darstellung der Wachstumsstrategie und –maßnahmen des Managements. Hierbei gilt es, Wachstumspfade und zugrundeliegende Wachstumsinitiativen darzustellen und zu hinterfragen. Maßgeblich gilt es zu verstehen, mit welcher Wachstumsstrategie sich das Zielunternehmen in der Vergangenheit entwickelt hat, wie es heute aufgestellt ist und welche Unternehmensaufstellung für die Zukunft angestrebt wird.

5.2   Analyse der Marktattraktivität

Auf die Analyse des Zielunternehmens folgt eine umfassende Bewertung seines Marktumfeldes. Hierzu gehören die „richtige" Abgrenzung des relevanten Marktes und seine Segmentierung. Im Mittelpunkt der Analyse der Marktattraktivität steht die Quantifizierung der Marktgröße und -entwicklung in Form eines Marktmodells, das durch den Commercial-Due-Diligence-Dienstleister erstellt wird. Hierbei ist es insbesondere wichtig herauszuarbeiten, welche Treiber die Marktentwicklung – Wachstums- oder Schrumpfungsprozesse – beeinflussen. Daneben werden, eine entsprechende Datenverfügbarkeit vorausgesetzt, das Profitabilitätsniveau des Marktes und der „typische" Marktpreis analysiert. Im Rahmen der Marktpreisanalyse sind Entwicklungen der Vergangenheit, Erklärungen dieser Entwicklung sowie die mögliche künftige Preisentwicklung darzustellen. Schließlich stellt eine gute Marktanalyse den Absatzmarkt der Zielgesellschaft in den Kontext der gesamten industriellen Lieferkette vom Rohstofflieferanten bis zum eigentlichen Endkunden. Die Intelligenz dieser Betrachtung besteht dabei weniger in der reinen Darstellung, als vielmehr in der Analyse, ob sich die Werthaltigkeit der einzelnen Stufen der Lieferkette in der Vergangenheit verschoben hat und inwieweit dies in Zukunft der Fall sein wird.

5.3   Analyse der Kundensituation

Die Kundenanalyse ist einer der Kerninhalte der Commercial Due Diligence. Aus Prozesssicht zeichnet sich diese Analyse dadurch aus, dass hier neben Sekundärinformationen insbesondere primäre Daten in Form von Kunden-,-, Wettbewerber- und Experteninterviews erhoben werden. Diese Vorgehensweise erlaubt, im Unterschied zu allen anderen Due Diligence Disziplinen, eine Einschätzung des Zielunternehmens aus Sicht des Marktes und stellt damit eine wichtige Ergänzung der Sekundäranalysen dar.

Inhaltlich erfolgt zunächst eine Analyse des Kundenstamms des Zielunternehmens. Auf der Grundlage einer sachgerechten Kundensegmentierung kann der Kundenstamm sowohl aus der finanziellen als auch aus der strategischen Perspektive beleuchtet werden. Die finanzielle Perspektive fokussiert auf die einschlägigen kundenbezogenen Finanzkennzahlen wie bspw. Umsatz, Umsatzwachstum und Profitabilität pro Kunde. Aus strategischer Sicht können unterschiedlichste

Analysen geboten sein. Typische Analyseinhalte reichen von der Identifizierung möglicher Kundenabhängigkeiten durch ABC-Analysen über die Bestimmung der Kundendurchdringung (sog. Share of Wallet) und der Kundenloyalität bis hin zur Untersuchung der Fähigkeit zur Weitergabe von Materialpreissteigerungen an die Kunden.

In Business-to-Business-Märkten, in denen die vom Zielunternehmen bedienten Kunden wiederum in unterschiedlichen Endmärkten aktiv sind, muss die Entwicklung dieser Kundenmärkte im Rahmen der Commercial Due Diligence analysiert werden. Ziel ist es, ein möglichst umfassendes Verständnis der Entwicklung dieser Märkte und der strategischen Positionierung der Kunden des Zielunternehmens in diesen Märkten zu gewinnen.

Ein dritter Teilaspekt im Rahmen der Kundenanalyse ist das Einkaufverhalten. In diesem Zusammenhang werden die relevanten Kaufentscheidungsträger identifiziert und deren Organisation untersucht. Darauf aufbauend findet eine Betrachtung des Einkaufsprozesses und der im Einzelfall zur Anwendung kommenden Einkaufstrategien statt. Schließlich stellt die Identifikation der einschlägigen Einkaufskriterien und ihrer relativen Wichtigkeit eine klassische Analyse der Commercial Due Diligence dar.

5.4 Analyse des Wettbewerbs

Die Aufbereitung der Wettbewerbslandschaft des Zielunternehmens bildet die Grundlage der Wettbewerbsanalyse. Dabei kann eine erste Herausforderung bereits darin bestehen, die relevanten direkten und indirekten Wettbewerber zu identifizieren. Hierunter fällt insbesondere auch die Frage, ob und welche Wettbewerber aus sog. Low-Cost-Countries wie China oder Indien in den Markt drängen. Die relevanten Wettbewerber des zu untersuchenden Zielunternehmens sind dann umfassend zu beschreiben. Typischerweise werden dabei Gesichtspunkte wie Umsatzgröße, Profitabilitätsniveau, Produkt- und Serviceangebot, kundenbezogene und regionale Abdeckung, Geschäftsmodell und Eigentümerstruktur adressiert. Maßgeblich ist in diesem Zusammenhang auch die Einordnung der Wettbewerber hinsichtlich ihrer strategischen Positionierung. Die Marktanteile der Wettbewerber, ihre Zugehörigkeit zu strategischen Gruppen sowie ihr Qualitäts- und Preisniveau liefern wichtige Anhaltspunkte. Schließlich ist die Natur und Intensität des Wettbewerbs in den einzelnen Segmenten des relevanten Marktes herauszuarbeiten.

Nach der Analyse des Wettbewerbsumfeldes werden i.d.R. wichtige Finanzkennzahlen des Zielunternehmens mit denen seiner Wettbewerber verglichen (sog. relative Finanzanalyse). Im Mittelpunkt des Interesses stehen dabei das historische und geplante Wachstum des Zielunternehmens sowie seine Profitabilität in den relevanten Marktsegmenten.

Unterschiede in den Wachstumsraten und der Profitabilität des Zielunternehmens relativ zu seinen Konkurrenten weisen auf Wettbewerbsvorteile und -nachteile hin, die dann im dritten Schritt analysiert werden müssen. Hinsichtlich der einschlägigen Wettbewerbsvorteile ist zwischen Differenzierungs- und Kostenvorteilen zu unterscheiden. Von Interesse sind dabei neben der Existenz eines Wettbewerbsvorteils vor allem auch die Fragen nach seiner Nachhaltigkeit und seiner Umsetzung durch Preissetzung. Integraler Bestandteil der Analyse der Wettbewerbsvorteile und –nachteile ist die Identifikation der kundenbezogenen Leistungswahrnehmung der am Markt agierenden Unternehmen. Zu diesem Zweck werden Marktinterviews zu den kundenrelevanten Einkaufskriterien im Wettbewerbsvergleich geführt und anschließend ausgewertet. Dies ermöglicht die Einordnung der Zielgesellschaft und seiner Wettbewerber hinsichtlich ihrer Leistungswahrnehmung am Markt.

5.5   Validierung des Business Plans

Die Validierung des Business Plans ist das hauptsächliche Ziel der Commercial Due Diligence. Vor allem bei der Planungsvalidierung hat die Commercial Due Diligence ihre Schnittstelle zur Financial Due Diligence. Die Validierung erfolgt typischerweise in einem mehrstufigen Prozess und kann je nach Datenlage unterschiedlich komplex sein.

Im ersten Schritt sollte der Business Plan des Zielunternehmens mit Fokus auf die Umsatzplanung detailliert dargestellt werden. Dies geht einher mit der Analyse der umsatz- und ggf. der profitabilitätsbezogenen Treiber der Planung, einer Beschreibung der Planungsmethodik und des Planungsprozesses sowie der detaillierten Darstellung aller zugrunde liegenden Planungsannahmen.

In nächsten Schritt erfolgt eine Bewertung der Planungskompetenz des Managements. Dies erfordert eine Einschätzung des markt- und kundenbezogenen Know-how des Managements, der Planungsqualität in Bezug auf die Anforderungen im Kapitalmarktumfeld sowie der Transparenz und Nachvollziehbarkeit der Planung.

Im dritten Schritt wird die Planung auf ihre Konsistenz mit dem Markt-, Kunden- und Wettbewerbsumfeld hin überprüft. Die Commercial Due Diligence bewertet die vom Management vorgelegte Umsatzplanung primär aus der Perspektive des Marktes. Sie beantwortet die Kernfrage, ob die Umsatzplanung des Zielunternehmens vor dem Hintergrund seines Marktumfeldes und seiner strategischen Positionierung realistisch ist. Zu diesem Zweck sind die der Umsatzplanung zugrundeliegenden Planungsannahmen auf Konsistenz mit den Ergebnissen der Markt-, Kunden- und Wettbewerbsanalyse hin zu überprüfen.

Je nach Branche und Lage des Einzelfalls muss die Business Plan Validierung im vierten Schritt durch weitere Plausibilitätsprüfungen wie bspw. der Analyse des

Auftragsbuches, des Current Tradings oder der geplanten Wachstumsstrategie und -maßnahmen des Managements ergänzt werden.

Schließlich wird die Planung des Managements im fünften Schritt umfassend bewertet und entweder bestätigt oder angepasst. Im Extremfall kann es sogar notwendig sein, einen neuen „Bottom-up"-Business Plan zu entwickeln, da das Management bis dato einen solchen nicht erstellt hat oder das Detaillierungs- niveau der vorliegenden Business Planung nicht ausreichend ist. Die angepasste Planung und ggf. betrachtete Szenarien sind dann hinsichtlich ihres Umsatz- und Ergebnisniveaus darzustellen und mit dem Financial Due Diligence Team abzugleichen. Auf diese Weise können die Ergebnisse der Commercial Due Diligence dann wiederum in ihrer Auswirkung auf Bilanz oder Cashflow-Rech- nung berücksichtigt werden.

5.6 Identifikation von Wachstumspotenzialen über den Business Plan hinaus

Eine umfassende Commercial Due Diligence analysiert in einem letzten Kapitel die Wachstumspotenziale, die vom Management des Zielunternehmens im Business Plan nicht berücksichtigt worden sind. Hierbei sollten sämtliche Aspekte beleuchtet werden, die zu einem deutlichem Wachstum über den Business Plan hinaus führen können. Letztlich gilt es, sämtliche Wachstumsoptionen eines Unternehmens daraufhin zu untersuchen, ob und inwieweit unausgeschöpftes Potenzial existiert. Entsprechend ist das zusätzliche Wachstumspotenzial zu quantifizieren und nach den Kriterien Umsatzpotenzial, erforderliche Kosten und zeitliche Wirksamkeit zu priorisieren.

5.7 Analyse der Synergien

Die Analyse von Synergien steht dann im Mittelpunkt, wenn ein Unternehmen einen Wettbewerber erwirbt oder sich dahingehend ergänzt, dass ein zusätzlicher Geschäftsbereich dazu kommt. In beiden Fällen ist dann Kern der Commercial Due Diligence, Synergiepotenziale zu eruieren. So ist zu identifizieren, welche Synergien sich in den kommerziellen Funktionalbereichen wie Vertrieb, Marke- ting, Produktentwicklung etc. ergeben. Ebenso ist es wichtig, mit allen anderen Due Diligence Disziplinen eng zusammen zu arbeiten, um auch alle anderen Synergien, i.d.R. Kostensynergien, zu identifizieren und entsprechend in der Be- wertung des zu übernehmenden Unternehmens zu berücksichtigen.[12]

---

[12] Vgl. Niederdrenk, 2001.

6 Literaturverzeichnis

Aldering/Högemann, Human Resources Due Diligence, in Berens/Brauner/Strauch (Hrsg.), Due Diligence bei Unternehmensakquisitionen, 4. Aufl. 2005, S. 513–538.

Betko/Reiml/Schubert, Environmental Due Diligence, in Berens/Brauner/Strauch (Hrsg.), Due Diligence bei Unternehmensakquisitionen, 4. Aufl. 2005, S. 565–584.

Brebeck/Bredy, Financial Due Diligence I: Vermögen, Ertrag, Cashflow, in Berens/Brauner/Strauch (Hrsg.), Due Diligence bei Unternehmensakquisitionen, 4. Aufl. 2005, S. 371–394.

Fritzsche/Griese, Legal Due Diligence, in Berens/Brauner/Strauch (Hrsg.), Due Diligence bei Unternehmensakquisitionen, 4. Aufl. 2005, S. 457–488.

Frühauf/Niederdrenk, Wie ein Unternehmen den Kaufprozess organisiert, Frankfurter Allgemeine Zeitung, 7. Juli 2008, Nr. 156, S. 20

Koch/Menke, IT Due Diligence, in Berens/Brauner/Strauch (Hrsg.), Due Diligence bei Unternehmensakquisitionen, 4. Aufl. 2005, S. 615–650.

Niederdrenk, Fusionsmanagement, Frankfurter Allgemeine Zeitung, 10.1.2001, S. 27.

Niederdrenk, Der Weg zum Erfolg – Wie Finanzinvestoren tatsächlich Mehrwert bieten können!, M&A Review, Heft 12/2004, S. 528–531.

Niederdrenk/Müller, Dealbreaker früh erkennen: Frühzeitige Analysen gewinnen infolge der Kreditmarktkrise an Bedeutung, Finance Magazin, Juni 2008.

Niederdrenk/Müller, Wettbewerb aus Schwellenländern: Eine neue Herausforderung für die Commercial Due Diligence, M&A Review, Heft 3/2009, S. 114–119.

Niederdrenk/Müller, Jetzt geht es um die Wurst(hülle): Zur Überprüfung des Transaktionsmotives der aktiven Marktkonsolidierung im Rahmen der Commercial Due Diligence, M&A Review, Heft 1/2010, S. 25–32.

Niederdrenk/Müller, Vendor Due Diligence, in Hertz-Eichenrode/Illenberger/Jesch/Keller/Klebeck/Rocholl, Private-Equity-Lexikon, 2011.

Niederdrenk/Müller, Commercial Due Diligence, 2012.

Niederdrenk, Commercial Due Diligence – Die Königsdisziplin, 2017.

Welbers, Tax Due Diligence, in Berens/Brauner/Strauch (Hrsg.), Due Diligence bei Unternehmensakquisitionen, 4. Aufl. 2005, S. 435–456.

End–to–End M&A-Prozessdesign für digitale Targets und Geschäftsmodelle

- Ziel dieses Beitrags ist die Darstellung eines End-to-End M&A-Prozessdesigns, das den Herausforderungen des digitalen Wandels und digitaler Geschäftsmodelle gerecht wird. Dabei stellen sich zwei wesentliche Fragen:[1]

- Wie lassen sich digitale Instrumente und Prozesse nutzen, um komplexe M&A-Projekte effizienter, schneller und qualitativ hochwertiger zu gestalten? Ein solches digitales End-to-End M&A-Prozessmodell sollte aber auch umgekehrt die Anforderungen an neue digitale M&A-Instrumente darstellen.

- Wie wirken sich digitale Geschäftsmodelle auf den M&A-Prozess aus? Genauer: Welchen Einfluss nehmen digitale Geschäftsmodelle und Innovationen auf die Bausteine und Instrumente des End-to-End M&A-Prozessansatzes und vice versa? Wie lassen sich neue M&A-Prozessansätze und Tools für die Gestaltung von Geschäftsmodell-Innovationen nutzen

- Der Beitrag erklärt dazu für jede Phase des M&A-Prozesses die Möglichkeiten, die digitale Werkzeuge und Prozesse zur Optimierung von Effektivität und Effizienz bieten.

---

[1] Der Beitrag stellt u.a. auch einen Bezug zu dem im Juli 2018 aufgesetzten, neuen Arbeitskreis „Digitales M&A" des Bundesverbandes M&A her.

■ **Der Autor**

Prof. Dr. Thorsten Feix, Professor an der Hochschule Augsburg für die Themenfelder M&A, Corporate Finance und Corporate Strategy. Daneben lehrt er M&A an der Harvard University und Innovation Strategies an der Universität.

1 Basismodell des End-to-End Prozessdesigns als Referenzrahmen

Technologische Disruptionen und digitale Geschäftsmodell-Innovationen stellen den M&A-Prozess vor eine Vielzahl neuartiger Herausforderungen:

- Der Käufer muss sein Ökosystem und die strategischen Optionen „weiter denken",
- in der Unternehmensbewertung die höhere Variabilität und Dynamik der Cashflows digitaler Geschäftsmodelle, die am Beginn ihres Lebenszyklus stehen, berücksichtigen,
- in der Due Diligence die Möglichkeit der Skalierung des Geschäftsmodells eines digitalen Targets verifizieren,
- in der Integrationsphase den Trade-Off zwischen Integrationserfordernissen und der notwendigen Autonomie des Zielunternehmens ausbalancieren ohne die kulturelle Assimilation von Käufer und Target zu vernachlässigen.

Ein digitales End-to-End M&A-Prozessmodell erscheint hierfür ideal geeignet.

Um den Einfluss der Digitalisierung auf den M&A-Prozess bzw. die hieraus resultierenden Gestaltungsmöglichkeiten zu analysieren, wird im vorliegenden Artikel als Referenzrahmen das tfX-advisory M&A-Prozessdesign, mit den drei primären M&A-Prozessen, der M&A-Strategie, dem Transaktionsmanagement und der Post Merger Integration (PMI), sowie den beiden End-to-End Supportprozessen des Synergie- und des M&A-Projektmanagements verwendet (s. Abb. 1).[2]

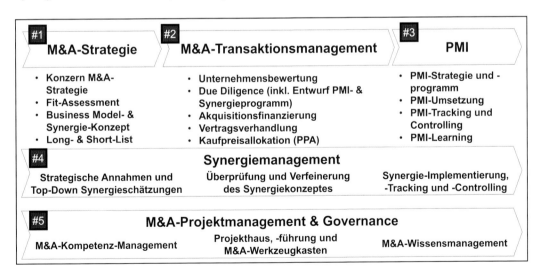

Abb. 1: Das tfX-advisory M&A-Prozessdesign

---

[2] Vgl. Feix, 2017a, S. 153–159. Das tfx-advisory M&A-Prozessmodel und seine Bausteine sind in detaillierter Form in Feix, 2017b dargestellt.

- **M&A-Strategie:** M&A ist eines von mehreren alternativen strategischen Instrumenten für das Portfoliomanagement auf Konzernebene bzw. für die Gestaltung von Wettbewerbsvorteilen auf der Ebene der Geschäftsfeldstrategie. Entsprechend stellt die konsistente Ableitung der M&A-Strategie aus der Reflexion der Konzernportfolio- und Geschäftsstrategie den Ausgangspunkt des M&A-Prozessdesigns dar. Auf diesen Leitplanken aufbauend, lassen sich die M&A-Ziele, Prämissen und das Akquisitionsmodel definieren. Anschließend können über die Ableitung des potenziellen strategischen, des Geschäftsmodell bezogenen und des synergetisch-finanziellen Fit die Long- bzw. Shortlist der „passgenauen" Zielunternehmen abgeleitet werden. Ferner kann ein erster Entwurf eines potenziellen gemeinsamen Geschäftsmodells und der kulturellen Assimilation entworfen werden.

- **Transaktionsmanagement:** Das Transaktionsmanagement umfasst die Teilaufgaben der Unternehmensbewertung, inklusive der Anwendung der verschiedenen Bewertungsmethoden und von alternativen Bewertungsszenarien ohne (Standalone Value) und mit (Combined Value) Synergien, der Due Diligence, der Vertragsverhandlung, der Akquisitionsfinanzierung, der Kaufpreisallokation, sowie eines ersten Entwurfes des Integrationsprogramms für den Fall eines erfolgreichen Transaktionsabschlusses.

- **Integrationsmanagement (PMI):** Die Transaktionsphase endet im Falle einer erfolgreichen Verhandlung mit dem Closing, d.h. nach der Erfüllung aller aufschiebenden Bedingungen, wie z.B. der Zustimmung der Wettbewerbsbehörden. Die PMI schließt sich nahtlos daran an. Ein holistischer PMI-Ansatz umfasst vier Bausteine: Die Definition der PMI-Strategie mit dem angestrebten Joint Business Design, die Ableitung des darauf abgestimmten, strategie-, geschäftsmodell-, transaktions- und synergiespezifischen PMI-Programms, dessen Umsetzung, sowie das Tracking bzw. Controlling des Erfolges der Integrationsumsetzung bzw. – im Falle der negativen Abweichung von den Integrationszielen – der ergänzende Ableitung von Gegenmaßnahmen.

- **Synergiemanagement:** Der finanzielle Wert einer Transaktion für die Eigentümer auf der kaufenden Seite liegt in der Differenz aus bezahlter Akquisitionsprämie und realisierten Synergien. Insofern kommt einem durchgängigen Synergiemanagement als End-to-End Prozess, der parallel und in Abstimmung mit den drei primären M&A-Prozessen verläuft, eine wesentliche Bedeutung zu. In der M&A-Strategie gilt es potenzielle Synergiefelder zu identifizieren und top-down grob zu bewerten. Diese Synergieschätzungen können in der Transaktionsphase, insbesondere im Rahmen der Due Diligence, einer Verifizierung unterzogen und anschließend in die Unternehmensbewertung integriert werden. Die verifizierten Synergiepotenziale können in Synergie-Scorecards hinterlegt und darauf aufbauend ein bottom-up gestütztes Synergieprogramm für die Implementierung der Synergien während der PMI aufgebaut werden. Für die Umsetzung, d.h. das Synergie-Monitoring, -Controlling und dessen Steuerung bieten sich Methoden wie Härtegrad- und

Milestone-Konzepte an, um eine permanente und aktuelle Transparenz des Standes der Synergierealisierung zu gewährleisten.

- **M&A-Projektmanagement:** Der Anspruch eines End-to-End M&A-Prozessdesigns lässt sich nur über ein durchgängiges Projektmanagement, ebenfalls wie das Synergiemanagement, parallel zu den primären M&A-Prozessen und über die Ausschöpfung der Digitalisierungspotenziale, die sich gerade im Projektmanagement und -monitoring spiegeln, erzielen. Das M&A-Projektmanagement umfasst dabei sowohl die organisatorische Seite, wie z.B. die Festlegung des M&A-Projekthauses, der Projektleitung und der Teams, als auch die Tool-Seite, die insbesondere das Design, die Zurverfügungstellung und die Weiterentwicklung der M&A-Instrumente umfasst.

2 Digitalisierungspotenzial für ein End-to-End M&A Prozessdesign

Durch die Nutzung innovativer, digitaler Instrumente und disruptiver M&A-Prozess kann die gesamte M&A-Prozesskette effizienter, schneller und qualitativ hochwertiger gestaltet werden, Abb. 2 zeigt exemplarisch hierfür einige Beispiele auf.

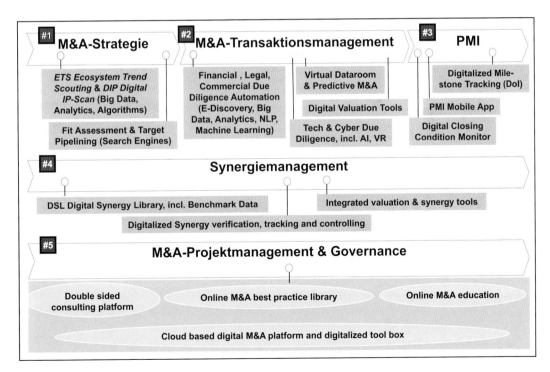

Abb. 2: Prozess- und Tool-Digitalisierung des tfX-advisory M&A-Prozessdesigns

Grundlage für eine durchgängige Digitalisierung des Prozesses ist ein Anwendungssystem, das den gesamten Prozess über alle Phasen und beide Supportprozesse unterstützt.

2.1 M&A-Strategie und Digitalisierung

Viele Branchen stehen aktuell mitten in technologischen Umbrüchen. Deshalb starten die meisten Unternehmen vor der Suche nach geeigneten Akquisitionskandidaten mit einer detaillierten Betrachtung des entstehenden zukünftigen Ecosystems, insbesondere des technologischen Umfeldes und der marktbezogenen Trendentwicklungen. Die Verwendung von digitalen Patent- und IP-Analysen (Data Mining) zeigt zum einen, inwieweit bestimmte Marktsegmente und Technologiefelder überhaupt zugänglich sind bzw. gibt eine Indikation welche Suchfelder aktuell im Fokus stehen. Ergänzend können über Trend-Scouting durch die Kombination von Machine-Learning-Algorithmen und Big-Data-Analysen neue Use Cases bzw. Kundentrends erschlossen werden.

Weitere Potenziale der Digitalisierung liegen im Rahmen der detaillierten Analyse des strategischen Fit zwischen Käufer und Target-Unternehmen als auch für die Generierung einer Short-List von attraktiven, zu verfolgenden Akquisitionskandidaten. Ergänzende Detailinformationen, z.B. bezüglich Mitarbeiterinformationen (inkl. Fluktuationsraten) bei High-Tech oder Start-up-Akquisitionen können über Search Engines, wie Google Meta Search oder LinkedIn Sales Navigator, gewonnen werden und die klassischen Informationen wie z.B. aus den Jahresabschlüssen, Verträgen usw. ergänzen. Intelligente Matching-Algorithmen auf der Basis von Datenbanken können zum Teil automatisiert zueinander passende Firmen vorschlagen.

2.2 Digitalisierung im Transaktionsmanagement

Gerade das Transaktionsmanagement unterliegt einem umfassenden digitalen Wandel. Insbesondere im Rahmen der Due Diligence steht man vor der Herausforderung eine enorme Menge strukturierter (z.B. von ERP- oder Buchhaltungssystemen) und unstrukturierter Datensätze in kurzer Zeit analysieren zu müssen. Die Automatisierung von Due-Diligence-Aufgaben über Big-Data- und NLP-Analysen bzw. Search Engines (e-discovery) und Machine Learning bieten insbesondere für die Vertragsanalysen der Legal Due Diligence und in der Financial Due Diligence enorme Effizienz-, Qualitäts- und Geschwindigkeitspotenziale und damit Wettbewerbsvorteile, insbesondere in kompetitiven Due-Diligence-Prozessen.

So ist eine digitale Extraktion von Vertragsinhalten und deren Analyse in der Legal Due Diligence in einer Reihe von Anwendungssystemen möglich. Hierfür

werden vorhandene Vertragsklauseln – wie z.B. Garantien, Exklusivitätsver-
einbarungen, Change-of-Control-Klauseln, IP-Rechte – in einer großen Menge von unterschiedlichen Vertragsformaten vollautomatisiert identifiziert und
ausgewertet. Insbesondere die semantische Analyse mithilfe von Machine-Learning-Algorithmen eignet sich für die strukturierte Analyse großer Datensätze.
Darauf aufbauend kann eine Bewertung der juristischen Risiken effizient und mit
deutlichem Zeitgewinn gegenüber einer traditionellen juristischen Due Diligence
vorgenommen und in einem zweiten Schritt automatisiert Lösungsvorschläge für
einen potenziellen Kaufvertrag vorgeschlagen werden. Daneben bietet die digitale
Datenfindung und Analyse der Datenzusammenhänge und -strukturen, insbesondere über automatisierte Datenraumanalysen, neue Wege für die Forensi-
sche Analyse im Rahmen der Compliance Due Diligence und Financial Due
Diligence.

Als neues bzw. erweitertes Arbeitsfeld in der Due Diligence etabliert sich
zunehmend eine eigenständige Tech Due Diligence, die eine detaillierte Analyse
der technologischen Plattformen, sowie der IT- bzw. ERP-Systeme im Target-
Unternehmen auf der Basis standardisierter, digitaler Assessments und Checklisten
umfasst. Zugleich dient sie einer Überprüfung der Kompatibilität mit der
IT-Architektur und den genutzten Plattformen im kaufenden Unternehmen, um
eine frühzeitige Migrationsplanung für die anschließende PMI darstellen zu
können.

Tipp: Risikominimierung bei IT-Integration

Dieses „Frontloading" von Fragen bezüglich der Zusammenführung der IT-Landschaften
zwischen Käufer und Target-Unternehmen von der PMI in die Due Diligence ist ein
wesentlicher Erfolgsfaktor, da viele PMI-Projekte gerade an der IT-Integration scheitern.
Die wesentlichen Aufgaben bestehen hier in der automatisierten Analyse der An-
wendungssysteme bezüglich der Systemarchitektur, der funktionalen Verwendungs-
charakteristiken und der inbound/outbound Schnittstellen im Rahmen der Tech Due
Diligence.

Während die detaillierte Analyse von vorhandenen Anwendungssystemen bereits
eine Standardanalyse in den meisten IT-Due-Diligence-Prozessen ist, wird i.d.R.
noch keine systematische Analyse der Endbenutzer-Arbeitsplätze (Desktop PCs
und Notebooks) durchgeführt. Dabei birgt dies nicht nur bei der Übernahme
zehntausender Mitarbeiter im Rahmen von Großakquisitionen ein signifikantes
Risikopotenzial bzgl. einzuhaltender Qualitäts- und Performancevorgaben, Betriebskosten, Compliance Anforderungen und u.U. notwendiger, aber zum Teil
unbekannter Support-, bzw. Migrationsaufwände. Notwendige Transparenz
können hier nur intelligente Endbenutzer-Analysen und -Lösungen schaffen, die
ein aktuelles und faktenbasiertes Lagebild über alle vorhandenen PC-Arbeitsplätze
liefern.

Eher schon zum etablierten Instrumentarium eines digitalen Due-Diligence-Prozesses gehören virtuelle Datenräume, welche die vormals physischen Datenräume vollkommen ersetzen und eine effizientere bzw. strukturierte Analyse der einzelnen Due-Diligence-Module auf Käuferseite ermöglichen. Der Verkäufer kann durch die Verwendung virtueller Datenräume die freigegebenen Informationen gezielter steuern und zugleich eine größere Anzahl von Bietern parallel in die Due Diligence einbinden und damit den Wettbewerbsdruck erhöhen. Zusätzlich können digitale Assistenten eingesetzt werden, die automatisiert Lücken in der Vollständigkeit der Datenrauminhalte offenlegen und den im M&A-Prozess involvierten Personen durch Vorschläge bei der täglichen Arbeit unterstützen. Ergänzend können hierdurch Risiken identifiziert und Lösungsvorschläge für diese Risiken generiert werden. Führende Datenraumanbieter entwickeln Ihre Lösungen derzeit weiter und integrieren Machine Learning in den Datenraum.

Last but not least kann über die Digitalisierung und Verzahnung der Due Diligence, der Unternehmensbewertung und der Synergieverifizierung einem End-to-End-Ansatz qualitativ und effizienzgetrieben Rechnung getragen werden.

2.3 Digitalisierung im Integrationsmanagement

Ein effizientes und effektives Integrationsmanagement (PMI) ist bedeutsam für die Bewältigung der Komplexität von Integrationsprojekten. Mit dem Closing besteht Zugang zu allen Daten des Target-Unternehmens. Entsprechend lassen sich die in der Due Diligence verwendeten e-discovery-Ansätze auf die PMI übertragen. So können z.B. vertragliche Verpflichtungen in der PMI adressiert und hinterlegt werden bzw. eine Vielzahl von Integrationsaufgaben automatisiert werden.

Zugleich kann über die später dargestellten digitalen Instrumente und Prozessstandards das PMI-Office in der Gesamtsteuerung des Integrationsprojektes unterstützt werden. Für die Sicherstellung des Integrationserfolges ist zusätzlich ein permanentes Monitoring und Controlling der PMI notwendig. Auf der Basis von digital hinterlegten Härtegraden und PMI-Projekt-Scorecards kann das Management bei Abweichungen vom geplanten Integrationsverlauf frühzeitig gegensteuern, indem Projektverzögerungen oder Underperformance vorhergesagt und Gegenmaßnahmen automatisiert vorgeschlagen bzw. Ziele angepasst werden.

2.4 Digitalisierung und Synergiemanagement

Der finanzielle Wert einer Transaktion liegt in der Differenz aus bezahlter Akquisitionsprämie und realisierten Synergien. Insofern kommt einem durchgängigen Einsatz von modernen, digitalen „Synergie-Instrumenten" wie Synergie-Monitoring, -Controlling und -Steuerung eine zentrale Bedeutung zu. Wie in der Due Diligence können hier digital hinterlegte Methoden wie Härtegrad- und Milestone-Konzepte, zu einer Professionalisierung beitragen.

Die Erfahrungswerte aus der Synergieumsetzung können wiederum projektübergreifend in einer „Lessons-Learned"-Datenbank hinterlegt werden, um den gesamten M&A-Prozess im Unternehmen Schritt für Schritt zu verbessern.

2.5 Digitalisierung von M&A-Projektmanagement bzw. Governance

Der Anspruch eines digitalen End-to-End M&A-Prozesses lässt sich nur über die Ausschöpfung der Digitalisierungspotenziale im Projektmanagement und -monitoring über alle drei primären Wertschöpfungsstufen des M&A-Prozesses hinweg erzielen. Hier werden aufgrund der Vielzahl von Gestaltungsmöglichkeiten nur selektiv einzelne Ansätze betrachtet:

- Cloud-basierte M&A-Prozessmanagement Landkarten visualisieren die gesamte M&A-Projektpipeline bereits ab der M&A-Strategiephase, inklusive der (Zustimmungs-)Stufen. Daneben bieten Sie ein Realtime-Projektreporting. Letzteres erlaubt die automatisierte Zuordnung von Projektaufgaben und Verantwortlichkeiten bzw. Zugangsrechten einzelner Teammitglieder und sichert damit eine professionelle M&A-Projekt-Governance ab.

- Die Dokumentation ebenfalls Cloud-basierter Best-Practice-Ansätze, digitale Schulung von Projektteilnehmern und Learning-Loops aus eigenen M&A-Projekten dient der Professionalisierung der Inhouse-M&A-Teams. Ein Forschungsprojekt analysiert aktuell wie das Insourcing von Best-Practice-Datenbanken und Business Cases für ein spezifisches M&A-Projekt punktgenau Optimierungspotenziale bieten. Z.B. stellen Informationen über vergangene Projekte und Best Practices eine ideale Datenbasis für Machine-Learning-Algorithmen da, die in einem konkreten Projekt Vorschläge für das weitere Vorgehen skizzieren können.

- Insbesondere für die Due Diligence und die PMI führen digitalisierte Best-Practice-Templates und Checklisten, eine digitalisierte Projektführung und ein zentrales Datenmanagement zu einer professionellen und effizienten Projektsteuerung, die auch einem hohen Zeitdruck standhält und alle Stakeholder einbindet.

- Die Digitalisierung eines End-to-End M&A-Prozesses vermeidet zugleich den oftmals vorhandenen Bruch zwischen Due Diligence und PMI. In der PMI selbst ermöglicht die Digitalisierung einen „Quantensprung" in der Projektführung durch:

- die digitalisierte und konsistente Abbildung der PMI-Gesamtprojektstruktur, der einzelnen PMI Workstreams, der PMI Teams und der Task Assignments
- die Abbildung cross-funktionaler Abhängigkeiten und Zusammenhänge
- das digitale, transparente Status-Tracking und Reporting (Härtegradsystematik) sowie
- ein frühzeitiges, automatisiertes Risikoreporting bzw. Risikovorhersage.

Eine weitere, sehr neue und aus der Business Model Innovation stammende Idee sind „double-sided B2B M&A-Consulting-Plattformen". Diese ermöglichen auf der einen Seite den Unternehmen die Auswahl des besten Beraters für die spezifischen Anforderungen des verfolgten M&A-Projekts, auf der anderen Seite bieten diese den Strategie- und Transaktionsberatern, sowie Investmentbanken eine Plattform, um ihre Beratungskompetenzen, Serviceportfolios und Referenzen(-projekte) professionell – d.h. digitalisiert, standardisiert und transparent – darstellen zu können. Ziel ist es, wie bei allen Plattform-Strategien, ein perfektes Matching, zu generieren. Die Plattform bietet dabei die Auswahl des „passenden Beraters" auf der Basis von objektivierten Kompetenzen bzw. abgewickelten „real world" Kundenreferenzprojekten und in Bezug auf Qualität und Kosten.

Im Falle von revolvierenden M&A-Vorhaben empfiehlt es sich zusätzlich Online M&A-Kompetenzmanagement- und Lernplattformen mit den entsprechenden digitalen Werkzeugen über alle Prozessstufen hinweg zur Verfügung zu stellen. Digitalisierte Lessons-Learned und Best-Practice Ansätzeerlauben eine Skalierung des internen M&A-Know-how.

3 Der inhaltliche Einfluss digitaler Geschäftsmodelle auf das M&A-Prozessdesign

Die inhaltlichen Einflüsse und die daraus resultierenden Anforderungen der Digitalisierung auf M&A-Projekt lassen sich ebenfalls an dem End-to-End M&A-Prozessdesign darstellen (s. Abb. 3).

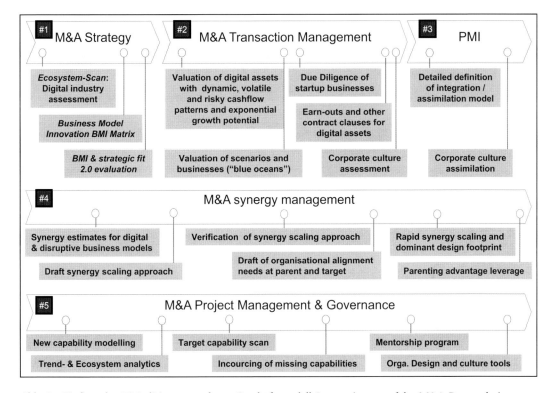

Abb. 3: Einfluss der Digitalisierung und von Geschäftsmodell-Innovationen auf das M&A-Prozessdesign

3.1 Einfluss auf die M&A-Strategiephase

Es liegt in der Natur digitaler und disruptiver Geschäftsmodelle, gesamte Industrien und Märkte schnell und nachhaltig zu verändern. Dies ist bereits in der M&A-Strategiephase zu berücksichtigen: Welche Zielunternehmen das eigene Geschäftsmodell nachhaltig weiterentwickeln können, ist nur unter Verwendung eines holistischen Blickwinkels zu verstehen, der als Ecosystem-Scan bezeichnet werden kann. Dieser Ansatz analysiert im Detail mögliche alternative technologische Entwicklungen, neue Use Cases, Trends, Veränderungen im Wettbewerbsumfeld und andere industriespezifische Treiber.

Beispiel: In der globalen Automobilindustrie reicht die Analyse der Kernwettbewerber nicht aus

Vielmehr gilt es ein detailliertes Verständnis für neue Technologien, wie z.B. der Batterietechnologie oder elektrische bzw. hybride Antriebskonzepte, über neue Wettbewerber, wie z.B. Tesla, als auch über alternativer Geschäftsmodelle, wie Ride-Hailing und Car-Sharing-Konzepte zu erhalten. Nur auf Basis dieses tiefen Verständnisses der

Industrie kann eine gezielte M&A-Strategie entwickelt und eine Shortlist von attraktiven Zielunternehmen definiert werden, die zur Generierung und Gestaltung zukünftiger Wettbewerbsvorteile beiträgt.

Für die Analyse und Nutzung des vollen Potenzials externer Wachstumsstrategien müssen M&A-Strategien mit alternativen Wachstumsstrategien verglichen und abgewogen werden. Mit der Business Model Innovation (BMI)-Matrix erhält man eine Gesamtschau (s. Abb. 4).

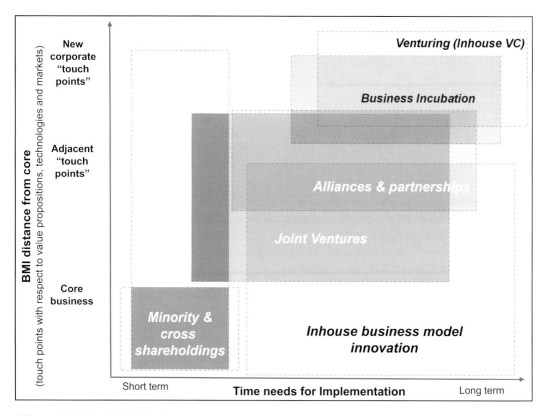

Abb. 4:   M&A Tool BMI-Matrix

Die Idee der BMI-Matrix ist es, M&A im Kontext alternativer Wachstumsansätze, wie Joint Ventures (JVs), Inkubatoren und Acceleratoren, strategischer Allianzen und interner Wachstumsoptionen, wie in-house Geschäftsmodell-Innovationen, zu betrachten. Die unterschiedlichen Optionen werden anschließend entsprechend ihrem Muster nach 2 Kriterien eingeteilt:

• Der Business Model Innovation (BMI)-Distanz als der Distanz des Geschäftsmodells des potenziellen Akquisitionsziels zum eigenen Kerngeschäft. Die

Distanz von Kerngeschäft kann dabei gemessen werden in Bezug auf das intendierte Wertversprechen für den Kunden, die unterliegenden Kerntechnologien und Fähigkeiten bzw. den Zielmärkten und Anwendungslösungen.

- Dem notwendigen Zeithorizont für die Implementierung der strategischen Option. Diese kann von einem halben Jahr bis zu einem langen Zeitraum von 3-5 Jahren dauern.

Diese Wachstumsoption müssen in einem konsistenten Rahmen bewertet und die best passende Strategie ausgesucht werden. Dies kann durch eine Strategic-Fit-Evaluierung erfolgen.[3]

3.2 Einfluss auf die Transaktionsphase

Im Rahmen des Transaktionsmanagements ergeben sich ebenfalls eine Vielzahl von Spezifika:

Ein erster wesentlicher Punkt liegt in deren Komplexität und den Limitationen der Bewertung von digitalen Zielunternehmen. Digitale Geschäftsmodelle haben ein spezifisches Muster, insbesondere in ihrer Cashflow-Struktur und in ihrem Kapitalkosten-Profil: Auf der einen Seite sind sie dynamisch und schnell wachsend, auf der anderen Seite weisen die Cashflows aber auch eine hohe Volatilität und entsprechendes Risiko auf. Da auf der Käuferseite dennoch für sehr attraktive digitale Zielunternehmen hohe Kaufpreise bezahlt werden, ist eine sensitive Unternehmensbewertung Pflicht, die diese speziellen Cashflow-Muster aufgreift und berücksichtigt. Der Einsatz von strategischen und finanziellen Szenarios, als auch von finanzstatistischen Instrumenten, wie Monte-Carlo Simulationen oder Optionspreismodellen, ist daher sinnvoll.

In der Due Diligence von digitalen Zielunternehmen stellen sich ebenfalls besondere Herausforderungen: Zum einen handelt es sich oft um Start-ups mit einer begrenzten Historie und einer limitierten Anzahl von robusten juristischen, finanziellen und geschäftlichen Eckdaten. Zum anderen steht der Beweis des nachhaltigen Erfolgs des Geschäftsmodells i.d.R. noch aus. Entsprechend liegt die Due Diligence von digitalen Geschäftsmodellen näher an einem Venture-Capital-Ansatz als an den tiefen Assessments einer traditionellen Due Diligence.

Um das Risiko auf der Käuferseite bezüglich der Performance des Zielunternehmens post-closing einzuschränken, spielen oft Earn-Out-Klauseln im Kaufvertrag von digitalen Zielunternehmen eine wesentliche Rolle. Das nachhaltig

---

[3] Die neuen M&A-Tools Business Model Innovation (BMI)-Matrix, Ecosystem Scan und Strategic Business Model Fit Evaluierung werden in dem im Frühsommer 2019 erscheinenden Fachbuch Feix: „An end-to-end, digital M&A-Process Design – The Challenges and Upsides of Digitalization and Business Model Innovation" im Detail dargestellt.

wachsende Cashflow-Profil des Zielunternehmens soll dabei durch die Einbindung das Management des Zielunternehmens post-Closing abgesichert werden. Die Incentivierung erfolgt dabei über eine Partizipation des Managements des Zielunternehmens an der Outperformance, d.h. am erzielten Integrationserfolg.

Gerade für den Fall, dass ein multimilliardenschwerer Marktführer ein technologisch führendes, aber kleines Start-up-Geschäft übernimmt, kommt es oft in der Integration zum „Culture Clash". Um diesen zu vermeiden, ist bereits in der Due Diligence ein Kultur-Assessment sinnvoll.

3.3 Einfluss auf die Post Merger Integration und das Synergiemanagement

Ein Kernziel der Integration ist es zumeist die gewünschten Start-up-Charakteristika des akquirierten digitalen Ziel-Unternehmens Post-Closing zu erhalten. Daher ist eine sensitive Analyse des Trade-Offs zwischen Integrationserfordernissen und der notwendigen Autonomie des Zielunternehmens für eine weitere erfolgreiche Entwicklung notwendig. Ein wesentlicher Bestandteil ist hier mitunter die kulturelle Assimilation unabhängig vom gewählten Integrationsmodell.

Wie das Cashflow-Muster von digitalen Zielunternehmen haben auch die Synergien bestimmte Charakteristika, die es im Synergiemanagement zu adressieren gilt. Aus der Natur innovativer Geschäftsmodelle ergibt es sich, dass neue Märkte aufgebaut bzw. traditionelle Märkte innoviert werden. Der Schwerpunkt der Synergien liegt daher auf Umsatzebene. Der Käufer muss über ein frühzeitiges Assessment analysieren, wie schnell das Geschäftsmodell des Zielunternehmens unter Führung des Käufers Post-Closing skaliert werden kann. Ein erster Entwurf des Synergie-Skalierungsansatzes ist hier frühzeitig gefragt. Ebenso ist in der Due Diligence die Verifikation eben dieses Synergie-Skalierungsansatzes ein wesentlicher Erfolgsfaktor. Daneben hat der Käufer die organisatorischen Anpassungsmaßnahmen auf der eigenen Seite und auf der Seite des Zielunternehmens, aufbauend auf den Due-Diligence-Ergebnissen und unter Berücksichtigung der intendierten Synergien, abzuleiten. Eine schnelle Skalierung der Synergien Post-Closing und die Etablierung eines Dominant Designs für die neue Industrie, als auch die Nutzung der „Parenting Advantages" auch des Käufers für das Ziel Unternehmen sind top Prioritäten für die PMI vom digitalen Zielunternehmen.

Das M&A-Projektmanagement für die Akquisition von neuen Geschäftsmodellen und innovativen Zielunternehmen wird oft durch die fehlenden Fähigkeiten auf Seiten des Käufers für die sensitive Bewertung des Zielunternehmens bzw. seines Geschäftsmodells erschwert. Zusätzlich müssen oft neue Instrumente wie Trend Assessments oder Ecosystem-Scans und Analytics verwendet werden, um ein vernünftiges Verständnis der Chancen und Risiken des Zielunternehmens für den Käufer darstellen zu können. Benchmark-Akquisiteure stellen ein In-Sourcing fehlender Kompetenzen für die Bewertung digitaler Geschäftsmodelle spätestens in der Due Diligence zur Verfügung. Für die Integration sollte das M&A Project House die spezifischen Management- und kulturellen Integrationsinstrumente, wie Mentorship-Programme oder Organizational Design Tools, zur Verfügung stellen.

4 Literaturhinweise

DePamphilis, Mergers, Acquisitions, and other Restructuring Activities, 8. Aufl., 2015.

Feix, Das M&A-Prozessmodell für den Mittelstand, In Feix/Büchler/Straub, M&A – Erfolgsfaktoren für mittelständische Unternehmen, 2017a.

Feix, Nichts geht ohne den Firmengründer – ein M&A-Prozessmodell für den Mittelstand mit fünf Bausteinen, M&A Review 05/2017, 2017b, S. 153–159.

Feix/Popp, Die Digitalisierung von M&A-Prozessen – Ein Manifesto für ein digitales End-to-End-M&A-Prozessmodell, M&A Review 09/2018, 2018a, S. 280–284.

Feix, Digitalisierung, Business Modell Innovation und M&A, M&A Review 10/2018, 2018b, S. 336–342.

Feix, An end-to-end M&A Process Design – The upsides and challanges of digitalization and business-model innovation, 2019.

Gugler/Mueller/Weichselbaumer, The determinants of merger waves: An international perspective. International Journal of Industrial Organization, 30, 2012, S. 1–15.

Maksimovic/Philips/Yang, Private and public merger waves. Journal of Finance, 68, 2013, S. 2177–2217.

Kapitel 3: Umsetzung & Praxis

Kennzahlen zur Bewertung digitaler Geschäftsmodelle

- Start-ups mit digitalen Geschäftsmodellen müssen Investoren mit ihren Kennzahlen überzeugen. Doch welche KPIs werden für die Bewertung herangezogen?

- Für das Verständnis dieser Bewertung werden in diesem Beitrag zunächst die Besonderheiten digitaler Geschäftsmodelle und deren typische Phasen vorgestellt. Anhand von Beispielen werden die Besonderheiten und die operativen Kennzahlen erläutert.

- Abschließend werden die Kennzahlen vorgestellt, anhand derer Investoren über Erst- und Folgeinvestitionen in ein digitales Geschäftsmodell entscheiden.

- **Der Autor**

Martin Sieringhaus, CFO, Mitglied der Geschäftsleitung von Voith Turbo und verantwortlich für die Bereiche Finanzen & Controlling, Prozesse und Governance & Risk. Zuvor war er als Mitglied der Geschäftsführung von Voith Digital Solutions für den Geschäftsbereich Finance, Commercial & Administration zuständig.

1 Neue Regeln für das Profitabilitätscontrolling

Durch die neuen technologischen Entwicklungen, insbesondere Digitalisierung haben sich in den vergangenen Jahren neue Preis- und Geschäftsmodelle wie z. B. pay-per-use entwickelt. Im Hinblick auf die Bewertung von neuen Produkten, Services und Ideen zeigen die klassischen Bewertungsmethoden keine schlüssigen Entscheidungsgrundlagen für diese digitalen Geschäftsmodelle. Aus diesem Grund müssen auch die Regeln eines Profitabilitätscontrolling in digitalen Geschäftsmodellen angepasst werden. In frühen Phasen sind die Leistungen eines digitalen Produkts in einem Start-ups oder in einem Wachstumsprojekt im Unternehmen stark abhängig von dessen Wachstumsfähigkeit und weniger von Finanzergebnissen. Abb. 1 zeigt, dass sich die Wachstumsphase in eine frühe und späte Phase unterteilt, bis schließlich ein digitales Produkt sich im klassischen Bewertungsmodell etabliert. In der frühen Phase ist das Wachstum der User bzw. Nutzer inkl. eines sich stetig ausdehnenden Netzwerkes Schlüssel für den Erfolg. In der späten Wachstumsphase wächst die Nutzerbasis weiterhin langsam an, aber das Umsatzwachstum wird durch die Einführung von bezahlpflichtigen Features (Services) signifikant gesteigert. Die Profitabilität ist für ein „etabliertes Geschäft" die gewohnt am besten geeignete Steuerungsgröße des Controllings.

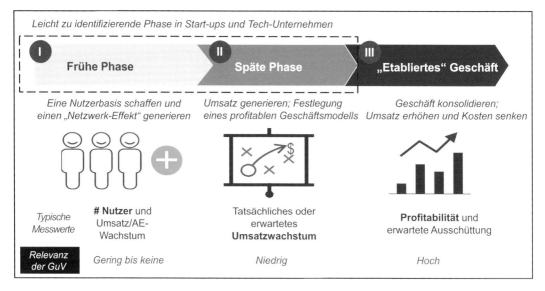

Abb. 1: Digitale Geschäfte folgen einem eigenen Wertschöpfungspfad mit geringer GuV-Relevanz in den ersten Jahren

2 Digitale vs. klassische Geschäftsmodelle

In den ersten Jahren folgen alle digitalen Geschäfte einem eigenen Wertschöpfungspfad mit geringer Relevanz für die Gewinn- und Verlustrechnung (GuV). Nachfolgend werden die drei Phasen mit ihren Eigenschaften, ihren Besonderheiten und ihren operativen Kennzahlen erläutert.

2.1 Phase I: Frühe Wachstumsphase

Ein Start-up hat in der frühen Phase das Ziel, eine große Nutzerbasis zu schaffen und einen Netzwerk-Effekt zu generieren (s. Abb. 2). Netzwerk-Effekte drücken aus, dass das Verhalten einer Person mindestens das Interesse (B2C) oder das Wohlergehen (B2B) einer anderen Person beeinflusst. Das bedeutet, je mehr Nutzer hinzukommen, desto mehr Skaleneffekte entstehen und die Attraktivität steigt für weitere unentschlossene Personen/Unternehmen weiter an, sich als Nutzer dem Netzwerk anzuschließen. Die meisten Unternehmen und Kapitalgeber sind sich sicher, dass Technologiemärkte nach dem Prinzip „Gewinner-erhält-am-Meisten" funktionieren. Das Unternehmen, das sich früh etablieren kann, wird mit überproportionalem Anteil profitieren.

Abb. 2: Schaffung einer großen Nutzerbasis und Generierung eines Netzwerk-Effekts in den ersten Jahren

In dieser Phase ist es wichtig, dass das Minimum Viable Product (MVP) den Sprung erst von den Innovatoren zu den Erstanwendern schafft, sich dann aber auch weiter zu den Nutzern der Frühen Mehrheit ausbreitet. Das Wachstum der Userbasis wird weiter beschleunigt, in dem das MVP angepasst oder zusätzliche neue Features/Services angeboten werden, die andere „Innovatoren" und „Erstanwender" als neue Nutzer ansprechen. In Abb. 3 sind Verhalten und die Gründe der Kunden für die 5 Gruppen Innovatoren, Erstanwender, Frühe Mehrheit, Späte Mehrheit und Nachzügler beschrieben. In der frühen Phase muss der Sprung von den Innovatoren und Erstanwendern zur Mehrheit erreicht werden, da Innovatoren und Erstanwender nur 16 % der ganzen Nutzerbasis darstellen.

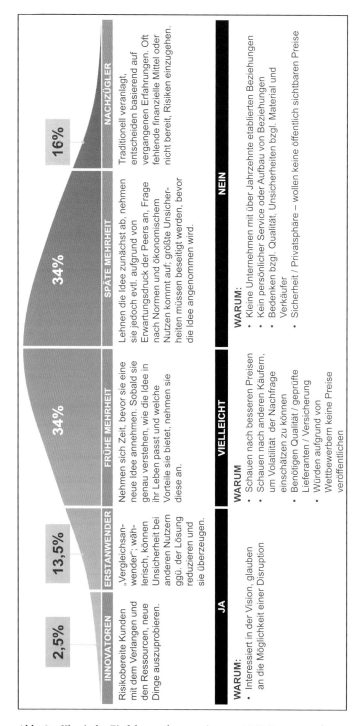

Abb. 3: Klassische Einführungskurve zeigt nur 16 % Erstanwender

Um das Nutzerwachstum zu fördern, ist die Minimierung von Hürden für die Akquise entscheidend. Dafür können die Erfolgsfaktoren oder Probleme in einem Customer Funnel als KPIs herangezogen werden (s. Abb. 4).

- Wie viel Prozent der Adressaten eines Newsletters besuchen die Homepage?
- Was interessiert, was interessiert den Besucher nicht an der Homepage?
- Wie viele steigen aus vor der Nutzer-Registrierung?
- Warum wird eine Registrierung abgebrochen? Im B2C Bereich bricht der Customer Funnel häufig im Eingabebereich persönlicher Daten oder die Frage nach der Kontonummer ab.
- Welche Services werden nach der Erstanmeldung genutzt?
- Wie viele User kommen wieder für weitere Services?

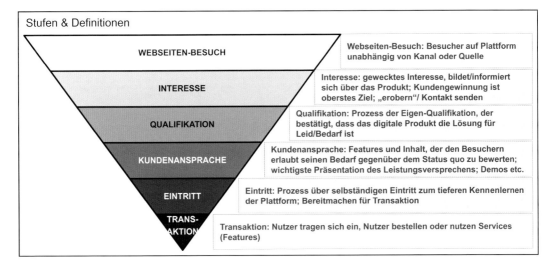

Abb. 4: Customer Funnel neu definiert

Im Gegensatz zu klassischen Wachstumsmodellen einer Produkterweiterung oder einer regionalen Ausbreitung mit linearen Wachstumskoeffizienten bieten digitale Produkte die Option auf exponentielle Wachstumskurven von Nutzern. Wie oben beschrieben sind eine kontinuierliche Pipeline von neuen Services/Features und die Nutzerregistrierung ohne Hürden der differenzierende Faktor zwischen erfolgreichen und erfolglosen Start-ups und digitalen Wachstumsprojekten.

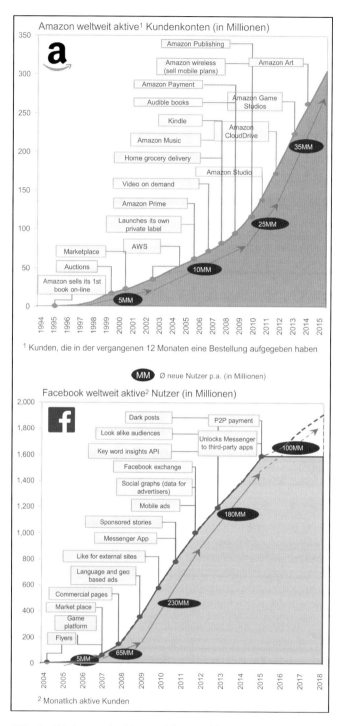

Abb. 5: Wachstum der Nutzerzahlen in Abhängigkeit neue gelaunchter Services (Features)

In dieser Phase gibt es erste Ansätze, Services mit Gebühren anzubieten, die einen Mehrwert für den User bzw. eine Wertschöpfungssteigerung für Unternehmen erzielen. Insgesamt haben die steigenden Userzahlen und die sehr kleinen Umsätze keinen wesentlichen Einfluss auf die GuV, so dass in dieser frühen Phase die GuV und der Cash keine Relevanz für die Beurteilung des Start-ups haben kann. Der Cash-Out und die GuV eines guten Start-ups/Projekts im Vergleich zu einem schlechten Start-up/Projekt ist für das Management keine Steuerungsgröße. Hier sollten im Fokus stehen:

- die Größe der Userbasis,
- das User Wachstum der letzten Wochen/Monate,
- die KPIs im Customer Funnel,
- die Maßnahmen zur Reduzierung der Hürden im Customer Funnel und
- der Launchplan neuer Services (Features).

Die Beispiele von Amazon und Facebook zeigen, wie durch die kontinuierliche Hinzunahme neuer Features die Nutzerzahlen in einer exponentiellen Kurve ansteigen (Abb. 5). Es wird jedoch deutlich, dass auch diese Unternehmen in den ersten 2-3 Jahren sehr flach gewachsen sind, bevor der Wachstumsquotient neuer Nutzer stark ansteigt.

2.2 Phase II: Späte Wachstumsphase

Der Wechsel von der frühen in die späte Phase wird dadurch gekennzeichnet, dass neue Services (Features) eingeführt werden, die neben der Nutzergewinnung hauptsächlich die Generierung von Umsätzen verfolgen. Für ein wirtschaftlich erfolgreiches Start-up/Projekt ist dieser Schritt entscheidend. Häufig gibt es bei der Ermittlung des Einführungspreises bisher keine ähnlichen Services für einen Vergleich. Des Weiteren muss dieser Service neben neuen Nutzern vor allem die große Basis der bestehenden Nutzer ansprechen und zum Kauf anregen. Dadurch kann ein Umsatzwachstum erzielt werden, das größer als das Nutzerwachstum ist. Die Erwartung der Nutzer ist, dass ein digitales Produkt in kurzen Zyklen neue Features (Services) anbietet. Aus diesem Grund muss geplant werden, welche kostenpflichtigen Services nach 2-3 Zyklen im Preis sinken werden und welche Kernprodukte als Service (Feature) bei gleichbleibenden Preis fortbestehen werden. Ein in der frühen Phase erfolgreiches Start-up/Projekt wird ähnlich wie bei der Einführung des MVP mit mehreren Ideen versuchen, den Nutzern kostenpflichtige Services anzubieten.

- Manche Services müssen angepasst werden,
- einige schaffen es nicht, können aber noch als gebührenfreies Feature (Service) neue Nutzer bringen und
- ein paar erzeugen die ersten Umsätze.

An dieser Stelle können B2C-Anwendungen neben kostenpflichtigen Features Werbung für die Umsatzgenerierung einbauen. In vielen B2C-Anwendungen ist die Werbung oder eine Gebühr der Nutzer für ein Zeitgewinn bei gleichzeitig werbungsfreien Services die Hauptumsatzquelle. Die Kunden im B2B-Geschäft werden nur kostenpflichtige Services kaufen, wenn sie ihre Wertschöpfung steigern, die Verfügbarkeit erhöhen, die Instandhaltungskosten senken oder ihre Geschäftsrisiken senken können. Die Nutzer müssen die Vorteile erkennen und messen können, um eine Gebühr für den Service zu zahlen.

Neben dem Wechsel von kostenfreien zu kostenpflichtigen Services müssen klassische Unternehmen mit digitalen Wachstumsprojekten und ihre Kunden einen weiteren größeren Wandel managen. Während in den herkömmlichen Geschäftsmodellen physische Produkte oder Service-Mitarbeiter gegen Preise durch das Werkstor der Kunden kamen, müssen die Kunden ihren Lieferanten für digitale unsichtbare Produkte Geld überweisen.

Im weiteren Verlauf der späten Phase nehmen die kostenpflichtigen Services (Features) und damit der jährlich generierte Umsatz kontinuierlich zu. Die Wachstumsrate der neuen Nutzer wird dadurch schwächer und schwächer. Gleichzeitig nimmt das Wachstum des Umsatzes kontinuierlich zu, so dass die Wachstumsrate des Umsatzes schließlich über den Nutzern liegt. Deshalb ist es wichtig zu entscheiden, wann die Basis der Nutzer groß genug ist, um kostenpflichtige Services einzuführen. Eine zu frühe Umstellung kann dazu führen, dass potenzielle Nutzer nicht mehr am digitalen Service (Feature) interessiert sind. Ein zu später Wechsel zu kostenpflichtigen Service könnte das Wachstum und den absoluten Umsatz pro Jahr negativ beeinflussen.

In dieser Phase werden zusätzlich zu den KPIs der frühen Phase die Nutzer gemessen, die einen kostenpflichtigen Service/Feature kaufen. Hier wird wieder der Customer Funnel verwendet, wann und warum ein Nutzer den Service nicht kauft. Neben den Usern muss jedoch kontrolliert werden, ob die angebotenen Leistungen zu einer Steigerung der Wertschöpfung führen. In der GuV werden die ersten Umsätze sichtbar. Die GuV gewinnt mehr an Bedeutung, aber die hohen Kosten für den Betrieb und die Innovationstätigkeiten für neue Services/Features beeinflussen den EBIT und den Cashflow weiterhin nachhaltig negativ.

> **Beispiel: Facebook hat Nutzerbasis über 5 Jahre aufgebaut**
> Facebook hat 5 Jahre lang auf den Aufbau einer Nutzerbasis fokussiert. Erst zwischen 2009 (360 Mio. Nutzer) und 2010 (608 Mio. Nutzer) konnte es den Umsatz um das 2,5-fache steigern. In den weiteren 7 Jahren steigt der Umsatz mit einer höheren durchschnittlichen Wachstumsrate (CAGR) als die Nutzerzahlen. Facebook hat 5 Jahre gebraucht, um vom Start in die Monetisierungsphase einzutreten.

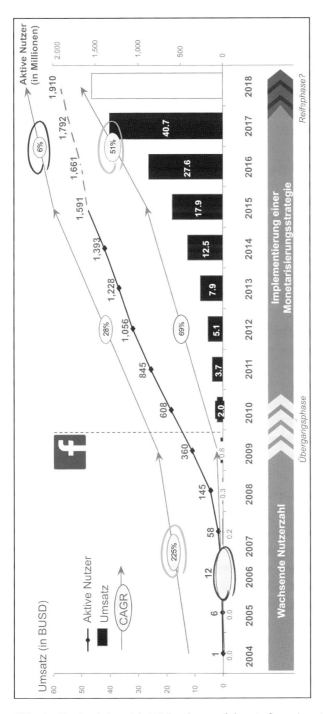

Abb. 6: Facebook hat sich 5 Jahre lang auf den Aufbau einer Nutzerbasis fokussiert – erst dann beginnt die Monetarisierung

In Abb. 7 werden Unternehmen gezeigt, die sich in der frühen Phase befinden und bereits teilweise in die Monetisierungsphase gewechselt haben. Die Jahreszahlen der Unternehmen, die es erfolgreich in die späte Phase geschafft haben, zeigen, dass ein Verbleib von 5-7 Jahren in der frühen Phase normal ist. Diese lange Zeit erfordert eine kontinuierliche Kapitalfinanzierung von Start-ups und Wachstumsprojekten durch Investoren.

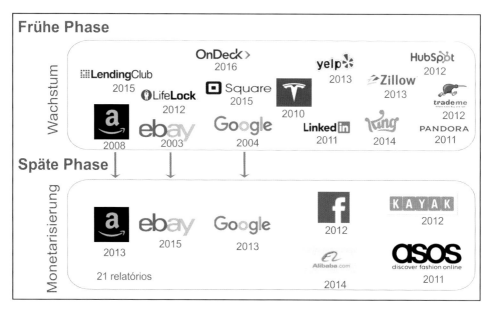

Abb. 7: Wertschöpfung in digitalen Unternehmen besser verstehen: Bekannte Start-ups in den unterschiedlichen Phasen

Welche Kennzahlen für Investoren wichtig sind, um in dieses Projekt zu investieren oder aufzuhören, werden im Kapitel 3 beschrieben.

2.3 Phase III: Etabliertes Geschäft

Im etablierten Geschäft werden die umsatztragenden Services/Features sichtbar, die Betriebskosten des digitalen Geschäfts können getragen werden und die Innovationstätigkeiten für neue Services/Features können mit herkömmlichen Methoden bewertet werden. In dieser Reifephase wird das Geschäftsmodell etabliert und der Fokus verlagert sich auf die traditionellen Finanzkennzahlen. Die Profitabilität und die erwartete Ausschüttung kommen als typische Messwerte hinzu und erlangen nun auch für die GuV eine hohe Bedeutung.

3 Welche KPIs Investoren typischerweise zur Bewertung dieser Geschäfte nutzen

Das Problem der etablierten KPIs der Kapitalgeber in der frühen und späten Wachstumsphase verdeutlicht eine frühere Aussage von Barclays. Danach hat ihr Bewertungsmodell bereits sehr gute Ergebnisse von Netflix abgeschätzt, aber definitiv die einzigartige Bedeutung des internationalen Nutzerwachstums unterschätzt und die Bedeutung der Finanzergebnisse überschätzt.

Abb. 8 zeigt, dass sich die vielfältigen finanziellen KPIs auf das Umsatzwachstum und die Monetisierung fokussiert. Diese Kennzahlen laufen in den ersten beiden Phasen für eine Bewertung jedoch ins Leere. Hier können die operativen Kennzahlen mit dem Fokus auf die Nutzer, die Besuche, den Marktanteil und somit auf das zukünftige Umsatzpotential einen besseren Überblick als die finanziellen Zahlen liefern. Viele dieser Kennzahlen sind aus dem Vertriebscontrolling von Vertriebskanälen und Produkteinführungen bekannt. Im Gegensatz zu diesem Vertriebscontrolling stehen bei der frühen Phase die Nutzer und die Besuchsfrequenz im Vordergrund und der Umsatz im Hintergrund.

Abb. 8: Die geltenden Kennzahlen der ersten Jahre fokussieren die Wachstumspotenziale des Geschäfts

Nichtsdestotrotz vertrauen die meisten Investoren auf die traditionellen Bewertungsmethoden mit wachstumsorientierten Kennzahlen. Der abgezinste Zahlungsstrom (Discounted Cashflow, DCF) wird aus einem bottom-up gerechneten Bewertungsmodell bestimmt. Solche Modelle basieren auf den branchenbezogenen Kennzahlen, die speziell den Umsatz über Marktanteile oder Umsatz pro Nutzer ermitteln. Zu diesen Annahmen gibt es häufig „ewige" Debatten, da größtenteils keine Historie zu den Annahmen vorhanden ist. Mit Bezug auf den langen Zeitraum bis zur Monetisierung wird das Umsatzwachstum zumeist früher angenommen als in der Realität möglich. Die DCF-Methode wird am häufigsten sowohl in der frühen Wachstumsphase als auch in der Monetisierungsphase angewendet. In absteigender Häufigkeit werden die Top-down-Bewertungsmodelle der Triangulation mit traditionellen Finanzmultiplikatoren und mit wachstumsbereinigten Multiplikatoren angewendet. Bei den traditionellen Multiplikatoren werden die Kennzahlen EBITDA, P/EG (Preis, Gewinn) und der Enterprise Value (Unternehmenswert) verwendet. Bei den wachstumsbereinigten Multiplikatoren, die von weniger als die Hälfte der Investoren benutzt werden, wird das Start-up/Wachstumsprojekt mit den Kennzahlen PEG (Preis, Gewinn, Wachstum/Price, Earnings, Growth) und zukünftigen Enterprise Value bewertet. Diese Kennzahlen beinhalten das Wachstum des Unternehmens und die daraus entstehenden Gewinnpotenziale mehr.

Trotz geringer Relevanz der Finanzkennzahlen und ihren Methoden ist es in den ersten Jahren wichtig, frühzeitig ein klares Geschäftsmodell für das Start-up/Wachstumsprojekt zu haben. Die Wertschöpfung in digitalen Unternehmen muss plausibel beschrieben werden, denn Start-ups stehen schnell vor der Herausforderung, das Geschäftsmodell plausibel auf der Basis von nachvollziehbaren Kennzahlen zu präsentieren, auch wenn sie aufgrund ihres kurzen Bestehens meist noch keinen Cashflow verzeichnen. Die digitalen Geschäftsmodelle verzeichnen anfangs einen hohen Unsicherheitsfaktor, sodass traditionelle Finanzkennzahlen zu Beginn eine untergeordnete Rolle spielen. Aus den vorgenannten Gründen kann das Start-up/Projekt in der frühen Phase, wenn es nicht profitabel ist, mit dem PRG (Preis/Umsatz/Wachstum) und einem Multiple bewertet werden. Zur Messung des Fortschritts werden das Nutzerwachstum, die Marktgröße, die Nutzeraktivierung, spontane Werbung und Umsatz pro Nutzer als operative KPIs verwendet. In der späten Phase, wenn ein schnelles Gewinnwachstum begonnen hat, wechselt die Bewertung von PRG zu PEG (Preis, Gewinn, Wachstum) und einem Multiple. Die operativen Kennzahlen müssen sich auf das Umsatzwachstum, die Aufnahmegeschwindigkeit, das Markenbewusstsein und weiterhin den Umsatz pro Nutzer fokussieren.

4 Fazit: Effiziente Steuerung digitaler Geschäftsmodelle

1. Zusammenfassend stehen folgende Ergebnisse für ein erfolgreiches Profitabilitätscontrolling im Vordergrund:

2. Die geltenden Kennzahlen der ersten Jahre fokussieren die Wachstumspotenziale des Geschäfts.

3. Die meisten Investoren vertrauen auf traditionelle Bewertungsmethoden mit wachstumsorientierten Kennzahlen.

Wachstumsabhängige Multiples werden entsprechend dem Reifegrad des Geschäfts eingesetzt.

Es ist wichtig, frühzeitig ein klares Geschäftsmodell zu definieren, selbst wenn die Relevanz der Finanzkennzahlen in den ersten Jahren nicht gegeben erscheint.

Unternehmensbewertung mit Multiplikator- oder Ertragswertverfahren? Fallbeispiel eines kleinen Unternehmens

▪ Eine zentrale Aufgabe beim Unternehmensverkauf oder –kauf ist die Bestimmung des Unternehmenswerts. Dabei stoßen naturgemäß unterschiedliche Ziele und Absichten aufeinander: Der Verkäufer möchte meist einen hohen Preis erzielen, der Käufer einen niedrigen zahlen. Daher ist es von elementarer Bedeutung, ein anerkanntes Instrument zur Bestimmung eines grundsätzlich realistischen Kaufpreises zu wählen.

▪ In Theorie und Praxis gibt es zahlreiche Verfahren, wie z.B. das Discounted-Cashflow-Verfahren, das Economic-Value-Added- (EVA), das Ertragswert- oder das Multiplikatorverfahren. Alle Methoden haben spezifische Vor- und Nachteile und mit keinem Werkzeug ist es möglich, einen absolut genauen Preis zu bestimmen.

▪ Daher stellt sich vor allem für kleine Firmen die Frage, welche Methode sie nutzen sollen, um einen guten Kompromiss zwischen Berechnungsaufwand und Genauigkeit bei der Preisermittlung zu erzielen. In dem Beitrag wird anhand eines Praxisfalls der Gesamtprozess des Verkaufs sowie die Wahl und Anwendung der Multiplikatormethode beschrieben. Der finale Kaufpreis wurde auf ganz eigene Art „ausgehandelt".

■ Der Autor

Jörgen Erichsen, Dipl. Betriebswirt ist Unternehmensberater und berät vor allem kleine und mittelständische Betriebe. Er verfügt über langjährige Erfahrung als Controller, Leiter Finanzen und Projektmanager in Industrie- und Dienstleistungsunternehmen. Als Autor schreibt er Fachbeiträge und Bücher u.a. zu den Themen Controlling, Kostenrechnung und Betriebswirtschaft. Als Referent und Trainer arbeitet er z.B. für die Industrie- und Handelskammern sowie für die duale Hochschule Baden-Württemberg.

1 Ausgangslage und Beispielunternehmen

Die Tiefbau GmbH mit einem Geschäftsführer und ca. 10 Beschäftigten erzielt aktuell einen Jahresumsatz von rund 2 Mio. EUR und einen Gewinn von gut 11 % vor Steuern. Die GmbH ist überwiegend regional tätig, hat eine ausgewogene Kundenstruktur und ist seit mehr als 45 Jahren am Markt aktiv. Der derzeitige Eigentümer hat die Firma von seinem Vater übernommen und führt das Unternehmen seit etwa 30 Jahren. Er möchte die GmbH möglichst innerhalb von 3-4 Jahren verkaufen, um in den Vorruhestand zu gehen. Der Lebensunterhalt soll zu etwa 25-30 % aus dem Verkaufserlös bestritten werden. Für den Geschäftsführer ist das Thema Unternehmensverkauf absolutes Neuland. Daher bittet er einen Unternehmensberater und Controller, mit dem er schon lange zusammenarbeitet, ihn bei der Umsetzung zu unterstützen. Zentraler Punkt und Voraussetzung für die Umsetzung der meisten anderen Arbeiten ist, dass frühzeitig ein realistischer Verkaufspreis ermittelt wird, und man mit diesem u. a. auf die Suche nach Kandidaten gehen und die eigentlichen Verkaufsaktivitäten angehen kann.

In diesem Beitrag wird lediglich auf die Unternehmensbewertung eingegangen. Alle anderen Schritte und Arbeiten, die im Rahmen eines Verkaufs anfallen, werden nur kurz erwähnt, soweit es für das Verständnis des Vorgangs wichtig ist.

2 Ausgewählte Bewertungsverfahren

Für kleine Unternehmen kommen meist nur Verfahren in Betracht, die relativ einfach anzuwenden sind und bei denen sich der Arbeits- und Rechenaufwand in Grenzen hält. Damit können Verfahren wie Discounted Cashflow oder ein auf dem Economic Value Added (EVA) basierendes Konzept regelmäßig ausgeschlossen werden. Aber auch einfache, auf dem Substanzwert basierte Verfahren sollten aufgrund der fehlenden Zukunftsausrichtung ebenfalls nicht genutzt werden; das empfiehlt u. a. auch das IDW (Institut der Wirtschaftsprüfer).

Für die Anwendung in kleinen Firmen haben sich in der Praxis 2 Verfahren durchgesetzt, das Ertragswert- und das Multiplikatorverfahren. Diese unterscheiden sich in zentralen Punkten und kommen auch zu teils deutlich unterschiedlichen Resultaten.

2.1 Ertragswertverfahren

Das Ertragswertverfahren ist eine für die Unternehmensbewertung anerkannte Methode, die in den Bewertungsstandard IDW S1 aufgenommen wurde. Es gibt mehrere unterschiedliche Berechnungsmöglichkeiten. Im Folgenden wird auf eine vereinfachte, leicht umzusetzende Variante abgestellt.

Beim Ertragswertverfahren wird der Unternehmenswert auf Basis der künftig zu erwartenden Einnahmenüberschüsse bzw. Gewinne ermittelt. Es wird versucht, zu berechnen, wie viel Kapital ein möglicher Käufer investieren müsste, um dauerhaft einen Zinsertrag in Höhe der geplanten oder erwarteten künftigen Gewinne zu erzielen. Dazu müssen die wahrscheinlichen Erträge des Unternehmens für die kommenden Jahre möglichst realistisch geplant und mögliche Besonderheiten wie außerordentliche oder einmalige Geschäftsfälle berücksichtigt werden. Die verbleibenden Ergebnisse werden dann auf den Zeitpunkt der Bewertung abgezinst, um den Ertragswert zu erhalten.

Die Abzinsung erfolgt mithilfe eines Kalkulationszinssatzes, der z.B. eine interne Vorgabe des Unternehmens sein kann. Besser ist es, als Kalkulationszinssatz den Wert der Kapitalkosten für die jeweilige Branche zu wählen. Denn auch der Verkäufer sollte einen Zinssatz wählen, der von beiden Seiten akzeptiert werden kann. Werden individuelle Zinsen gewählt, wird der Verkäufer bestrebt sein, einen niedrigen Satz zu wählen und umgekehrt, um den Preis in seinem Sinne zu beeinflussen. Wählt man hingegen einen Branchensatz, gibt es weniger Diskussionsgründe. Aktuelle Zinsen für Kapitalkosten für viele Branchen sind im Internet zu finden, mit der notwendigen Genauigkeit häufig jedoch nur kostenpflichtig.

Im Prinzip stellen die Eigenkapitalzinsen die Mindestverzinsung dar, die das Unternehmen dauerhaft erwirtschaften muss, um dem Eigentümer den Ertrag zu erbringen, den er sich vorstellt. Grundsätzlich könnte man diese Zinsen zwar auch „frei" festlegen, aber im Falle eines Kaufs oder Verkaufs von Unternehmen ist es wichtig, einen nachvollziehbaren Rechenweg zu haben, der weitgehend anerkannt ist, damit sich die Parteien nicht über den „richtigen" frei festgelegten Satz streiten.

Der Unternehmens- bzw. Ertragswert errechnet sich aus der Summe der mit dem Kapitalzinsfuß abgezinsten Einzahlungsüberschüsse. Er wird in der Praxis häufig mit diesen Formeln berechnet:

1. Der Ertragswert ergibt sich, wenn die einzelnen Jahresüberschüsse von i.d.R. 5 Planperioden abgezinst und diese Werte zuzüglich der ewigen Rente addiert werden.

   Ertragswert I = Summe der abgezinsten Jahresüberschüsse eines Planjahres + ewige Rente

2. Alternativ kann der Unternehmenswert aus dem Mittelwert der Jahresüberschüsse, dividiert durch den Kalkulationszinssatz, berechnet werden. Die Excel-Lösung bietet die Möglichkeit, beide Varianten zu berechnen. Es gilt: je höher der Zinsfuß, desto niedriger der Ertragswert.

   Ertragswert II = Mittelwert der Jahresüberschüsse der Planjahre ÷ Kalkulationszinsfuß

Diese Berechnungen führen zu mitunter deutlich unterschiedlichen Ergebnissen. Daher können die Werte auch als Unter- und Obergrenze des Unternehmenswerts angesehen werden und Verkäufer haben eine bessere Vorstellung darüber, innerhalb welcher Bandbreite sich der Wert in etwa bewegen sollte. Voraussetzung ist, dass alle Annahmen realistisch sind und vom Käufer akzeptiert werden, was häufig nicht der Fall ist. Denn potenzielle Käufer sind daran interessiert, einen möglichst niedrigen Preis zu erzielen, und werden z.B. versuchen, Umsätze als zu optimistisch und Kosten als zu niedrig anzusehen, um entsprechende Korrekturen zu erreichen. Auch über die Höhe des Zinses wird oft kontrovers diskutiert. Hier kommt es bei den Verhandlungen auch auf das Verhandlungsgeschick und die Argumente beider Seiten an.

Tipp: Strategische und operative Planung ist Voraussetzung

Voraussetzung für die Anwendung der Ertragswertmethode ist, dass es beim Verkäufer eine gute und funktionierende strategische und operative Planung gibt. D. h., dass man sie gemeinsam erstellt und die zentralen Annahmen schlüssig belegt, dokumentiert und aktualisiert werden, z.B. mithilfe von Studien, Auftragslage und -reichweiten, Rahmenverträgen oder in die Wege geleiteten Produktentwicklungen. So ist der Käufer gezwungen, sich zu überlegen, wie er die Annahmen widerlegen kann. Je fundierter die Planung, desto einfacher ist es, einen Kaufpreis zu erzielen, der den eigenen Wünschen nahekommt.

2.2 Multiplikatorverfahren

Das Multiplikatorverfahren ist ein einfaches, schnell umzusetzendes und leicht nachvollziehbares Bewertungsverfahren. In seiner Grundform werden lediglich der Umsatz oder das EBIT (Earnings before Interest and Taxes) eines Jahres mit einem branchenspezifischen Faktor multipliziert. Kritiker führen hier u.a. an, dass ein einzelnes Jahr als Basis zu ungenau sei und auch die Multiplikatoren, v. a. beim Umsatz, eine zu große Spannbreite aufweisen – selbst innerhalb einer Branche.

In der Praxis gibt es Ansätze, um diese Nachteile zu vermeiden: Statt einem Jahr werden bis zu 6 Jahre berücksichtigt und es wird nur das EBIT als Basis für die Bewertung verwendet. Meist werden die vergangenen 2 Geschäftsjahre, das aktuelle Geschäftsjahr sowie 3 Planjahre gewählt. Da der Gewinn das Zinsergebnis enthält, muss er um Zinsaufwände und -erträge korrigiert werden. Zinserträge werden abgezogen, Zinsaufwendungen hinzugerechnet.

Bankschulden und mögliche Gesellschafterdarlehen werden subtrahiert, sofern diese vom Käufer übernommen werden. Verbindlichkeiten aus Lieferungen und Leistungen werden nicht angesetzt, da hierfür keine Zinsen gezahlt werden. Vorhandene flüssige Mittel werden addiert.

Der Durchschnittsgewinn wird mit dem Branchenmultiplikator multipliziert.[1] Hier gibt es einen unteren und einen oberen Wert. Der untere Wert entspricht im Kern dem Branchenschnitt, der obere Wert dem besonders erfolgreicher Betriebe. Wer nur leicht über dem Branchenschnitt liegt, kann einen Mittelwert wählen. Der Unternehmenswert berechnet sich nach folgender Formel:

Unternehmenswert = (Durchschnitt der EBIT der Jahre × EBIT-Multiplikator) − zinstragende Verbindlichkeiten + flüssige Mittel

Gerade in kleinen, Inhabergeführten Unternehmen ist es immer wieder der Fall, dass viele Fäden nur beim Eigentümer zusammenlaufen. Dritte haben es daher schwer, ein Unternehmen „aus dem Stand" und ohne größere Anlaufschwierigkeiten zu übernehmen und zu führen. Deshalb sollten diese Punkte transparent gemacht werden.

Das führt in der Praxis zwar regelmäßig dazu, dass sich der berechnete Kaufpreis reduziert, oft um 50 % und mehr. Eine frühzeitig durchgeführte Risikoanalyse kann jedoch Risiken oder Abhängigkeiten deutlich reduzieren und man hat die Chance, bei den Verhandlungen noch einen erheblich höheren Preis zu erreichen. In der Praxis anzutreffende typische Abhängigkeiten und Risiken sind u.a.:

- Alleinige Entscheidungsbefugnis des Inhabers in zentralen Fragen wie z.B. Ziele, Strategien, Gestaltung des Sortiments, Produktentwicklungen.
- Nur oder überwiegend auf den aktuellen Inhaber zugeschnittenes Netzwerk von z.B. Geschäftspartnern, Kunden und Finanzierungspartnern.
- Alleinige Entscheidung in Sachen Personal.
- Kundenakquise und –pflege überwiegend durch den Inhaber.
- Gestaltung von Abläufen und Prozessen durch den Inhaber.
- Entscheidungen über Investitionen und Modernisierungsbedarf durch den Inhaber.
- Abhängigkeiten von einzelnen Kunden und Produkten, schlechte Kunden-/ Sortimentsstruktur.
- „Schlummernde" Risiken wie Schadenersatzklagen, Patentstreitigkeiten oder Prozesse.
- Mitarbeiterabwanderung bei einem Verkauf

Und natürlich gibt es bei jeden geplanten Verkauf Sachverhalte, die sich positiv auf den Preis auswirken können, z.B.

- mögliche Kosten, die künftig entfallen, z.B. Gehälter für den aktuellen Inhaber, Beratungs- oder Standortkosten, die entfallen, etwa, wenn der Betrieb mit dem des Käufers fusioniert werden soll;

---

[1] Multiplikator, Quellen z.B.: https://www.dub.de/kmu-multiples/, https://www.finance-magazin.de/research/multiples/, Abrufdatum 30.1.2019.

- gute Kundenstruktur und Vernetzung, die übernommen werden können, wenn der aktuelle Inhaber noch für eine Übergangzeit zur Verfügung steht;
- Ablösung von Schulden und anderen Verpflichtungen vor dem Verkauf, z. B. Pensionen.

> **Tipp: Korrekturen in Excel-Anwendung „Unternehmensbewertung, Ertragswert- und Multiplikatorverfahren" integriert**
> Das Tabellenblatt „Korrekturen" in der Excel-Anwendung „Unternehmensbewertung, Ertragswert- und Multiplikatorverfahren" enthält ausgewählte Punkte sowie die Möglichkeit, den Gefährdungs- oder Abhängigkeitsgrad eines Unternehmens individuell abzubilden. Die dort gemachten Vorschläge und Punkte sowie die Prozentwerte der Abhängigkeit können beliebig geändert werden. Zwar gibt es für das Multiplikatorverfahren sog. bewertungsrelevante Fragen, die auf den einschlägigen Seiten zu finden sind. Allerdings sind die Fragen relativ allgemein gehalten und es ist nicht so gut nachvollziehbar, wie man zu einer Einschätzung gelangt ist. Daher ist es günstiger, das genannte Tabellenblatt zu nutzen, zumal dieses leicht individuell angepasst werden kann.

2.3 Handlungsempfehlung zur Wahl des Verfahrens

Das Ertragswertverfahren kommt **tendenziell** zu höheren Bewertungen (Preisen) als das Multiplikatorverfahren. Gründe hierfür sind u. a. die ausschließliche Fokussierung auf künftige Erträge (**kein Zurückgreifen auf die oft schlechteren Ergebnisse der Vorjahre**) und die Einbeziehung einer „ewigen Rente". **Vielen Anwendern und Unternehmern fällt es auch leichter, sich nur auf 2-3 statt mehr Planjahre zu konzentrieren.** Bei der Anwendung des Multiplikatorverfahrens sollte überlegt werden, belastende Faktoren wie z. B. Verbindlichkeiten zum Zeitpunkt des Verkaufs aufzulösen und so den Wert zu steigern.

> **Hinweis: Ertragswertverfahren macht mehr Aufwand und bietet mehr „Gestaltungsmöglichkeiten"**
> Für die Berechnung eines fundierten Ertragswerts sind meist umfangreiche Planungsarbeiten und die Ableitung eines „geeigneten" Abzinsungssatzes notwendig. Durch den längeren Planungshorizont beim Ertragswertverfahren nimmt die Unsicherheit gerade zum Ende hin naturgemäß zu und über die Werthaltigkeit der getroffenen Annahmen lässt sich trefflich streiten. Da als „ewige Rente" meist der Wert des letzten Planjahres herangezogen wird, hat gerade der potenziell unsicherste Wert einen erheblichen Einfluss auf die Preisermittlung. Die Versuchung, den Wert in seinem Sinne zu „gestalten" ist vergleichsweise groß.

Bei beiden Verfahren muss berücksichtigt werden, dass es nicht möglich ist, ein absolut eindeutiges Ergebnis zu erhalten, da es zahlreiche Variablen gibt und immer wieder auf Schätzungen zurückgegriffen werden muss. Betroffene Unternehmer müssen für die Wahl des Verfahrens abwägen, und eine Entscheidung treffen, die ihrer Situation möglichst gerecht wird. Wird das Multiplikatorverfahren gewählt, was aufgrund der Einfachheit gerade in kleinen Unternehmen ohne größeres BWL-Wissen oft der Fall ist, sollte überlegt werden, ob es vertretbar ist, den höheren Wert der Bandbreite zu wählen, um dem Wert des Ertragswertverfahrens näher zu kommen.

Der ermittelte Unternehmenswert lässt sich bei beiden Verfahren erhöhen, indem frühzeitig damit begonnen wird, Abhängigkeiten und Risiken zu reduzieren oder auch, indem versucht wird, die Gewinne kontinuierlich zu erhöhen. Insofern trägt der Bewertungsprozess quasi automatisch dazu bei, dass man versucht, den Betrieb fitter für die Zukunft zu machen. Im Verkaufsprozess ist es wichtig, dass man sich mit dem potenziellen Käufer auf die Anwendung eines Verfahrens einigt, auch wenn die Wahl dann auf das Ertragswertverfahren fällt und evtl. „Nacharbeiten" in Sachen Planung fällig werden.

Achtung
Die Excel-Anwendung enthält auch die Möglichkeit, den Unternehmenswert mit dem Ertragswertverfahren zu berechnen, auch wenn hierauf im Beispielfall nicht eingegangen wird. Die Verknüpfung mit dem Tabellenblatt „Korrektur" stellt sicher, dass mögliche Abschläge automatisch in die Wertberechnung einfließen.

3 Vorgehensweise im Beispielunternehmen

Der Unternehmer will sein Unternehmen wie beschrieben in ca. 3–4 Jahren verkaufen, um in den Vorruhestand zu gehen. Aus dem Verkaufserlös will er einen Teil seines Ruhestands finanzieren. Um eine Ausgangsbasis für die weiteren Verkaufsaktivitäten zu haben, ist es aus seiner Sicht notwendig zu wissen, mit welchem Kaufpreis er in etwa kalkulieren kann. Da er keine Erfahrungen mit dem Thema hat bespricht er sich sehr früh mit einem Berater, der den Betrieb schon einige Jahre betreut.

Achtung: Zahlen im Beispiel dienen nur der Veranschaulichung
Alle Zahlen dienen nur dazu, zu zeigen, wie die Methode funktioniert. Sie sind keine Indikatoren für gute oder schlechte Ausprägungen.

Nachfolgend wird das Zahlenbeispiel für die Multiplikatormethode einschließlich der Risikokorrekturen vorgestellt. In der Excel-Arbeitshilfe ist außerdem noch ein Arbeitsblatt für die Ertragswertmethode enthalten.

Auch aus Sicht des Beraters ist es essenziell, so früh wie möglich zu wissen, welcher Preis bei einem Verkauf realistisch ist. Auf Basis der aktuellen Kenntnisse soll zunächst ein vorläufiger Wert als Orientierung ermittelt werden, um dann mit einem ausreichenden Zeitpuffer Verbesserungen umzusetzen, damit später ein höherer Preis erzielt werden kann. Beide setzen sich zusammen, um das Vorgehen zu besprechen. Der Berater stellt dem Geschäftsführer verschiedene Bewertungsmöglichkeiten vor und empfiehlt nach Rücksprache mit dem Kunden, zunächst das Multiplikatorverfahren zu verwenden. Das Ertragswertverfahren soll aber nicht komplett vernachlässigt werden, da es sein kann, dass potenzielle Käufer es verwenden. Komplexe Verfahren wie Discounted Cashflow werden nicht weiter berücksichtigt.

Hintergrund der Entscheidung ist u.a., dass sich der Geschäftsführer mit dem Prozess und den Arbeiten so wenig wie möglich befassen möchte, da er sein Hauptaugenmerk weiter auf das Tagesgeschäft richten will. Sein Fokus liegt zudem auf einem einfach zu verstehenden und schnell zu erstellenden Verfahren.

Der Berater empfiehlt, eine Variante des Multiplikatorverfahrens zu wählen, das auf den Gewinn vor Zinsen und Steuern (EBIT) abstellt und bei dem für die Berechnung des Unternehmenswerts ein Zeitraum von 6 Jahren berücksichtigt wird. Es werden die beiden letzten, das laufende und 3 künftige Geschäftsjahre betrachtet. Dies soll v.a. Zufallsschwankungen oder Ausreißer beim Ergebnis vermeiden, die den Wert des Unternehmens nach oben oder unten schnellen lassen. Zudem lassen sich Planungen für einen 3-Jahres-Zeitraum gut und mit relativ geringen Unsicherheiten erstellen.

3.1 Preisvorstellungen des Inhabers einbeziehen

Im Vorfeld besprechen beide, welche konkreten Vorstellungen und Wünsche der Geschäftsführer in Bezug auf den zu erzielenden Kaufpreis hat. Für den Inhaber sollte der zu erzielende Kaufpreis bei mindestens 900 TEUR, besser 1 Mio. EUR liegen. Erst jetzt geht es an die Umsetzung und die Kaufpreisberechnung.

Für die Nutzung der Variante des Multiplikatorverfahrens können sofort die Ergebnisse der letzten beiden Geschäftsjahre angesetzt werden. Für das laufende und das kommende Jahr liegt ebenfalls eine Planung vor. Bislang gab es keine Notwendigkeit für eine längerfristige Planung, daher muss diese nun neu erstellt werden. Gemeinsam mit dem Unternehmer wird überlegt, welche Zahlen aus heutiger Sicht für die beiden letzten Planjahre realistisch sind. Um Umsätze und Kosten verlässlich zu planen, werden u.a. Kundenstruktur und –entwicklung, Kontinuität der bisherigen Umsatz- und Kostenentwicklung, aktuelle Auftragslage, bestehende Verträge, voraussichtliche Konjunkturentwicklung, erkennbare Risiken usw. hinzugezogen. Belastende Faktoren wie Schulden und Gesellschafterdarlehen sollen bis zum Zeitpunkt des Verkaufs abgelöst werden und werden daher nicht berücksichtigt. Flüssige Mittel werden in Höhe der mittleren Endbestände der Vorjahre angesetzt. Alle Annahmen werden sorgfältig dokumentiert und bereits jetzt mit Hinweisen für mögliche Verbesserungen versehen.

Anschließend werden Branchenmultiplikatoren mit einem oberen und einem unteren Wert von der Seite https://www.dub.de/kmu-multiples/ gewählt und in ein Bewertungsschema (Excel-Datei Tabellenblatt „Multiplikator", s. Abb. 1) eingetragen. Der errechnete Unternehmenswert ohne Berücksichtigung von Korrekturen liegt jetzt etwa zwischen 950.000 EUR und 1,44 Mio. EUR. Da die GmbH mit ihren Ergebnissen deutlich über den Branchenerträgen liegt, werden für die weiteren Arbeiten die Werte der oberen Bandbreiten gewählt.

Unternehmen:	Tiefbau GmbH		Branche:	Bauwirtschaft		Alle Werte in	Euro
I. Dateneingabe	-GJ 2	-GJ 1	GJ 0	GJ 1	GJ 2	GJ 3	Mittelwerte
Umsatz	1.986.992	2.048.010	2.010.000	2.025.000	2.040.000	2.070.000	2.030.000
Gewinn vor Steuern	218.470	231.830	231.700	244.000	251.000	263.000	240.000
Zinsaufwand	7.894	8.963	6.140	5.000	4.000	10.000	7.000
Zinserträge	514	453	230	150	100	50	250
EBIT	225.850	240.340	237.610	248.850	254.900	272.950	246.750
Bankschulden (keine Verbindlichkeiten aus Lieferungen und Leistungen, da nicht Zins tragend)							0
Gesellschafterdarlehen							0
Flüssige Mittel							33.000
Nettofinanzverschuldung							33.000
II. Unternehmenswert ohne Korrekturen							
EBIT-Multiplikator	Unterer Wert					3,70	946.000
	Mittelwert/automatische Berechnung bzw. eigene Eingabe/Einso					4,70	1.192.700
	Oberer Wert					5,70	1.439.500
III. Unternehmenswert mit Korrekturen							
	Abschlag für Korrekturen (Übernahme aus "Korrektur" oder eigene Eingabe)						47,20%
EBIT-Multiplikator	Unterer Wert					3,70	499.500
	Mittelwert/automatische Berechnung bzw. eigene Eingabe/Einso					4,70	629.700
	Oberer Wert					5,70	760.100
Bemerkungen / Kommentare							
Aktuell vorhandene Schulden und Gesellschafterdarlehen werden bis zum Zeitpunkt des Verkaufs voraussichtlich aufgelöst sein und sind daher nicht angesetzt. Der Betrag an flüssigen Mitteln entspricht dem Schnitt der Vorjahre.							
Bewertungsdatum:	06.02.2019						

Abb. 1 : Beispiel für das Multiplikatorverfahren

3.2 Abschläge auf den berechneten Kaufpreis

Mit den besprochenen Größen liegt ein erster Richtwert für einen Kaufpreis vor, mit dem der Inhaber rechnen kann. In der Praxis ist es bei kleinen Betrieben ohne zweite Führungsebene oder mehrere Geschäftsführer allerdings fast immer so, dass sich diese Werte nicht erreichen lassen. Gründe sind u.a., dass

- die Firma meist extrem vom Eigentümer abhängt, weil er z.B. die meisten wichtigen Entscheidungen alleine trifft oder
- er als einziger über die nötigen Kontakte für die geschäftliche Weiterentwicklung verfügt.

Hinzu kommen zu so einem frühen Zeitpunkt oft noch bestehende Risiken, z. B. wegen Gewährleistungen oder laufenden Prozessen. Diese und ggf. weitere risikobehaftete Punkte werden vom Inhaber mit dem Berater besprochen, aufgelistet und bewertet.

In der Excel-Anwendung ist das im Tabellenblatt „Korrektur" möglich. Hier lassen sich bis zu 25 Punkte oder Faktoren auflisten, die Einfluss auf den Kaufpreis haben. Hohe Abhängigkeit vom Inhaber oder hohe Risiken werden in der roten Spalte links, niedrige Risiken in der vorletzten grünen Spalte angesetzt. Positive Faktoren, etwa ein gutes Rating oder die Bereitschaft des aktuellen Inhabers, für eine Übergangszeit dem Käufer beratend zur Seite zu stehen, werden in die letzte grüne Spalte eingegeben. Es gilt: je mehr Punkte in der Spalte mit 0 % eingegeben werden, desto geringer der Abschlag, je mehr Punkte in den Spalten links davon eingegeben werden, desto höher der Abschlag.

Aus allen Eingaben wird ein Abhängigkeits-Mittelwert berechnet; bei der GmbH beträgt er gut 47 %. Vereinfacht ausgedrückt, ist das der Prozentanteil, um den die berechneten Kaufpreise reduziert werden müssen.

Bei der GmbH führt der Abschlag dazu, dass sich die voraussichtlichen Kaufpreise nur noch auf rund 500 bis gut 760 TEUR belaufen (s. Abb. 1 Teil III). Das hat auch den Inhaber sehr überrascht, da die Werte doch relativ weit weg von seinen eigenen Vorstellungen sind.

Was auf den ersten Blick bedrohlich aussieht, birgt nach Ansicht des Beraters auch Chancen. Denn eine realistische Risikobewertung hat bei einer ausreichend langen Vorlaufzeit den Vorteil, dass Verbesserungen bzw. Reduzierungen der Abhängigkeiten vorgenommen werden können. Auf diese Weise ist es möglich, einen höheren Verkaufspreis zu erzielen als den, den man im ersten Anlauf ermittelt hat, wodurch auch die Preisvorstellung des Inhabers wieder in den Bereich des Möglichen rückt.

In der GmbH hat man u. a. folgende Maßnahmen umgesetzt:

- Sukzessive Übertragung von Aufgaben auf andere Mitarbeiter.
- Schriftliche Dokumentation von Abläufen.
- Übertragung eines Teils der Verantwortung für die Sortimentsgestaltung und Entwicklung an den Vertrieb.

Zudem wurden die Mitarbeiter zeitnah, offen und umfassend über die Pläne des Inhabers informiert, um zu erreichen, dass alle Beschäftigten „an Bord" bleiben. Hier stellte sich als besonders positiv heraus, dass der Inhaber sich bereit erklärte, für eine Übergangszeit von 2-3 Jahren nach dem Verkauf beratend zur Seite zu stehen. Der letzte Punkt ist im Kern für alle Unternehmen und Verkäufe wichtig, da so das Problem der alleinigen Gestaltung von Zielen und Strategien und auch der Aspekt „Netzwerkabhängigkeit" signifikant verbessert werden kann.

Faktoren	Beurteilung Abhängigkeiten/Risiken/Korrekturen				
	Sehr groß 80%	Groß 65%	Mittel 50%	Gering 30%	Sehr gering / keine 0%
Führung, Zukunfts- und Unternehmensgestaltung	x				
Ziele, Strategien, Positionierung am Markt	x				
Geschäftspartner-Netzwerk	x				
Sortimentsentscheidungen		x			
Produktentwicklungen / Innovationen		x			
Personal (Auswahl, Führung, Weiterbildung)			x		
Angebotserstellung			x		
Kundenakquise und -pflege				x	
Vertragsabschlüsse			x		
Rechnungswesen/Controlling				x	
Möglichkeit der eigenen Preisgestaltung			x		
Abläufe und Prozesse			x		
Finanzierungsmix		x			
Risiken/Gefahrenpotenziale				x	
Kundenbasis			x		
Schutzrechte, Substituierbarkeit		x			
Lieferanten				x	
Alleinstellungsmerkmal					x
Modernisierungsbedarf / Investitionserfordernisse			x		
Marktposition	x				
Kontozugang / PIN / Passwörter usw.			x		
Rating / Bonitätseinstufung durch die Bank				x	
Mitarbeiterverlust bei Verkauf/anderen Inhabern			x		
Gemeinsame steueroptimierte Vertragsgestaltung					x
Unterstützungbereitschaft aktueller Inhaber					x
Anzahl Nennungen	4	4	9	5	3
Mittelwert Abhängigkeit / Risiken / Korrektur					
Bewertungsdatum: 04.02.2019					

Abb. 2 : Tabellenblatt Korrekturen (Auszug)

3.3 Fragen, die im Rahmen der Bewertung auftreten können

Im Rahmen des Bewertungsprozesses steigt man meist tief in die inhaltliche Gestaltung der Planung und Verbesserungen ein. In diesem Kontext kommen immer wieder neue Fragen auf, die auch für die Bewertung von Interesse sind. Der Geschäftsführer hat u.a. folgende Punkte angesprochen, die grundlegend geklärt werden sollten:

- Soll noch in größerem Umfang investiert werden oder sollen die Entscheidungen soweit es geht dem neuen Inhaber überlassen werden?
- Wie wirkt sich das auf Produktivität, Verkaufsmengen und Ergebnisse bis zum Verkauf aus?
- Wie soll in Sachen Produktentwicklung vorgegangen werden?
- Gibt es stille Reserven und wie soll mit diesen verfahren werden?
- Gibt es nicht aufgedeckte Lasten und wie soll hiermit verfahren werden?
- Werden nur die Vermögens- und Gewinngrößen berücksichtigt, die zum betrieblichen Erfolg beitragen (evtl. außerordentliche Positionen müssten herausgerechnet werden, ebenso nicht benötigtes Vermögen)?
- Soll die tatsächliche oder eine evtl. fiktive bzw. empfohlene steuerliche Last angesetzt werden (Hinweis: zahlreiche Empfehlungen gehen häufig von 35 % Steuern aus)? Wie lässt sich für die Ansätze argumentieren?

Tipp: 3–5 Jahre vor Wunschtermin mit der Planung beginnen
Je früher Sie mit der ersten Berechnung des Unternehmenswerts beginnen, desto eher haben Sie einen Orientierungswert für einen möglichen Verkaufspreis und desto mehr Spielräume und Zeit haben Sie, sich mit Verbesserungen und einer Erhöhung des Verkaufspreises zu befassen. Faustregel: Beginnen Sie möglichst 3–5 Jahre vor dem geplanten Verkauf mit einer ersten Berechnung und kümmern Sie sich dann systematisch um Verbesserungen. Das führt auch dazu, dass Sie während der Umsetzungsdauer oft höhere Gewinne und damit eigene Einkommen erreichen können. Dokumentieren Sie unbedingt, was Sie getan haben und auch, ob es erfolgreich war. Mit diesen Argumenten sind Sie gut vorbereitet für die eigentlichen Verkaufsverhandlungen.

3.4 Verkaufspreisfindung und Abschluss im Beispielunternehmen

Der Inhaber hat u.a. noch folgende, für den Käufer positiven Punkte angeführt, die seiner Meinung nach einen Preis von rund 1 Mio. EUR rechtfertigen (also einen Wert, der mit den Abschlägen nicht erreicht wird):

- Hervorragende Kundenstruktur mit hoher Anzahl Stammkunden;
- hohe Wahrscheinlichkeit, dass die Stammkunden bleiben, da der Altinhaber auch nach dem Verkauf für die Übergabe zur Verfügung steht;
- gutes Image der Firma bei Kunden und anderen Geschäftspartnern;

- Zugang zu ausgezeichnetem Netzwerk für den Käufer;
- Wegfall verschiedener Kostenpositionen nach dem Verkauf (in Bewertung wegen konservativer Annahmen nicht berücksichtigt), z.B. eigene Personalkosten, Beratung.

Im Rahmen der Käufersuche kam es zu Gesprächen mit mehreren Interessenten und es wurde teilweise intensiv und kontrovers über Bewertungen und Kaufpreise verhandelt. Dabei wurden von beiden Seiten Ansätze, Bewertungen und Argumente ausgetauscht und wieder verworfen. Die Gespräche und Verhandlungen scheiterten mehrmals.

Finale Kaufpreisfindung durch einfaches Verfahren

Am Ende kam es mit einem Interessenten auf eher kuriose Weise zu einem Abschluss. Nachdem alle grundlegenden Aspekte des Verkaufs geklärt waren (u.a. Termin, Begleitung durch den derzeitigen Inhaber, Umgang mit „Altlasten" (u.a. Pensionsverpflichtungen, Steuern, Verträge), schrieben beide Seiten ihren Kauf- bzw. Verkaufspreiswunsch jeweils verdeckt auf ein Blatt Papier und tauschten die Zettel aus. Die Vorstellungen lagen lediglich ca. 10.000 EUR oder weniger als 1 % der Wunschsumme auseinander und zum Schluss teilte man sich auch noch die 10.000 EUR. Beide Seiten hatten für die Bewertung das Multiplikatorverfahren gewählt, gleichzeitig aber auch ihre persönlichen „Schmerzgrenzen" formuliert.

Der Fall zeigt eindrucksvoll, dass es zwar wichtig ist, einen Bewertungs- und Verkaufsprozess betriebswirtschaftlich zu begleiten, es in der Praxis aber durchaus auch darauf ankommt, dass alle Punkte in das persönliche Wertesystem der Beteiligten passen. Nicht zuletzt spielen auch Faktoren wie die persönliche Chemie, Vertrauen und Authentizität eine wesentliche Rolle im gesamten Prozess. Für den Verkäufer ist es zudem wichtig, dass er das Gefühl hat, dass der mögliche Käufer sein Lebenswerk zumindest grundsätzlich in seinem Sinne fortführen wird.

4   Fazit und Ausblick

Eine zentrale Aufgabe bei einem Unternehmensverkauf ist die frühzeitige Berechnung eines möglichst realistischen Unternehmenswerts und damit Verkaufspreises. Hierfür gibt es in der Praxis zahlreiche Verfahren, die mehr oder weniger genau und arbeitsintensiv sind. Gerade in kleinen Betrieben wird aufgrund der Einfachheit in der Anwendung häufig das Multiplikatorverfahren gewählt. Es kommt zwar oft zu etwas geringeren Werten als andere Verfahren. In der Praxis ist das aber häufig nicht so gravierend, da die Wertermittlung in Verkaufsverhandlungen ohnehin oft nur als Orientierung dient. Denn unabhängig davon, welches Verfahren angewendet wird, muss immer wieder auf

Schätzungen oder Annahmen zurückgegriffen werden, die die jeweils andere Seite zu widerlegen versucht. Insofern ist es wichtig, dass der berechnete Preis grundsätzlich zu den Wertvorstellungen der Beteiligten passt und dass beide Seiten bereit sind, den aus ihrer Sicht angemessenen Preis zu zahlen bzw. zu akzeptieren.

Hinzu kommt, dass sich der berechnete Preis meist nicht realisieren lässt, da kleine Betriebe fast immer stark vom aktuellen Inhaber abhängen und es zahlreiche Risiken gibt, derer man sich im Tagesgeschäft oft nicht bewusst ist, die aber im Zuge der Vorbereitungen transparent werden. Abhängigkeiten und Risiken führen oft dazu, dass man Abschläge vom ermittelten Wert von 50 % oder mehr in Kauf nehmen muss, wenn man sich nicht um Verbesserungen kümmert. Auch deshalb ist es so wichtig, dass sich vor allem der Verkäufer mindestens 3-5 Jahre vor dem geplanten Verkauf um eine erste Preisbestimmung und Risikoabschätzung kümmert und dann darangeht, Maßnahmen zur Risikoreduzierung umzusetzen. Dadurch lässt sich i.d.R. erreichen, dass man den Verkaufspreis erzielt, den man sich als Mindestwert vorgestellt hat.

Das Fallbeispiel zeigt zudem, dass es bei der Übergabe auch darauf ankommt, dass die Chemie zwischen Verkäufer und Käufer stimmt und dass vor allem der Verkäufer das Gefühl hat, dass „seine" Firma in gute Hände gelangt und sein (Lebens-)Werk fortgeführt wird.

Unternehmensnachfolge: Planung und Umsetzung anhand eines Praxisbeispiels

- In den kommenden Jahren stehen zahlreiche Unternehmensübergaben im Zuge von Nachfolgeregelung an, während die Zahl der Übernahmekandidaten sukzessive sinkt. Dies führt zu großen Herausforderungen bei den Inhabern, die sowohl von betrieblichen als auch von persönlichen Motiven geleitet sind.

- Steuerliche und erbschaftsrechtliche Motive stehen bei den Inhabern häufig im Vordergrund, wenn es darum geht, eine Nachfolge vorzubereiten. Tatsächlich sollte der Fokus aber darauf liegen, das operative Geschäft des Unternehmens durch geeignete Maßnahmen zu stärken. Ertragssituation und Ausrichtung des Unternehmens auf die zukünftigen Anforderungen steigern den Unternehmenswert und optimieren die Verhandlungsbasis bei der Betriebsübergabe.

- Anhand eines Praxisbeispiels wird gezeigt, wie controllingbasierte Parameter den Wert eines Unternehmens anheben und damit einen optimalen Beitrag für die Altersabsicherung des Alteigentümers leisten können.

■ **Der Autor**

Andreas Wolkau, Unternehmensberater und Interim-Manager für Finance und Controlling in Berlin.

1 Aktuelle Situation bei der Unternehmensnachfolge

Der Deutsche Industrie- und Handelskammertag e. V. (DIHK) stellte im Jahre 2017 in seinem alljährlichen Report zur Unternehmensnachfolge fest, dass immer mehr Unternehmensinhaber Schwierigkeiten haben, einen passenden Nachfolger zu finden. Fast 6.700 Betriebe wandten sich 2016 an die regionalen Industrie- und Handelskammern (IHK) mit der Bitte um Unterstützung bei der Suche nach einem passenden Unternehmensnachfolger gewandt. Damit erhöhten sich im sechsten Jahr in Folge die Anfragen bei den IHKs. Der Zuwachs beläuft sich auf mehr als 60 % seit 2010.

Die Ursachen für den Anstieg der Zahlen sind vielschichtig:

- Immer mehr Unternehmer erreichen das Rentenalter. Gleichzeitig nimmt auf Grund des demografischen Wandels die Zahl derjenigen ab, die sich für den Aufbau einer unternehmerischen Existenz interessieren.
- Unklare Regelungen im Rahmen der Erbschaftsteuerreform 2016 lassen viele Unternehmer befürchten, dass eine höhere steuerliche Belastung auf die Nachfolger zukommen wird.
- Im Mittelstand ist in den vergangenen Jahren das Bewusstsein gestiegen, dass die Unternehmensnachfolge ein komplexer und zeitaufwendiger Vorgang ist. Das führt dazu, dass sich viele Unternehmer deutlich früher mit dieser Thematik auseinander setzen als noch vor Jahren.

Nach Schätzungen des Instituts für Mittelstandsforschung Bonn (IfM) wird sich die Situation in den kommenden Jahren verschärfen. Nach aktuellen Prognosen sieht das IfM für den Zeitraum 2018−2022 bei rund 150.000 Familienunternehmen Bedarf zur Regelung der Nachfolge. Das entspricht jährlich 30.000 Übergaben. Nach Ansicht des IfM werden die Nachfolgen Einfluss auf rund 2,4 Mio. Arbeitsplätzen haben.

53 % dieser Übergaben werden im familieninternen Kreis (Kinder oder andere Familienmitglieder) erfolgen, 18 % sollen im unternehmensinternen Verbund (Mitarbeiter) stattfinden. Die Zahl der unternehmensexternen Lösungen (externe Führungskräfte, andere Unternehmen oder andere Interessenten außerhalb des Unternehmens) wird mit 29 % taxiert.

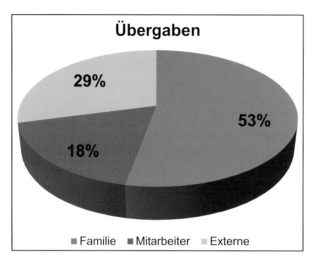

Abb. 1: Gewählte Nachfolgelösungen[1]

Die Kreditanstalt für Wiederaufbau (KfW) sieht in ihrem Mittelstandspanel 2017 für die kommenden fünf Jahre sogar eine Nachfolgewelle von 511.000 Unternehmen auf den deutschen Mittelstand zurollen. Insbesondere die größeren kleinen und mittleren Unternehmen (KMU) bevorzugen eine Betriebsübergabe, während bei den Kleinstunternehmen häufig auch die Stilllegung in Betracht gezogen wird. Der Spagat zwischen Nachfolge und Stilllegung wird nach Ansicht der Förderbank zur großen Herausforderung für den Mittelstand werden und das Gesicht der Unternehmenslandschaft in Deutschland stark verändern.

2 Herausforderungen und Möglichkeiten der externen Unterstützung

Die Vorbereitung einer Unternehmensnachfolge ist ein hochkomplexer Vorgang, bei dem sowohl betriebliche als auch außerbetriebliche Motive eine Rolle spielen. Insbesondere bei Familienunternehmen treten neben den Firmenbelangen auch private Faktoren (Erbregelung, Steuerbelastung, Altersabsicherung) bei der Vorbereitung und Umsetzung der Betriebsübergabe auf. Abb. 2 zeigt das Spannungsfeld, in dem sich der Übertragungsprozess abspielt.

---

[1] Quelle: IfM Bonn, 2018.

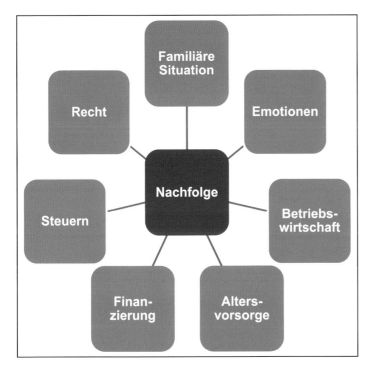

Abb. 2: Spannungsfeld Unternehmensnachfolge

Für den Unternehmer ergeben sich komplexe Herausforderungen, die den gesamten Übergabeprozess begleiten:

- Rationales und emotionales Loslassen des „Lebenswerks Unternehmen";
- Auseinandersetzung mit der familiären Situation (familiärer Nachfolger, Verteilungsgerechtigkeit, eigene Interessen, private Vermögensoptimierung);
- Auseinandersetzung mit der unternehmerischen Situation (unternehmensinterner Nachfolger, betriebswirtschaftliche Optimierung, innovative Stärkung, Finanzierungsoptimierung);
- Festlegung der passenden Nachfolgestrategie mit Alternativszenarien;
- Vorbereitung des Übergabeprozesses;
- Kaufpreisermittlung und –verhandlung;
- Rechtliche und steuerliche Gestaltung;
- Betriebsübergabe an den Nachfolger;

Um diese Herausforderungen zu bewältigen, wird der Nachfolgeprozess i.d.R. durch betriebsfremde Akteure unterstützt. Sie greifen in unterschiedlichen Stadien ein und bringen Kompetenzen mit, die im Unternehmen nicht ausreichend vorhanden sind. Tab. 1 zeigt, in welchen Bereichen die verschiedenen Akteure tätig werden.

Akteur	Vorberei-tung	Akquise	Verhand-lung	Übergabe
Steuerberater	x		x	
Rechtsanwalt	x		x	
Notar			x	
Unternehmensberater/Coach	x	x	x	x
Bank	x		x	

Akteur	Projekt-begleitung	Rechts-beratung	Steuer-beratung	Verhalten
Steuerberater			x	
Rechtsanwalt		x		
Notar		x		
Unternehmensberater/Coach	x			x
Bank	x			

Tab. 1: Unterstützende Akteure im Nachfolgeprozess

3 Phasen im Prozess der Unternehmensübergabe

Eine Unternehmensnachfolge ist ein langwieriger Prozess, der nur selten innerhalb von wenigen Monaten absolviert werden kann. Die Nachfolge sollte strukturiert vorbereitet, geplant und umgesetzt werden. Der Prozess kann grob in 5 Phasen gegliedert werden (s. Tab. 2).

Phase	Aktivitäten

Phase 1
Vorbereitung und Planung
	• Definition der Hauptanliegen des Firmeninhabers
	• Festlegung der Vorgehensweise
	  – organisatorisch
	  – personeller Einsatz
	• Planung der Beratungsfelder
	  – Untersuchungsfelder
	  – Hypothesen und Grundsatzfragen
	• Vorbereitung der Informationsbeschaffung
	  – Erhebungsmethode
	  – Zeitplan

Phase	Aktivitäten

Phase 2
Unternehmensanalyse und -bewertung
	• Analyse der Unternehmenssituation
	  – Vermögens-, Ertrags- und Finanzlage
	  – Markt und Wettbewerb
	  – Kernkompetenzen
	  – Rechtliche Lage
	  – Steuerliche Lage
	  – Risikofelder
	  – Liquiditätslage
	  – Nachfolgesituation
	• Identifizierung von Potenzialen und Festlegung passender Maßnahmen
	• Ermittlung des Unternehmenswerts
	  – Prognoserechnung
	  – Cashflow-Rechnung
	  – Unternehmenswert
	• Ergebnisaufbereitung

Phase 3
Entwicklung der Nachfolgestrategie
	• Entwicklung einer Zielperspektive
	  – aus Unternehmenssicht
	  – aus Gesellschaftersicht
	• Entwicklung von Nachfolgeszenarien
	  – Familieninterne Lösung
	  – Familienexterne Lösung (MBO/MBI, Finanzinvestoren, strategische Investoren)
	• Prüfung der steuerlichen und rechtlichen Konsequenzen
	• Umsetzung der Maßnahmen zur Hebung der Potenziale
	• Personalstrategie

Phase	Aktivitäten

Phase 4 Akquise eines Nachfolgers und Verhandlung der Übergabekonditionen	• Erstellung eines Informationsmemorandums
	• Akquise eines Nachfolgers
	• Letter of Intent
	• Verhandlung mit dem Nachfolger
	• Due Diligence
	  – Financial Due Diligence
	  – Legal & Tax Due Diligence
	  – Commercial Due Diligence
	  – Technical Due Diligence
	• Rechtliche und steuerliche Gestaltung
	• Finanzierung
	  – gesellschaftlich
	  – privat

Phase 5 Umsetzung	• Closing
	• Übergangsregelung und Gestaltung der Übergabe
	  – Kommunikationspflichten
	  – Mitwirkung des Alt-Eigentümers
	• Übernahme der unternehmerischen Verantwortung durch den Nachfolger

Tab. 2: Phasen des Nachfolgeprozesses[2]

4 Vorbereitung einer Unternehmensnachfolge anhand eines Praxisbeispiels

Ein Praxisbeispiel soll aufzeigen, wie eine Unternehmensnachfolge vorbereitet und umgesetzt werden kann. Zur Situation: Das inhabergeführte Maschinenbau-Unternehmen existiert bereits in der dritten Generation. Es ist in einer strukturell schwächeren Region angesiedelt und beschäftigt rund 25 Mitarbeiter. Der Inhaber des Unternehmens ist Anfang 60 und will sich in 5 bis 10 Jahren zur Ruhe setzen. Ein familieninterner Nachfolger ist vorhanden, befindet sich aber noch im Studium und verfügt somit weder über Berufserfahrung noch über unternehmerische Expertise. Er muss folglich in die Führungsverantwortung noch hineinwachsen.

Die Maschinen, die das Unternehmen entwickelt, werden europaweit vertrieben und in der Metall- und Automationstechnik eingesetzt. Der Verkaufspreis der

---

[2] Eigene Darstellung in Anlehnung an Schwetje/Demuth/Schubert, 2016.

Maschinen beträgt je nach Ausstattung zwischen 100 und 500 TEUR, wobei im Wesentlichen Maschinen im unteren Preissegment veräußert werden. Der jährliche Umsatz des Unternehmens schwankt zwischen 5 und 7 Mio. EUR.

Zur Umsetzung des Geschäfts steht ein Vertriebsteam zur Verfügung, das in regionalen Verkaufsgebieten eingesetzt wird. Unterstützt wird der Vertrieb durch Service- und Technik-Mitarbeiter, die für die technische Entwicklung, für individuelle Ausstattungen sowie die Inbetriebnahme der Maschinen verantwortlich sind. Gefertigt werden die Maschinen in ihrer Grundausstattung in Asien. Nach Lieferung erfolgt die kundenspezifische Anpassung am Unternehmenssitz.

4.1 Ziele des Firmeninhabers im Rahmen der Nachfolge

Die Aufgabenstellung im Beratungsprojekt war, das Unternehmen auf den Nachfolgeprozess vorzubereiten. Der Firmeninhaber hatte das Ziel, seine Firma in 2 bis 3 Jahren so gut aufzustellen, dass

- der familieninterne Nachfolger ein wachsendes Unternehmen vorfindet;
- ein externer Partner akquiriert werden kann, der entweder als strategischer Partner oder als Finanzinvestor zwischen 20 und 30 % der Anteile erwirbt und somit die weitere Expansion begleitet und Synergien freisetzt;
- der Firmeninhaber sich im angestrebten Zeitraum ruhigen Gewissens aus dem Unternehmen zurückziehen kann und die Firma ihm durch den Anteilsverkauf eine angemessene Altersabsicherung garantiert.

4.2 Erkenntnisse aus der Unternehmensanalyse

Die Bestandsaufnahme des Unternehmens führte zu folgenden Erkenntnissen:

- Das Unternehmen orientierte sich zwar an den operativen Anforderungen, war organisatorisch jedoch nicht optimal aufgestellt. Verantwortlichkeiten waren nicht klar definiert, Zielvereinbarungen fehlten.
- Die Vertriebsorganisation war in die Informationssysteme der Firma eingebunden, nutzte diese aber nicht ausreichend. Eine zentrale Steuerung fand außerdem nicht statt. Durch eine hohe Fluktuation an Mitarbeitern kam es immer wieder zu Know-how-Verlusten und Neueinarbeitungen. Eine große Schwankungsbreite beim Umsatz war die Konsequenz aus dieser Situation.
- Im Bereich „Service/Technik" fehlte eine klare Führungsstruktur. Die Leistungseffizienz war nicht messbar, weil Aufzeichnungen über die Einsatzstunden nicht geführt wurden. Darüber hinaus war der Bereich personell unterbesetzt, was mit einer hohen Überstundenbelastung einherging. Dies bedingte einen überdurchschnittlich hohen Krankheitsstand.

- Der kaufmännische Bereich war für die augenblickliche Unternehmensgröße zwar passend besetzt, aber nicht hinreichend auf ein moderates Wachstum ausgerichtet. Ein systematisches Controlling fand nicht statt, ein regelmäßiges Reporting auf Führungsebene war nicht eingeführt.
- Das Unternehmen hatte keine klare Markt- und Sortimentsstrategie formuliert. Entscheidungen wurden häufig aus dem Bauch heraus getroffen. Die Technologie war vom Markt akzeptiert, besaß aber noch weiteres Potenzial für den Wachstumsmarkt „Maschinenbau". Eine Auseinandersetzung mit innovativen Lösungsansätzen (Digitalisierung, Industrie 4.0, Internet of Things) fand nicht statt.

4.3 Potenziale und Maßnahmen

Basierend auf der Unternehmensanalyse wurden folgende Potenziale identifiziert.

4.3.1 Kurzfristige Maßnahmen

1. Schaffung von Vertriebseffizienz durch Umstrukturierung der Vertriebsorganisation mit stärkerer Fokussierung auf die Vertriebssteuerung durch:
   - Vertriebliche Besetzung der Regionen nach Kaufkraft
   - Bessere Steuerung der Vertriebsorganisation durch die Zentrale
   - Veränderung des Provisions- und Prämiensystems mit stärkerer Gewichtung des Erreichens von Zielvereinbarungen
2. Schaffung von Transparenz im Service-/Technikbereich durch Einführung einer Kostenrechnung und Weiterberechnung von Zusatzleistungen an den Endkunden durch:
   - Besetzung eines internen Leiters mit Ergebnisverantwortlichkeit
   - Definition von Leistungsmerkmalen für die Sparte
   - Einführung einer Auftragsnachkalkulation
3. Verbesserung der Kalkulation und des Controllings, um das Unternehmen auf die Wachstumsanforderungen vorzubereiten, durch:
   - Einführung einer maschinen- und spartenbezogenen Kostenrechnung
   - Einführung eines monatlichen Reportingsystems

4.3.2 Mittelfristige Maßnahmen

1. Entwicklung von Vision, Leitbild und Strategie für die zukünftige Ausrichtung des Unternehmens
2. Umwandlung des Unternehmens zu einer lernenden Organisation durch hohe Steuerungskompetenz und Zahlentransparenz
3. Entwicklung einer moderaten Wachstumsstrategie
4. Anpassung der Organisation an die Wachstumsstrategie

Für die Hebung der kurzfristigen Potenziale wurde ein Zeitraum von 12 Monaten veranschlagt. Dabei wurde berücksichtigt, dass das Unternehmen sich vorrangig um die Sicherstellung des operativen Geschäfts kümmern muss und nicht alle Projekte gleichzeitig begonnen werden können.

Der Startschuss für die mittelfristigen Projekte sollte anschließend erfolgen. Die Maßnahmen gingen davon aus, dass die dazugehörigen Schritte erst dann effizient entwickelt werden könnten, wenn eine bessere Zahlentransparenz vorliegt und die „Black-Box"-Zustände in gewissen Bereichen beseitigt wären. Darüber hinaus war die qualitative Weiterentwicklung der Mitarbeiter hin zu einer lernenden Organisation grundsätzlich mit einer Vorlaufzeit verbunden, da diese sowohl persönliche als auch organisatorische Veränderungsprozesse beinhaltet.

Die in Tab. 2 skizzierten Phasen 3 bis 5 spielten zunächst eine untergeordnete Rolle, da die Nachfolge kein Steuerproblem ist, sondern in erster Linie ein Steuerungsproblem. Die Priorität des Unternehmers sollte zunächst immer sein, das Unternehmen möglichst „sexy" für den Erwerber zu gestalten.

Dabei gilt: Je transparenter die Abläufe sind, desto besser kann die Geschäftsführung die Stellschrauben für den Unternehmenserfolg justieren und dadurch den Wert des Unternehmens steigern. Die rechtliche und steuerliche Gestaltung sowie die Akquise eines passenden Nachfolgers orientieren sich an den geschaffenen Werten.

5 Ergebnisse des Vorbereitungsprozesses

Die nachstehenden Ausführungen skizzieren die Ergebnisse des Vorbereitungsprozesses. Es handelt sich hierbei um Auszüge aus dem Maßnahmenkatalog, die lediglich einen Einblick bieten sollen, wie mit Controllingfaktoren die Werthaltigkeit eines Unternehmens gesteigert werden kann. Die tatsächlichen Maßnahmen waren wesentlich umfangreicher als die hier dargestellten Beratungsergebnisse.

5.1 Vertriebliche Maßnahmen

Durch eine bessere firmeninterne Steuerung der Vertriebsorganisation, eine Anpassung des Provisions- und Prämiensystems sowie eine Optimierung der regionalen Besetzung der Vertriebsregionen konnte das Unternehmen das Auftragsvolumen im Jahr 2017 gegenüber dem Vorjahr um fast 50 % zu steigern.

Ein wesentlicher Faktor war die Unterstützung aus der Zentrale. Die Vertriebsmitarbeiter konnten das Maschinenportfolio zielgerichteter an die Kunden adressieren und somit schnellere Auftragserfolge erzielen.

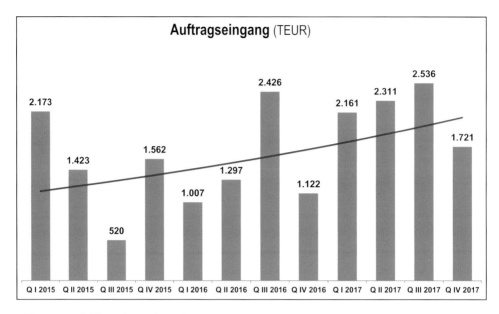

Abb. 3: Entwicklung des Auftragseingangs

Die motiviertere Arbeitsweise ist deutlich in der Abschlussquote (= Auftrags-eingang vs. offene Angebote) zu erkennen, die von 4 % auf 7,5 % gesteigert werden konnte.

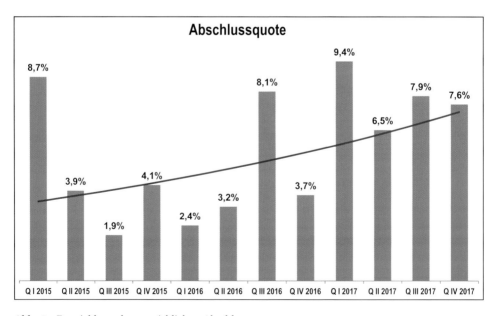

Abb. 4: Entwicklung der vertrieblichen Abschlussquote

5.2 Maßnahmen im Bereich Service/Technik

Angesichts der fehlenden Transparenz in diesem Segment mussten zunächst Leistungsmerkmale definiert werden, die ein Controlling überhaupt erst ermöglichen. Als Tätigkeitsbereiche wurden 3 Hauptsegmente identifiziert:

- Vertriebliche Unterstützung durch Service/Technik
- Service- und Wartungstätigkeiten
- Technische Entwicklung der Maschinen

Die regelmäßig wiederkehrenden Leistungen der Service-Mannschaft wurden anschließend aufgeschlüsselt und einem dieser Tätigkeitsbereiche zugeordnet (s. Tab. 3). Damit konnten die Stundeneinsätze der Service-Mitarbeiter analysiert werden (s. Abb. 5).

	Leistungsmerkmale	Zuordnung
1	Inbetriebnahme Maschinen	V
2	Nacharbeit aus Inbetriebnahmen	V
3	Nachrüstung von Maschinen	V
4	Vorbereitung für Auslieferung der Maschinen	V
5	Serviceeinsatz auf Rechnung	S
6	Serviceeinsatz auf Garantie	V
7	Serviceeinsatz auf Werksgarantie	V
8	Vorbehaltliche Gewährleistungsprüfung	V
9	Ersatzteile auf Rechnung	S
10	Ersatzteile auf Garantie	V
11	Schulung	V
12	Telefonische Beratung und Fehlersuche	S
13	Rücknahme	V
14	Wartungsverträge	S
15	Preisanfrage	S
16	Zukaufteile ab Werk	V
17	Rücktransport	V
18	Dokumentation der Maschinen	F+E
19	Messe	V
20	Messevorbereitung	V
21	Technische Weiterentwicklung	F+E
22	Ankauf Gebrauchtmaschinen	V
23	Interne Besprechung	S
Hinweis zu den Tätigkeiten:		
	Vertriebsunterstützung	V
	Service- und Wartungsarbeiten	S
	Forschung + Entwicklung	F+E

Tab. 3: Definition der Leistungsmerkmale im Service

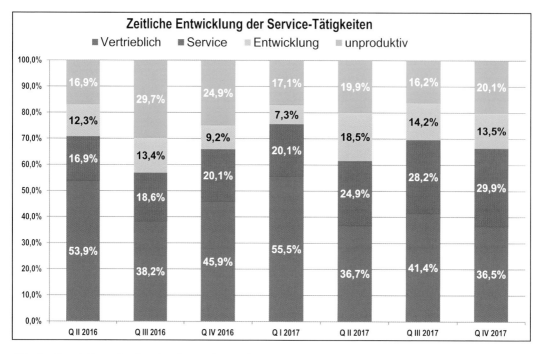

Abb. 5: Entwicklung der Stundeneinsätze im Service

Ziel der Aufzeichnungen war es,

- die unproduktiven Tätigkeiten mittelfristig zu reduzieren,
- den Anteil der Service- und Wartungstätigkeiten an externe Kunden zu erhöhen und
- innerbetriebliche vertriebsunterstützende Tätigkeiten (wie Inbetriebnahmen und Garantie-Tätigkeiten) auf das erforderliche Mindestmaß anzupassen.

Weiterhin sollten die Fahrzeiten für die Service-Tätigkeiten durch effizienteren Einsatz der Mitarbeiter und eine optimierte Werkzeug- und Ersatzteilausstattung reduziert werden. Der Erfolg dieser Maßnahmen ist in Abb. 6 dargestellt.

Ein weiterer Ansatz war, die personelle Unterbesetzung des Bereichs Service/ Technik auszugleichen. Um die Personalengpässe aufzufangen, mussten die Service-Mitarbeiter erhebliche Überstunden leisten. Dies schlug sich auch negativ auf den Krankheitsstand des Bereichs nieder, der deutlich über dem Bundesdurchschnitt lag.

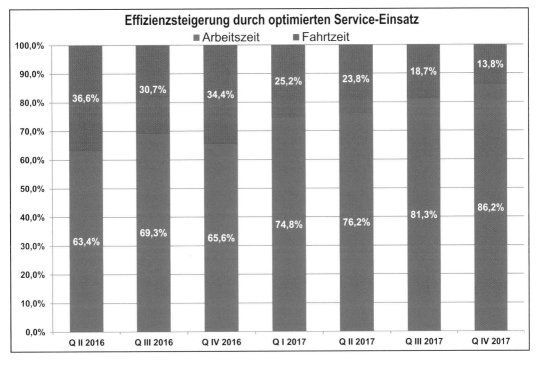

Abb. 6: Optimierungseffekt für die Service-Einsätze

Die Betriebsanalyse hatte gezeigt, dass die im Jahr 2015 gezahlten Überstunden- und Wochenendzuschläge nahezu das Kostenvolumen eines Jahresgehalts von 2 Service-Mitarbeitern ausmachten. Dies rechtfertigte die Einstellung von 2 Service-Kräften, ohne dass sich die Kostenstruktur des Unternehmens dadurch gravierend änderte. Für das Unternehmen war es aufgrund des Fachkräftemangels anfangs schwierig, geeignetes Personal zu finden. Im Laufe des Jahres 2017 konnten schließlich doch noch geeignete Kandidaten angestellt werden.

Die Vergabe weiterer Aufträge an externe Dienstleister für kleinere Service-Einsätze außerhalb des regionalen Einzugsgebiets steigerte die Effizienz zusätzlich, was sich ebenfalls positiv auf die Überstundenbelastung der Mitarbeiter auswirkte. Abb. 7 veranschaulicht die deutliche Verbesserung in der monatlichen Überstundenbelastung der Service-Mitarbeiter durch die oben skizzierten Maßnahmen im Jahr 2017.

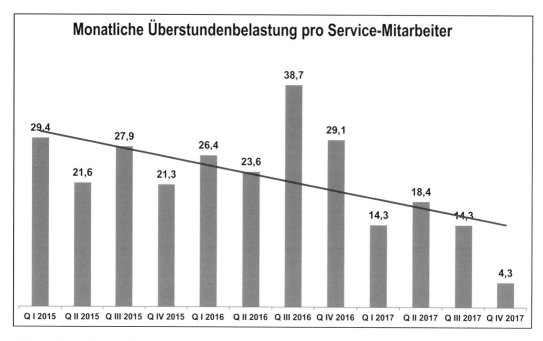

Monatliche Überstundenbelastung pro Service-Mitarbeiter

Abb. 7: Reduktion der Überstundenbelastung im Service

5.3 Strategische Maßnahmen

Bei inhabergeführten Unternehmen wird oft der strategische Blick im Management durch das Tagesgeschäft verstellt. Dabei ist eine regelmäßige Auseinandersetzung mit der eigenen Produktpalette, der Marktentwicklung, der Wettbewerbssituation und den externen Risiken immens wichtig, um Wachstumsziele zu erreichen. Findet dieser Diskurs nicht statt, so besteht die Gefahr, dass das Geschäftsmodell mit den permanenten Veränderungen im Markt nicht Schritt halten kann und die Firma den Anschluss an die Konkurrenz verliert.

Aus diesem Grund wurden zusätzlich zu den oben skizzierten operativen Controllinginstrumenten auch eine Reihe von strategischen Betrachtungen im Vorbereitungsprozess auf die Nachfolge eingeführt. Die Aktualisierungen dieser Arbeitspapiere fanden im halbjährlichen oder jährlichen Rhythmus statt Das strategische Controlling fungiert als Frühwarnsystem für das Unternehmen und trägt erheblich dazu bei, dass sich Management und Mitarbeiter zu einer lernenden Organisation entwickeln können.

Gleichzeitig lassen sich hieraus bereits erste Ableitungen für die Nachfolgestrategie und die Ansprache passender Investoren ableiten. Denn je kritischer sich die Geschäftsführung mit der Ist-Situation auseinandersetzt, umso klarer kann sie die mittelfristigen Anforderungen definieren. Maßnahmen für eine zeitgemäße Aufstellung können dann rechtzeitig in die Wege geleitet werden, wodurch das Unternehmen für Investoren attraktiver wird. Parallel dazu können die Ansprüche, die der externe Nachfolger in Bezug auf Synergieeffekte und Wachstumskriterien erfüllen muss, qualitativ präziser formuliert werden.

Beispielhaft für den ganzheitlichen Ansatz der Maßnahmen werden 2 Analysen wiedergegeben, die im Vorbereitungsprozess implementiert wurden:

- Diskussion über die Risikofelder, die auf das Unternehmen wirken (s. Tab. 4);
- Analyse der Wettbewerbssituation (s. Tab. 5).

	Risiken	Geschätztes Zeitfenster	Risikobewertung (1 =leicht, 6 = bestandsgefährdend)	Kommentierung, Maßnahmen
rechtlich / politisch	Zollschranken	2017–2019	4	Stärkung der internen Maschinenentwicklung
	Brexit	2019–2020	1	nicht relevant
technologisch	Digitalisierung, Industrie 4.0	fortlaufend	4	Kooperation mit Hochschulen und Start-ups
	E-Mobilität	2017–2025	3	Beibehaltung der Branchen-Diversifizierung
ökologisch	Feinstaubbelastung	ab 2019	1	nicht relevant
demografisch	Fachkräftemangel	2017–2025	4 2	Ausbildung, Eröffnung eines weiteren Standorts
	Altersstruktur der Mitarbeiter	fortlaufend	2	Momentan nicht relevant, aber regelmäßig zu beobachten
ökonomisch	Raumkapazitäten bei Wachstum	ab 2020	2 4	Lageranmietung, Umbau des Gebäudes
	Mitarbeitersicherung	fortlaufend	4	Gehaltsanpassungen, soziale Faktoren, neue Wege im Recruiting

Tab. 4: Betrachtung der Risikofelder[3]

---

[3] Eigene Darstellung in Anlehnung an Diederichs/Kißler, 2013.

	Eigenes Unternehmen	Wettbewerber 1	Wettbewerber 2	Wettbewerber 5
Name	ABC	WB 1	WB 2	WB 5
Eigentümer				
Anzahl Mitarbeiter				
Hauptsitz	ABC-Stadt	WB 1-Stadt	WB 2-Stadt	WB 5-Stadt
Produktions-standorte	ABC-Stadt Asien	WB 1-Stadt	WB 2-Stadt EU-Ausland	WB 5-Stadt EU-Ausland
Umsatz in Mio.				
Relativer Marktanteil				
Produkte	Maschinen 1 Maschinen 2 Maschinen 3	Maschinen 1 Maschinen 2	Maschinen 1 Maschinen 4 Maschinen 5	Maschinen 1 Maschinen 2 Maschinen 6
Strategische Ausrichtung	• hohe Qualität • europaweite Lieferung • mittleres Preissegment • optimierbare Produktinnovation • Vermarktung optimierbar	• geringe Qualität • nur DACH-Region • niedriges Preissegment • keine Produktinnovation • aggressive Werbung	• diverse Qualitäten • europaweite Lieferung • breites Preisspektrum • Innovation vorhanden • höheres Werbebudget	• hohe Qualität • europaweite Lieferung + USA • gehobenes Preissegment • geringe Produktinnovation • Vermarktung ähnlich

Tab. 5: Betrachtung der Wettbewerbssituation[4]

6 Zusammenfassung der Ergebnisse

Die mithilfe der Unternehmensanalyse identifizierten Potenziale des Unternehmens konnten durch das daraus abgeleitete Maßnahmenpaket gehoben werden. Dabei lag der Fokus zunächst auf den kurzfristigen operativen Vorkehrungen. Die mittelfristigen Anpassungen bereiten das Unternehmen auf den zukünftigen Wachstumsprozess vor.

---

[4] Eigene Darstellung in Anlehnung an Diederichs/Kißler, 2013.

Der Auftragseingang konnte durch eine optimierte vertriebliche Besetzung der Regionen nach Kaufkraft und durch eine bessere Steuerung der Vertriebsmitarbeiter durch die Zentrale erheblich gesteigert werden. Dies schafft Spielraum für eine Veränderung des Provisions- und Prämiensystems mit einer stärkeren Gewichtung des Erreichens von Zielvereinbarungen. Die Vertriebsmannschaft zeigt eine höhere Motivation, die sich in der Erfolgsquote bei den Auftragsabschlüssen deutlich widerspiegelt.

Die Einführung von Leistungsmerkmalen im Bereich Service/Technik schuf Transparenz bei den Stundeneinsätzen der Mitarbeiter. Hieraus entwickelten sich Stellschrauben, die unproduktive Zeiten sowie Fahrzeiten minimierten und eine stärkere Fokussierung auf abrechenbare externe Service- und Wartungseinsätze ermöglichten. Durch Anpassungen im Personalbestand wurde die Überstundenbelastung der Mitarbeiter kostenneutral gemindert und ein Rückgang im Krankenstand herbeigeführt.

Quintessenz dieser Maßnahmen war, dass nicht nur der Maschinenverkauf zur Umsatzsteigerung im Jahr 2017 beitrug, sondern auch die Servicetätigkeit. Auf diese Weise verbesserten sich die Margen aus diesen Geschäftssegmenten erheblich.

Der Einsatz strategischer Controllinginstrumente schärfte das Firmenleitbild und schuf Klarheit über die langfristige Ausrichtung des Unternehmens. Auch wurde deutlich, dass das Unternehmen sein Geschäftsmodell um innovative Elemente, besonders in den Bereichen Digitalisierung, Industrie 4.0 und Internet of Things, anpassen muss, um auch zukünftig mit den sich schnell verändernden Marktanforderungen Schritt halten zu können.

Unterm Strich stieg der Wert des Unternehmens durch das Heben der vorhandenen Potenziale um rund 30 %, wodurch sich die Startvoraussetzungen für den familieninternen Nachfolger erheblich verbessert haben. Entsprechend ist das Unternehmen auch für externe Nachfolger attraktiver, so dass zwischenzeitlich geeignete Kandidaten identifiziert und Verhandlungen mit Interessenten aufgenommen werden konnten.

7 Literaturhinweise

Bundesministerium für Wirtschaft und Energie (BMWi), Unternehmensnachfolge – Die optimale Planung, 2018.

Deutscher Industrie- und Handelskammertag e. V., DIHK-Report zur Unternehmensnachfolge, 2017.

Diederichs/Kißler, Wachstumsstrategie durch Risikomanagement und Risikocontrolling begleiten, in Klein (Hrsg.), Business Development – Controlling von strategischen Wachstumsinitiativen, 2013.

Kay/Suprinovic/Schlömer-Laufen/Rauch, Unternehmensnachfolgen in Deutschland 2018 bis 2022, IfM Bonn: Daten und Fakten Nr. 18, 2018.

Schwartz, KfW-Mittelstandspanel 2017, KfW-Research Nr. 197, 2018.

Schwetje/Demuth/Schubert, Unternehmensnachfolge – Praxisleitfaden für Unternehmer und Berater, 2016.

Beteiligungsportfolio: Verkauf eines Unternehmens aus strategischen Gründen (Projektbeispiel)

- Ein strukturierter M&A-Prozess lässt sich in die 4 Phasen „**Vorbereitung**", „**Investorensuche**", „**Transaktionsgestaltung**" und „**Umsetzung**" gliedern.

- In der Vorbereitungsphase geht es um die Bestandsaufnahme und Analyse des Unternehmens, die Definition der M&A-Strategie, die Investorenrecherche sowie die Erstellung transaktionsbezogener Unterlagen.

- Die Investorensuche umfasst die diskrete Ansprache potenzieller Investoren mit anonymisierten Anspracheunterlagen und die schrittweise Integration interessierter Parteien in den Prozess.

- In der Phase der Transaktionsgestaltung finden Management Meetings, eine ausführliche Due Diligence sowie erste Kaufvertragsverhandlungen statt.

- In der Umsetzungsphase wird zwischen Signing und Closing unterschieden – in der Zeit dazwischen werden aufschiebende Bedingungen erfüllt.

- **Die Autoren**

Dr. Alexander Sasse, Partner und Vorstand bei der Concentro Management AG, eine auf mittelständische Unternehmen spezialisierte Unternehmensberatung mit dem Fokus Restrukturierung, M&A und Unternehmenssteuerung. Ferner ist er Lehrbeauftragter an der Universität Erlangen-Nürnberg und an der Westsächsischen Hochschule Zwickau.

Andreas Jaburg, Principal bei der Concentro Management AG und insbesondere in den Bereichen Corporate Finance/M&A tätig.

1 Das Unternehmen

Dieser Beitrag erläutert den Ablauf eines strukturierten M&A-Prozesses anhand eines konkreten Projektbeispiels aus dem Bereich des Maschinenbaus.[1] Anlass für die Unternehmenstransaktion war eine strategische Neustrukturierung des Beteiligungsportfolios der Muttergesellschaft.

Die Ausgangssituation stellte sich wie folgt dar: Eine mittelständische Unternehmensgruppe mit 13 Beteiligungen im Maschinen- und Anlagenbau war in den vergangenen 15 Jahren durch Zukäufe gewachsen und hatte dabei eine Diversifikationsstrategie verfolgt, um besser für konjunkturelle Schwankungen gerüstet zu sein. Durch diese Zukäufe war eine Unternehmensgruppe entstanden, die zwar diversifiziert aufgestellt war, aber nur bedingt Synergien in Einkauf, Vertrieb und Service sowie Forschung und Entwicklung erzielte.

Im Beteiligungsportfolio gab es ein Unternehmen, das auch perspektivisch keine Synergiepotenziale im Verbund mit den anderen Unternehmen hatte und einer Branche zugehörte, aus der sich die Gesellschafter aus strategischen Gründen zurückziehen wollten. Deshalb entschieden sich die Gesellschafter der Unternehmensgruppe, dieses Unternehmen im Rahmen eines strukturierten Verkaufsprozesses zu veräußern, unter anderem um die Arbeitsplätze zu erhalten und ihrer sozialen Verantwortung in der Region gerecht zu werden, .

Die Unternehmensgruppe hat keine hauseigene M&A-Abteilung oder Business-Development-Abteilung und wollte zudem im ersten Schritt auch nicht selbst in Erscheinung treten, Deshalb entschieden sich die Gesellschafter, eine spezialisierte Beratung mit der Strukturierung und Durchführung des Investorenprozesses zu betrauen.

2 Der strukturierte M&A-Prozess

Ein strukturierte M&A-Prozess läuft in mehreren Phasen ab. In diesem Artikel wird der strukturierte M&A-Prozess in 4 Hauptphasen unterteilt, innerhalb derer jeweils einzelne Prozessschritte ablaufen (s. Abb. 1).

1. Die erste Phase, „**Vorbereitung**", umfasst die Bestandsaufnahme und Analyse des Unternehmens, die Entwicklung eine geeignete M&A-Strategie, die Sondierung potenzieller Investoren und die Erstellung hinreichend konkreter und aussagekräftiger Anspracheunterlagen.

2. In der zweiten Phase, „**Investorensuche**", werden potenzielle Investoren persönlich und diskret angesprochen und betreut, indikative Angebote werden bewertet und die tiefergehenden und teilweise sehr detaillierten Unterlagen für die Due Diligence vorbereitet, meist über die Bereitstellung eines virtuellen Datenraums.

---

[1] Das den folgenden Ausführungen zugrundeliegende Projektbeispiel wurde aus Vertraulichkeitsgründen verfremdet.

3. Nach Sondierung der erhaltenen Angebote und der Festlegung auf die wahrscheinlichsten Käufer finden in der dritten Phase, **„Transaktionsgestaltung"**, Managementgespräche mit den Führungspersonen des Unternehmens statt. Anschließend erhalten ausgewählte potenzielle Investoren die Möglichkeit, das Unternehmen im Rahmen einer Due Diligence zu prüfen und die daraus entstehenden Fragen zu klären. Nach Abschluss der Due Diligence durch die Interessenten werden die erhaltenen verbindlichen Angebote gemeinsam mit dem Verkäufer bewertet; parallel hierzu werden Vertragsverhandlungen geführt.

4. Die **„Umsetzung"** befasst sich dann mit der Einholung von Genehmigungen sowie der Erfüllung sonstiger Closing-Bedingungen.

Diese 4 Phasen werden im Folgenden anhand des Praxisbeispiels näher erläutert.

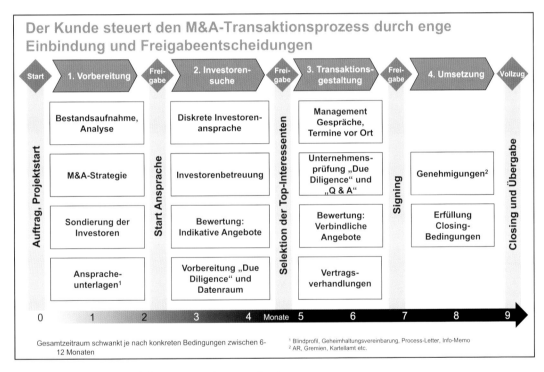

Abb. 1: Standardmethodik beim Unternehmensverkauf

2.1 Phase 1: Vorbereitung

Zunächst wurden eine **Bestandsaufnahme und Analyse** des Unternehmens durchgeführt. Neben der leistungs- und finanzwirtschaftlichen Analyse wurden auch die organisatorischen, personalwirtschaftlichen und rechtlichen Verhältnisse betrachtet. In dieser Analysephase konnten einige kritische Sachverhalte identifiziert werden – z.B. die lückenlose Rückverfolgung der Eigentumsverhältnisse

(Chain-of-Title), Rechtsstreitigkeiten aus Gewährleistungsfällen und eventuell vorhandene Bodenkontaminationen –, die bis zum Abschluss einer Transaktion seitens der Gesellschafter bereinigt bzw. transparent gemacht werden sollten. Erkannte Potenziale wurden festgehalten, um sie dann in den Anspracheunterlagen einem potenziellen Investor als zukünftige Entwicklungsmöglichkeiten aufzuzeigen.

Insbesondere die leistungswirtschaftliche Analyse und die damit einhergehende Auseinandersetzung mit dem Produkt- und Leistungsprogramm, den Kunden, dem Markt und den Wettbewerbern sowie den Stärken und Schwächen des Unternehmens haben einen großen Einfluss auf die Definition der **M&A-Strategie**. Neben den wesentlichen Fragen „Warum", „Wie", „Wann" und „Womit" spielt insbesondere die Frage „Wer" eine entscheidende Rolle bei den „**5 W der M&A-Strategie**". Die ersten 4 Fragen konnten in diesem Fall relativ schnell geklärt werden:

- **Warum?** Hier muss die Verkaufsstory geklärt werden, um einem Externen zu verdeutlichen, warum sich die Gesellschafter von dem Unternehmen trennen wollen.

  In diesem Fall hatte dies die zuvor beschriebenen strategischen Gründe.

- **Wie?** Hier geht es u.a. um die Transaktionsform, im Rahmen derer auch steuerliche Aspekte berücksichtigt werden müssen.

  In diesem Fall bevorzugten die Gesellschafter einen Share Deal, also einen Verkauf der Gesellschaftsanteile, um einen möglichst reibungslosen Übergang zu gewährleisten. Dies lag im Wesentlichen darin begründet, dass es zahlreiche Zertifizierungen sowie Kunden- und Lieferantenverträge gab, die ein neuer Rechtsträger, an den man die Vermögengegenstände bei einem Asset Deal veräußert hätte, nicht ohne weiteres neu hätte abschließen können.

- **Wann?** Neben weiteren wichtigen Fragen muss geklärt werden, zu welchem Zeitpunkt der Start eines M&A-Prozesses Sinn ergibt. Neben (internen und externen) wirtschaftlichen, persönlichen und rechtlichen Einflüssen spielt hier auch der Stand der Vorbereitung der Transaktion eine entscheidende Rolle.

  In diesem Fall entschieden sich die Gesellschafter für einen umgehenden Start ohne zusätzliche Vor-Phase, da das Unternehmen in der Gruppe eigenständig geführt und kaum bzw. keine Carve-out-Themen zu lösen waren. Hätte man zunächst noch die IT-Strukturen, die Buchhaltung, das Controlling, den Vertrieb, den Einkauf oder andere Querschnittfunktionen voneinander trennen müssen, wäre die Vorbereitungsphase deutlich länger ausgefallen. Auch die finanzwirtschaftliche Transparenz war gegeben, so dass typische Analysen und Auswertungen schnell greifbar waren. Eine integrierte Unternehmensplanung existierte und wurde im Hinblick auf die geplante Transaktion verfeinert und finalisiert.

- **Womit?** Hier wird der Umfang der Unterlagen definiert, die den Investoren zu verschiedenen zu definierenden Zeitpunkten zur Verfügung gestellt wird.

  Der Start in diesem Projekt sollte mit einem schlanken, anonymisierten Teaser erfolgen, um ein diskretes Vorgehen zu gewährleisten. Des Weiteren sollte ein ausführliches Information Memorandum erstellt werden, das den potenziellen Investoren nach Unterschrift der Vertraulichkeitsvereinbarung zur Verfügung gestellt werden sollte.

Die fünfte Frage nach dem **Wer?** musste in diesem Fall differenzierter beantwortet werden. Die Gesellschafter hatten Sorge, dass sich in dem Nischenmarkt, in dem sich das zu veräußernde Unternehmen befand, eine Ansprache direkter Wettbewerber negativ auf Kundenbeziehungen auswirken könnte. Die Verkäufer befürchteten, dass durch die angesprochenen Wettbewerber die Tatsache eines anstehenden Verkaufs in den Markt getragen werden könnte – gerade direkte Wettbewerber zählen allerdings zu der Käufergruppe, die bei Transaktionen am häufigsten den Zuschlag erhält. Nach intensiven Diskussionen und detaillierter Abwägung des Für und Wider der Ansprache direkter Konkurrenten wurde allerdings entschieden, sich bei der Suche nach strategischen Investoren stattdessen nur auf Lieferanten zu konzentrieren, die eine Verlängerung der Wertschöpfungskette anstreben, sowie auf branchennahe Maschinen- und Anlagenbauer und die Ansprache direkter Wettbewerbern erst in einer späteren Projektphase zu forcieren.

Bei der **Sondierung der Investoren** wurde die Liste der potenziellen Investoren (Longlist) um ausgewählte Finanzinvestoren ergänzt, so dass diese Gruppe am Ende einen Anteil von rund 20 % der anzusprechenden Unternehmen ausmachte. Für die endgültige Auswahl der potenziellen strategischen Investoren wurden Größenkriterien wie Umsatz und Mitarbeiteranzahl angewendet sowie der strategische „Fit" zum Auftraggeber berücksichtigt. Regionale Einschränkungen gab es keine, so dass eine internationale Recherche nach Investoren gewählt wurde. Abb. 2 zeigt die Aufteilung der Longlist nach Investorenart sowie nach Regionen.

Im letzten Schritt der Vorbereitungsphase wurden die **Anspracheunterlagen** erstellt. Neben den prozessbegleitenden Unterlagen, wie Vertraulichkeitsvereinbarung, Prozessbrief I und II und Datenraumregeln, beanspruchte vor allem die Erstellung des anonymen Teasers und des ausführlichen Information Memorandum viel Zeit. Die größte Herausforderung bestand darin, den anonymen Teaser so zu gestalten, dass trotz des Nischenmarkts kein Rückschluss auf die Identität des Mandanten gezogen werden konnte. Gleichzeitig musste der Teaser aber genug relevante Informationen enthalten, um bei potenziellen branchenfremden Investoren Interesse zu wecken.

Das Information Memorandum enthielt eine ausführliche Präsentation des Unternehmens, angefangen von der Historie und dem Produkt- und Leistungsspektrum, über die Abbildung der Wertschöpfungskette sowie der Kunden- und

Lieferantenstatistiken, bis hin zur Analyse von Personalkennzahlen und der Darstellung der finanzwirtschaftlichen Entwicklung. Schwerpunkte lagen dabei auch auf den zukünftigen Potenzialen und der mehrjährigen, integrierten Unternehmensplanung. Aufgrund der international angelegten Investorensuche wurden die Anspracheunterlagen in deutscher und englischer Sprache erstellt.

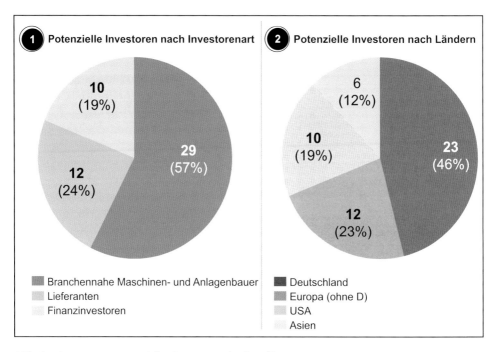

1 Potenzielle Investoren nach Investorenart

10 (19%)
29 (57%)
12 (24%)

▓ Branchennahe Maschinen- und Anlagenbauer
▓ Lieferanten
▓ Finanzinvestoren

2 Potenzielle Investoren nach Ländern

6 (12%)
10 (19%)
23 (46%)
12 (23%)

▓ Deutschland
▓ Europa (ohne D)
▓ USA
▓ Asien

Abb. 2: Auswertung potenzieller Investoren der Longlist

2.2   Phase 2: Investorensuche

Nach dem Abschluss sämtlicher vorbereitender Maßnahmen und der Freigabe der Longlist durch den Mandanten folgte als nächster Prozessschritt die **diskrete Investorenansprache und -betreuung**. Wesentlich hierbei war, dass die potenziellen Investoren in einem ersten Schritt nur die anonymisierten Erstanspracheunterlagen bekamen. Die Identität des Mandanten wurde den interessierten Unternehmen erst nach Unterzeichnung einer Vertraulichkeitsvereinbarung (NDA, engl. non-disclosure agreement) offengelegt. Dadurch sollte möglichst verhindert werden, dass Wettbewerber, Kunden, Lieferanten aber auch die eigenen Mitarbeiter bereits am Anfang des Prozesses über einen anstehenden Verkauf informiert werden. Die Kontaktaufnahme mit den potenziellen Investoren erfolgte direkt, indem die relevanten Entscheidungsträger persönlich angesprochen wurden. Bei Interesse wurde diesen das Blindprofil und nach Unterzeichnung des NDA das Information Memorandum zur Verfügung gestellt.

Die persönliche Ansprache ist ein wesentliches Qualitätsmerkmal eines strukturierten M&A-Prozesses, da nur so sichergestellt werden kann, dass die Informationen den richtigen Ansprechpartner erreichen und so eine qualitativ hochwertige Investorenbetreuung gewährleistet werden kann. Von Vorteil kann auch sein, wenn der Ansprechpartner den Ansprechenden schon kennt. Die Ansprache gestaltete sich je nach Investorentypus und -herkunft unterschiedlich. Während Finanzinvestoren schnell zu einer ersten Einschätzung kamen und das NDA unterzeichneten oder eine Absage mitteilten, dauerte die Rückmeldung strategischer Investoren länger. Hierbei spielten auch regionale Hindernisse eine Rolle. So ist die Ansprache im asiatischen Raum, von Japan abgesehen, von sprachlichen Barrieren geprägt, da die Englischkenntnisse selbst auf den Führungsebenen teilweise eher schwach ausgeprägt sind. Hier konnte allerdings mit der Unterstützung asiatischer Kooperationspartner die Kontaktaufnahme in der jeweiligen Landessprache erfolgen.

Der Prozess sah bis zur Abgabe **indikativer Angebote** 2 Monate vor. Am Ende wurden von über 50 angesprochenen potenziellen Investoren 12 indikative Angebote eingereicht. Zur Abschirmung des Mandanten war das indikative Angebot auf der Grundlage des Information Memorandums zu erstellen. Hierdurch sollte sichergestellt werden, dass ausschließlich ernsthaften Interessenten weiterführende Informationen zur Verfügung gestellt würden. Darüber hinaus sollte auch verhindert werden, dass die Organisation des Unternehmens durch zu viele Datenanforderungen einzelner Interessenten und zahlreiche Termine vor Ort übermäßig belastet würde. Der Vorteil dieser Vorgehensweise ist, dass notwendige Informationen bereits im Vorfeld zusammengestellt und den Interessenten strukturiert im Verlauf des Prozesses zur Verfügung gestellt werden. Neben der damit verbundenen Zeitersparnis wird auch ein reaktiver, unsystematischer Datenaustausch verhindert.

Bereits während der Ansprache zeichnete sich ab, dass sich einige Interessenten nicht für die Due Diligence in der nächsten Runde qualifizieren würden. Dennoch war das Angebotsspektrum breit gefächert. Nach der **Bewertung** der 12 eingegangenen **indikativen Angebote** wurden zunächst die 3 besten zur Due Diligence zugelassen. Da eines der 3 besten Angebote in der Kaufpreishöhe deutlich nach oben herausstach, jedoch einige nicht akzeptable Garantieforderungen beinhaltete und nicht zu erwarten war, dass diese im Laufe der weiteren Verhandlungen reduziert werden würden, wurde ein vierter Interessent mit einem monetär schlechteren Angebot zugelassen. Zu dem vierten Interessenten passte das Transaktionsobjekt aus strategischer Sicht am besten und die Verkäuferseite erhoffte sich im weiteren Verlauf noch deutliche Kaufpreiszuwächse. Bei den Interessenten dieser zweiten Phase handelte es sich ausschließlich um strategische Investoren, da kein Finanzinvestor ein wettbewerbsfähiges Angebot abgegeben hatte.

Bereits sehr frühzeitig im Prozess, nämlich in der Vorbereitungsphase und parallel zur Ansprache, wurde für die Zwecke der Due Diligence ein **virtueller Datenraum (VDR) vorbereitet**, in dem sämtliche relevanten Unterlagen den Interessenten zur Verfügung gestellt wurden.

Ein VDR ist ein geschützter Onlinespeicherort, der neben der Datenspeicherung viele Zusatzfunktionen bietet, die im Rahmen einer Due Diligence notwendig sind:

- Rechtevergabe: Definition, welche Käufergruppe welche Dokumente sehen, drucken oder herunterladen darf.
- Dokumentationsfunktion: Um zu dokumentieren, welche Unterlagen den Interessenten zur Verfügung gestellt wurden und welche auch gesichtet wurden, bieten VDR die Möglichkeit von Aktivitätsberichten. Im Falle von nachträglichen Rechtsstreitigkeiten kann die Verkäuferseite so nachweisen, welche Dokumente zur Verfügung standen und ob diese auch eingesehen wurden.
- Q&A-(Frage-und-Antwort-)Prozess: Während der Due Diligence haben die Interessenten erstmals die Möglichkeit, den Verantwortlichen des Transaktionsobjekts direkt Fragen zu stellen. Um die Geschäftsleitung nicht zu überlasten, werden typischerweise auch einige ausgewählte Mitarbeiter ins Vertrauen gezogen, nicht zuletzt auch, weil einige technische Fragen nur durch die verantwortlichen Mitarbeiter geklärt werden können. Der M&A-Berater koordiniert die Fragen zwischen den Interessenten und den jeweiligen Ansprechpartnern der Verkäuferpartei.

Der VDR beinhaltete typischerweise Unterlagen zur inhaltlichen Abdeckung folgender Bereiche:

- Rechtliche Verhältnisse, inkl. wichtige Verträge,
- Leistungswirtschaft,
- Organisation und Personal,
- Zertifizierungen, Genehmigungen und Auflagen,
- Finanzdaten,
- Steuern,
- Kosten- und Leistungsrechnung.

Im vorliegenden Fall enthielt die VDR zusätzlich auch ein Umweltgutachten. Hintergrund war, dass bereits in einer frühen Phase des Prozesses eine mögliche Bodenbelastung, die potenziell mit dem Betrieb einer Galvanikanlage einhergeht, als möglicher Deal Breaker bzw. wertmindernder Faktor identifiziert worden war.

Deshalb wurde nach Rücksprache mit dem Mandanten die Erstellung eines Umweltgutachtens durch einen Gutachter beauftragt. Aufgrund dieser proaktiven Herangehensweise konnte an dieser Stelle wertvolle Zeit im Prozess gespart und den Interessenten Argumentationsspielraum für ein mögliches Abschmelzen des Kaufpreises genommen werden.

> **Achtung: Ganz sensible Daten noch zurückhalten**
> Trotz der ersten Qualifizierungshürde in Form des indikativen Angebots, wurden den ausgewählten 4 Investoren auch während der Due Diligence noch nicht alle Unterlagen vollumfänglich offengelegt. So war es ratsam, wichtige Unterlagen, insbesondere Kunden betreffend, erst zu einem späteren Zeitpunkt im Verkaufsprozess zugänglich zu machen.

2.3 Phase 3: Transaktionsgestaltung

Zu **Terminen vor Ort** parallel zur Due Diligence wurden im vorliegenden Projektbeispiel nur 3 potenzielle Investoren eingeladen, da bei einem Interessenten Zweifel an der Ernsthaftigkeit eines Erwerbsinteresses bestanden, weil dieser kaum Aktivität im Datenraum zeigte.

> **Tipp: Datenraumaktivität als Indikator für Investoreninteresse.**
> Bzgl. Transaktionsgeschwindigkeit und -sicherheit ist die Datenraumaktivität eines Investors ein wichtiger Indikator in dieser Projektphase. Ein ernsthaft interessierter Investor schaut sich i.d.R. die ihm zur Verfügung gestellten Informationen an, da er schließlich auf dieser Basis die Chancen und Risiken abwägen sowie letztlich auch den für ihn in Frage kommenden Kaufpreis, Garantien etc. ableiten muss.

Die geschäftsführenden Gesellschafter wurden im Rahmen von Probemeetings gebrieft und so auf die bevorstehenden Treffen vorbereitet. Aufgrund der guten Vorbereitung des VDR und des strukturierten Q&A-Prozesses war eine zeitaufwendige Due Diligence vor Ort in diesem Projekt nicht notwendig. Nach dem persönlichen Kennenlernen und der Betriebsbesichtigung wurden daher alle 3 verbliebenen potenziellen Investoren im VDR für die weiteren Unterlagen freigeschaltet, so dass die Due Diligence in die finale Runde starten konnte.

Von der Erstansprache bis zur dieser finalen Phase der Due Diligence waren 3 Monate vergangen. Die verbliebenen 3 Investoren hatten nun einen weiteren Monat Zeit für

- die **finale Due Diligence**,
- die Durchführung einzelner **Expert Sessions**, in denen konkrete Themenkomplexe persönlich mit den zuständigen Führungskräften des Unternehmens diskutiert wurden, sowie
- die Erstellung ihres verbindlichen Angebots.

Am Ende lagen 3 **verbindliche Angebote** vor. Wie erwartet erwies sich der vierte Investor mit dem niedrigeren indikativen Gebot bereits während der Due Diligence als sehr interessiert und sein verbindliches Gebot fiel deutlich höher aus.

Den Interessenten wurde anschließend der **Kaufvertragsentwurf** zum Erwerb der Anteile (SPA, engl. share purchase agreement) vorgelegt. Der Kaufvertragsentwurf bildet die Basis für die Vertragsverhandlungen, wo es u.a. um Themen wie Kaufpreishöhe, Garantien und Übertragungszeitpunkt geht. Im vorliegenden Fall disqualifizierte sich, wie erwartet, der im indikativen Angebot höchstbietende Interessent für einen Erwerb, da er die geforderten Garantien und Gewährleistungen nicht reduzierte und der Verkäufer auf diese nicht eingehen konnte. Bei einer weiteren Partei verzögerten sich die Verhandlungen deutlich, da das finale Angebot unter Gremienvorbehalt stand und die entscheidende nächste Gremiensitzung erst zu einem sehr späten Zeitpunkt terminiert war. Da die übrigen Konditionen mit dem verbliebenen Interessenten gleichwertig waren, entschied sich der Verkäufer für das dritte Angebot. Für die von diesem Investor geforderten Garantien und Gewährleistungen konnte eine M&A-Versicherung („Warranty & Indemnity"-Versicherung) abgeschlossen werden.

2.4 Phase 4: Umsetzung

Die Unterzeichnung des Kaufvertrags (**Signing**) ist in vielen Fällen nicht gleichbedeutend mit der Übertragung der Unternehmensanteile (**Closing**). Oft werden aufschiebende Bedingungen („Closing Conditions" oder Closing-Bedingungen) im Kaufvertrag vereinbart. Einige typische Beispiele für Closing-Bedingungen sind:

- die kartellrechtliche Freigabe,
- die Einbringung von Gesellschafterdarlehen,
- die Verabschiedung der Abgrenzungsbilanz,
- etwaige Gremienzustimmungen oder
- die Beilegung rechtlicher Auseinandersetzungen.

Im vorliegenden Fall war der Vollzug an keine wesentlichen Bedingungen geknüpft, so dass die Kaufpreiszahlung umgehend erfolgte und das **Closing** zeitnah stattfinden konnte.

3 Fazit

Ein strukturierter M&A-Prozess lässt sich in die **4 Phasen** „Vorbereitung", „Investorensuche", „Transaktionsgestaltung" und „Umsetzung" gliedern.

- In der **Vorbereitungsphase** geht es vorwiegend um die Bestandsaufnahme und Analyse des Unternehmens, u.a. um etwaige kaufpreismindernde Umstände bzw. Deal Breaker zu eliminieren sowie die M&A-Strategie zu definieren (5 W-Fragen der M&A-Strategie). Wesentliche Bestandteile der Vorbereitungsphase sind darüber hinaus die Investorenrecherche (Erstellung der Longlist) sowie die Zusammenstellung transaktionsbezogener Unterlagen (u.a. Teaser und Information Memorandum).

- Die **Investorensuche** umfasst die diskrete Ansprache potenzieller Investoren mit anonymisierten Anspracheunterlagen (Teaser). Erst nach Unterzeichnung der Vertraulichkeitsvereinbarung werden weiterführende Informationen sowie der Name des Unternehmens offengelegt. Auf dieser Basis können die potenziellen Investoren indikative Kaufangebote unterbreiten. Es ist ratsam, in dieser Phase bereits einen VDR mit sämtlichen relevanten Unterlagen für die bevorstehende Due Diligence vorzubereiten.

- In der Phase der **Transaktionsgestaltung** bereitet der M&A-Berater den Verkäufer auf die anstehenden persönlichen Meetings mit den potenziellen Investoren vor, bspw. mittels Probemeetings. Nach dem persönlichen Kennenlernen entscheidet der Verkäufer, welcher Interessent für eine Due Diligence zugelassen wird und entsprechenden Zugang zum VDR erhält. Im Anschluss an die Due Diligence können die Interessenten dann ein verbindliches Angebot abgeben. Auf Grundlage der verbindlichen Angebote erfolgt erneut eine Auswahl und den im Prozess verbliebenen Interessenten wird ein Kaufvertragsentwurf vorgelegt, der die Basis für die Vertragsverhandlungen bildet.

- Haben sich Verkäufer und Käufer geeinigt, erfolgt in der **Umsetzungsphase** das Signing. Sofern Closing-Bedingungen vorhanden sind, müssen diese zunächst erfüllt werden, ehe die Unternehmenstransaktion (Closing) vollzogen werden kann.

Der gesamte M&A-Prozess dauert i.d.R. zwischen 6 und 12 Monaten, abhängig von unterschiedlichen Faktoren, wie etwa der konjunkturellen Lage, der Branche, der Unternehmensleistung sowie den handelnden Personen.

Im vorliegenden Beispiel betrug die Projektlaufzeit vom Beginn der Vorbereitungsphase bis zum Closing der Transaktion 8 Monate. Der Erwerber integrierte die Unternehmung in seine bestehende Struktur, ließ dabei aber die Marke im Außenauftritt bestehen. Der Verkäufer konnte den Verkaufserlös in die strategische Neuausrichtung seiner verbliebenen Unternehmensgruppe investieren und die damit verbundenen Synergien heben und neue Chancen nutzen.

Post Merger Excellence: 9 Erfolgsfaktoren für komplexe und dynamische M&A-Integrationsprojekte

■ Mittelständische Unternehmen sind in der Regel keine „serial acquirer", sie verfügen über entsprechend weniger Integrationserfahrung als internationale Konzerne.

■ Sie können ihre Chance auf eine erfolgreiche M&A-Integration jedoch signifikant erhöhen, wenn sie bestimmte Erfolgsfaktoren im Vorfeld des Closing beachten.

■ Ist das Closing einmal passiert, lässt sich die volatile Merger-Dynamik nicht mehr aufhalten – gute Vorbereitung und „integration readiness" entscheiden jetzt über Erfolg oder Misslingen des Integrationsvorhaben.

■ Dieser Beitrag stellt 9 Erfolgsfaktoren vor, die auch bei vergleichsweise geringer Integrationserfahrung und -kompetenz zum Gelingen einer Integration wesentlich beitragen können. Alle Erfolgsfaktoren beziehen sich auf Aktivitäten, die im Vorfeld der eigentlichen Integrationsphase erfolgen sollten.

■ **Die Autoren**

Kirsten Meynerts-Stiller, Gründerin und Managing Partner der Frankfurter Gruppe Unternehmensentwicklung. Sie berät Unternehmen in anspruchsvollen Veränderungsprozessen auf der Ebene Strategie, Struktur und Prozesse sowie zu PMI, Changedynamiken und Leadership-Themen.

Dr. Christoph Rohloff, Managing Partner der Frankfurter Gruppe Unternehmensentwicklung. Als Change-Manager berät er Unternehmen in anspruchsvollen und komplexen Veränderungsprozessen sowie Post-Merger-Integrationen.

1 Integrationskompetenz mittelständischer Unternehmen stärken

Wenn Integrationsvorhaben aus M&A-Transaktionen mehr oder weniger krachend scheitern – und dies passiert statistisch bei etwa einem Drittel bis zur Hälfte aller Deals – werden häufig „mangelhafte Kommunikation" oder „zu große organisationskulturelle Unterschiede" als Ursachen angeführt. Tatsächlich laufen viele Integrationsprojekte den volatilen Merger-Dynamiken bestenfalls hinterher, sie kommen nicht „vor die Lage" und reagieren nur auf sichtbar werdende Dysfunktionalitäten, anstatt die Integration aktiv und vorausschauend zu gestalten.

Selbst Konzerne, die sich als „serial acquirer" bezeichnen, tun sich hier mitunter schwer, da allzu oft dem deal making eine ungleich höhere Aufmerksamkeit zuteil wird als der darauffolgenden Integration. Nicht selten wird nach dem Motto „business does the integration" vor allem die technische und finanzielle Systemintegration geplant, während Kultur- und Zusammenarbeitsthemen, wenn überhaupt, im Hintergrund bleiben. Insbesondere wenn große Konzerne kleine Targets kaufen, ist das Risiko des Scheiterns auch bei Konzernen mit institutionalisierten PMI-Kompetenzzentren noch hoch.

Ungleich schwieriger ist die Situation für mittelständische Unternehmen: Sie nutzen heute zwar häufiger als früher M&A als strategischen Wachstumsbeschleuniger und Innovationsmotor, aber sie können aus den vergleichsweise wenigen Transaktionen oft noch keine stabile organisationale Integrationskompetenz und -routine aufbauen. Oft ergeben sich spontane Kauf-Opportunitäten, bei denen „man einfach zugreifen muss"; die Frage nach der eigenen Integrationsfähigkeit, -kompetenz und -kapazität stellt sich dann zunächst nicht.

So erlebten wir bspw. ein mittelständisches Unternehmen aus der Logistikbranche, bei dem das für Transaktion und Integration gleichermaßen zuständige Deal-Team nach der zugegeben kräftezehrenden Transaktionsphase erst einmal Urlaub nahm, bevor die Integration angegangen werden sollte.

Vor diesem Hintergrund stellt dieser Beitrag eine Auswahl von 9 Erfolgsfaktoren vor, die auch bei vergleichsweise geringer Integrationserfahrung und -kompetenz zum Gelingen einer Integration beitragen können. Die empirische Basis hierfür ist unsere Beratungserfahrung aus zahlreichen Post-Merger-Integrationsprojekten, viele Fälle aus unseren Seminaren und Trainings zu Post Merger Excellence sowie die Auswertung relevanter Literatur.[1]

Alle 9 Erfolgsfaktoren beziehen sich auf Aktivitäten, die **im Vorfeld** der eigentlichen Integrationsphase, also **vor** dem Closing erfolgen sollten. Nach dem Closing lässt sich die Merger-Dynamik nicht mehr aufhalten – gute Vorbereitung und implementation readiness machen jetzt den entscheidenden Unterschied zwischen Erfolg und Misslingen.

---

[1] Meynerts-Stiller/Rohloff, Post Merger Management. M&A-Integrationen erfolgreich planen und gestalten, 2016.

2 Erfolgsfaktor 1: Eine belastbare, überzeugende und glaubwürdige Deal Story entwickeln

Die Deal Story ist eine lebendig erzählte Geschichte, deren Kern der Business Case ist und die die strategische Deal-Rationalität, den tieferen Sinn des Kaufs zum Ausdruck bringt. Im besten Fall ist die Deal Story eine zwingend logische und unmittelbar nachvollziehbare Aussage wie etwa:

- „Gemeinsam können wir jetzt unsere jeweiligen Portfolios komplettieren und unsere Kunden besser aus einer Hand bedienen" oder
- „Wir können jetzt mit unserer verstärkten Innovationskraft neue gemeinsame Märkte erschließen, die stärkeres Wachstum und bessere Margen versprechen" oder
- „Wir können jetzt eine Technologie nutzen, die wir selbst nur mit hohem Aufwand und jenseits unserer Kernkompetenz hätten entwickeln können – gleichzeitig können unsere neuen Kolleginnen und Kollegen jetzt unsere weltweiten Vertriebskanäle nutzen. So schaffen wir gemeinsam Mehrwert".

Eine Deal Story gibt also Orientierung und Klarheit, worum es im Kern geht – für Mitarbeitende im Käuferunternehmen, im Target-Unternehmen sowie im Markt bei Kunden und Lieferanten. Sie trägt somit wesentlich zur Akzeptanz der Akquisition bei und schafft die Bereitschaft, den Integrationsaufwand zu leisten. Viele Unternehmen nutzen dieses Potenzial noch zu wenig und konzentrieren sich nur auf den zahlenbasierten Business Case, also die erwarteten Umsatz- und Kostensynergien oder andere monetäre Effekte wie bspw. die Verwertung erworbener Patentrechte und Lizenzen.

Mit der Entwicklung des Business Case in der Frühphase der Transaktion bietet sich eine gute Gelegenheit, bspw. zusammen mit den späteren Integrationsbeauftragten und internen Kommunikationsexperten diejenige spezifische Geschichte zu formen, die später, wenn die Transaktion bekannt und vollzogen wird, den verbindlichen und orientierungsschaffenden Integrationsrahmen bildet. Während der Business Case vor allem der Ermittlung eines angemessenen Kaufpreises dient und sich mit dem Signing quasi verbraucht, trägt eine gute Deal Story weit darüber hinaus und rahmt die Integration ein.

Eine Deal Story kann dabei je nach Zielgruppe weiter differenziert und spezifisch ausgestaltet werden – schließlich verbinden Käuferunternehmen, das Target oder die Kunden jeweils unterschiedliche Perspektiven, Interessen, Sorgen und Hoffnungen mit dem Deal und der anstehenden Integration. Während das Käuferunternehmen wertvolles Know-how erwirbt, werden im Target kostbare Arbeitsplätze gerettet, und für die Kunden gibt es günstigere Preise oder bessere Qualität. Die Entwicklung einer Deal Story ist eine gute Vorbereitung im Vorfeld einer Akquisition, um die unterschiedlichen, oft auch gegenläufigen Perspektiven in den Blick zu nehmen, sie aufeinander zu beziehen und vermitteln zu können.

Achtung: Deal Story ist kein Wundermittel
Gleichwohl gilt: Ein guter Deal kann durch unzureichende, inkonsistente oder widersprüchliche Kommunikation beschädigt werden; ein schlechter Deal hingegen kann auch durch noch so gute Kommunikation nicht gerettet werden: Mitarbeitende aus Käufer- und Zielunternehmen haben genauso wie Mitbewerber, Lieferanten und Kunden ein feines Gespür dafür, ob eine Deal Story glaubhaft ist und ob die gesteckten Erwartungen überhaupt erreichbar sind.

Ist das Management bzw. das Transaktions-Team bspw. vom „deal fever" und der Jagd nach einer „Trophäe" gepackt, werden, nur um den Abschluss zu erreichen, Business Cases mitunter auch schön gerechnet, Synergien höher bewertet, Risiken kleiner geredet. Kluge Unternehmen haben als Schutz gegen solche Dynamiken formale und verbindliche Sicherheitsmechanismen in Form von „gates" eingebaut: In internen „devil's advocate"-Testrunden wird versucht, den Deal argumentativ zu stoppen, um so möglichst alle Risiken – und es sind es fast immer Integrationsrisiken – bewusst und sichtbar zu machen und zu bedenken. Erst wenn dieser „kill the deal"-Test positiv verläuft, darf das Transaktions-Team mit dem Kaufprozess fortfahren.

3 Erfolgsfaktor 2: Das Integrations-Team frühestmöglich aktivieren und mit der Integrationsplanung beginnen

„Wann genau sollten wir mit der Integrationsplanung beginnen?" – diese Frage wird in unseren Seminaren für Post Merger Management häufig gestellt: „So früh wie möglich", lautet die grundsätzliche Antwort, „idealerweise parallel zur Transaktionsphase". Ein passender offizieller Startpunkt für die Integrationsvorbereitung kann bspw. die Abgabe eines Non-binding Offer oder spätestens der Einstieg in die Vorbereitungen zur Due Diligence sein.

Während das Transaktions-Team entlang seines eigenen Fahrplans und auf Basis eines sich entwickelnden Business Case rechtliche, steuerliche und finanzielle Aspekte eines möglichen Deals vorbereitet, in Szenarien plant und in Euro berechnet, muss der Integrationsbeauftragte oder ein erstes Starter-Team bereits benannt und auch entsprechend freigestellt sein.

Ein wichtiger Vorteil eines frühen Starts in die Integrationsvorbereitung liegt darin, die Entwicklung des Business Case und die Dynamik in der Transaktionsphase bspw. durch die Teilnahme an den wöchentlichen Sitzungen des Transaktions-Teams „live" mitzuerleben. Darauf basierend können dann bereits erste Hypothesen zur Integrationsstrategie und absehbaren Herausforderungen formuliert werden.

Diese Annahmen dienen zum einen dem Integrations-Team bei der immer feiner werdenden Integrationsplanung sowie der Planung der Merger-Kommunikation und der Vorbereitung des Day 1. Vor allem aber können sie als Rückmeldung an das Transaktions-Team wertvoll sein. Idealerweise bezieht das Transaktions-Team die vermuteten oder schon relativ sicher absehbaren Integrationsaufwände und -risiken dann in seine Deal-Bewertung mit ein und kommt zu einem ausgewogeneren und realistischeren Verhandlungsabschluss.

In der Praxis zeigt sich, dass die bei der Integrationsplanung zu beantwortende Frage, wie die erhofften Synergien konkret realisiert werden sollen, die Annahmen aus dem Business Case mehr oder weniger deutlich in Frage stellt. Erst im kleinteiligen Durchbuchstabieren der notwendigen Voraussetzungen, der Wechselwirkungen, Wissenslücken und Leerstellen sowie der jeweils damit verbundenen Risiken bei der Umsetzung der Integrationsmaßnahmen zeigt sich der tatsächliche Umsetzungs- und Realisierungsaufwand. Je früher diese i.d.R. ernüchternden Erkenntnisse sichtbar werden, desto besser lassen sich teure Fehlkäufe vermeiden, bei denen zu einem tendenziell schon überhöhten Kaufpreis dann noch die unterschätzten Kosten für die Integration hinzukämen.

Viele Informationen, die für eine belastbare Integrationsplanung von Bedeutung sind, sind vor dem Closing noch nicht verfügbar. Daher basieren Integrationsplanungen in dieser Phase der Transaktion vor allem auch auf Annahmen und Schätzungen. Aber auch verifizierten Informationen, bspw. aus der Due Diligence, fehlt vor dem Closing der relevante Kontext der tatsächlichen Unternehmenswirklichkeit. Diese wird für beide Seiten erst schrittweise nach dem Closing sichtbar und verstehbar. Idealerweise wird deshalb neben der Planung ebenso frühzeitig mit einem professionellen und aufgeklärten Management der Integrationsrisiken begonnen.

4 Erfolgsfaktor 3: Die Due Diligence aus der Integrationsperspektive gestalten

Die Einbeziehung der Integrationsperspektive in die Aktivitäten der Transaktionsphase sollte sich auch auf das Design der Due Diligence (DD) auswirken, indem das DD-Team bei der Erhebung seiner Daten auf bspw. organisationskulturelle Aspekte achtet.

- Bei welcher Gruppe oder bei welchen Themen können wir wahrscheinlich Widerstände erwarten?
- Was wird sicher eine Herausforderung auch für unsere Organisation in der Integrationsphase werden?
- Was sind unsere Vermutungen, wie das Target im Inneren „tickt"?

Das DD-Team kann bspw. mit einem entsprechendem Frage- oder Beobachtungsbogen vom Integrations-Team ganz konkret in dieser „Scout-Rolle" unterstützt werden. Insbesondere die HR Due Diligence sollte jenseits der Personalkennzahlen auch Themen wie Führungskultur, Führungsspannen und Hierarchieebenen strukturiert beobachten und aufnehmen.

In größeren Transaktionen kann eine eigene formale „Cultural Due Diligence" erfolgen, in der systematisch und nachvollziehbar organisationskulturelle Unterschiede erhoben werden. Dabei geht es nicht um Unterschiede zwischen Käufer- und Zielunternehmen als solche: Unternehmen werden immer mehr oder weniger unterschiedlich aufgestellt sein. Vielmehr geht es darum, wie leicht und wie schwer der jeweilige konstruktive und zieldienliche Umgang mit bestimmten Unterschieden eingeschätzt wird: Wie groß erscheint der Aufwand und wie schwierig der Weg, sich in einer neuen Post-Merger-Gesamtheit wieder leistungsfähig und miteinander orientiert zu erleben? Voraussetzung für derartig vergleichende Kulturanalysen wiederum ist, dass sich das Käuferunternehmen im Vorfeld einer Akquisition seiner eigenen Organisationskultur bewusst ist und diese artikuliert hat.

5 Erfolgsfaktor 4: Die mögliche Latenz zwischen Signing und Closing aktiv gestalten

Aufsichts- und kartellrechtliche Prüfungen zwischen Signing und Closing erzeugen in vielen Transaktionen eine instabile Latenzzeit. Solange die Prüfung andauert, dürfen keine unternehmensrelevanten Informationen ausgetauscht werden, die im Fall einer Absage des Deals in ihrer Marktwirksamkeit nicht mehr umkehrbar wären – also bspw. die Weitergabe von Einkaufspreisen, technischen Konstruktionszeichnungen oder spezifischen Kundendaten. Der „status quo ante" muss bis zum Closing gewährleistet bleiben.

Das hat signifikante Auswirkungen auf die Integrationsdynamik: Mit dem Signing wird i.d.R. eine Pressemitteilung herausgegeben, in der die Transaktionsabsicht öffentlich wird. Damit sind alle anderen Marktteilnehmer informiert, vor allem aber das eigene Haus und die Mitarbeitenden im Käuferunternehmen. In vielen Fällen ist dies zugleich die erste öffentliche Information überhaupt, dass eine Kauf- bzw. Verkaufsabsicht besteht. Gleichzeitig kann aber bis zum Closing nicht gemeinsam vorbereitet und gehandelt werden – der ideale Nährboden für interne Gerüchte, die beste Angriffszeit für Headhunter und oft auch ein Wechselgrund für Lieferanten und Kunden.

Aus Integrationssicht sollte diese Latenzzeit umso aktiver genutzt und gestaltet werden: Unabhängig vom Verbot, unternehmens- und marktrelevante Daten auszutauschen, ist zumindest auszuloten, inwiefern informell oder in kleinem Rahmen Treffen möglich sind, in denen es um ein erstes Kennenlernen geht und ein Austausch von Themen und Erfahrungen, die einen prägen und die einem wichtig sind, erfolgt.

Beispiel: Treffen von Integrationsbeauftragten, Kommunikation, HR
Denkbar ist bspw. ein Treffen von beiderseits designierten Integrationsbeauftragten oder Kommunikations- und HR-Vertretern, die grundsätzliche Präferenzen in der späteren

Integration miteinander austauschen. Ziel ist nicht, konkrete Vereinbarungen zu treffen, sondern sich als vertrauenswürdige und wohlgesonnene mögliche künftige Kolleginnen und Kollegen kennenzulernen. Diese Erfahrungen können dann wiederum den Kolleginnen und Kollegen aus dem eigenen Hause erzählt werden, so dass sich ein positiver „spin" ergibt, der auch Gerüchten vorbeugt. Insbesondere, wenn das Zielunternehmen bislang ein Wettbewerber war, ist es wichtig, so früh wie möglich den „Bildern im Kopf" über den jeweiligen Konkurrenten Alternativen anzubieten.

Die Aktivierung der internen Kommunikation ist ein weiteres Gebot in der Latenzzeit zwischen Signing und Closing. Mitarbeitende aus Käufer- und Zielunternehmen wollen und brauchen Orientierung:

- Ist mein Job gefährdet, bleibt mein Standort erhalten?
- Mit welchen konkreten Auswirkungen ist zu rechnen?
- Wie werde ich ggf. unterstützt?
- Wie verhalte ich mich richtig, was ist für mich konkret zu tun vor und vor allem nach dem Day 1?

Wenn das Target größer ist als das Käuferunternehmen und damit bspw. eine „reverse integration" geplant ist, gilt diese Notwendigkeit, die Belegschaft frühzeitig und umfassend auf die anstehenden Veränderungen vorzubereiten, vor allem auch im Käuferunternehmen

Oft kann auf die Kommunikation im Zielunternehmen noch kein Einfluss genommen werden. Insbesondere wenn es sich um einen Asset Deal handelt, bei dem Unternehmensbestandteile aus einem abgebenden Unternehmen herausgelöst werden und es bspw. zu formalen Betriebsübergängen bei den Mitarbeitenden kommt, ist eine abgestimmte und idealerweise widerspruchsfreie Kommunikation in beiden Häusern wichtig: Gerüchten und Ängsten kann dann mit aussagekräftigen und belastbaren Informationen und im vertrauensvollen Dialog mit den jeweils eigenen Führungskräften begegnet werden.

Mit Blick auf die Gestaltung des Day 1 und die erste 30-Tage-Planung kommen die Wochen bis zum Closing oft auch wie gerufen: Es verbleibt noch etwas mehr Zeit zur Vorbereitung.

6 Erfolgsfaktor 5: Eine belastbare Integrationsstrategie entwickeln

Eine belastbare Integrationsstrategie verbindet die Erwartungen aus dem Business Case mit den Realitäten aus dem Deal sowie den Potenzialen für eine möglichst erfolgreiche gemeinsame Zukunft.

Je nachdem, welcher Akquisitionstyp vorliegt, bspw. eine markterweiternde laterale Akquisition oder eine auf die Optimierung der Wertschöpfungskette ausgerichtete vertikale Akquisition, ergeben sich andere Notwendigkeiten und Prioritäten für die Integration. Auch die Frage, wie weit bzw. wie tief überhaupt integriert werden soll, lässt sich nicht linear aus dem Business Case ableiten und bedarf einer integrationsstrategischen Klärung – vor dem Closing.

Um in der Vorbereitung der Integration mit der Vielzahl der möglichen Wirkfaktoren möglichst systematisch und nachvollziehbar planen, argumentieren und dann auch kommunizieren zu können, kann es hilfreich sein bspw. mit dem Integrationsdiamanten oder vergleichbaren Thementools zu arbeiten.

Grundsätzlich sind die in Abb. 1 beschriebenen 6 Handlungsfelder einzeln und in ihrer Gesamtwirkung auf

* ihre Machbarkeit,
* die Verfügbarkeit der notwendigen Ressourcen sowie
* die organisationsspezifische PMI-Kompetenz und die damit verbundenen Risiken hin

kritisch zu prüfen. So könnte bspw. die eigene IT-Abteilung innerhalb von 6 Wochen relativ problemlos die IT des Zielunternehmens auf die eigene Plattform migrieren. Allerdings wäre das Zielunternehmen damit faktisch stillgelegt. Die Frage, wie und wann die IT welche Systeme migriert, ist somit ein zentraler Bestandteil einer aussagekräftigen Integrationsstrategie: Ist die IT im Target-Unternehmen von entscheidender Bedeutung mit Blick auf Business Continuity und Kundenzufriedenheit oder ist sie sogar Bestandteil der Wertschöpfung bspw. als Teil eines umsatzstarken Online-Portals?

Die Plausibilität einer gesamthaften Integrationsstrategie ergibt sich also nicht aus der Perspektive eines einzelnen Handlungsfelds oder einer rein fachlichen Funktionslogik, wie die der IT oder des Vertriebs, sondern aus der gesamthaften kritischen Diskussion der 6 Handlungsfelder in ihren Wechselwirkungen und vor dem Hintergrund der übergreifenden Akquisitionsziele.

Tipp: Diskurs zur Integrationsstrategie nicht unterschätzen
Diesen Diskurs rechtzeitig und anspruchsvoll zu gestalten und voranzutreiben ist einer der wichtigsten Erfolgsfaktoren für Integrationen. Er ist im Vorfeld der Integration zu leisten, nach dem Day 1 dann aber, zusammen mit den entsprechenden Partnern aus dem (ehemaligen) Zielunternehmen, als „strategic review" erneut zu betrachten, um ihn vor dem Hintergrund der neuen gemeinsamen Handlungswirklichkeit zu überprüfen und als Orientierung für künftiges gemeinsames (Integrations-)Handeln nutzen zu können.

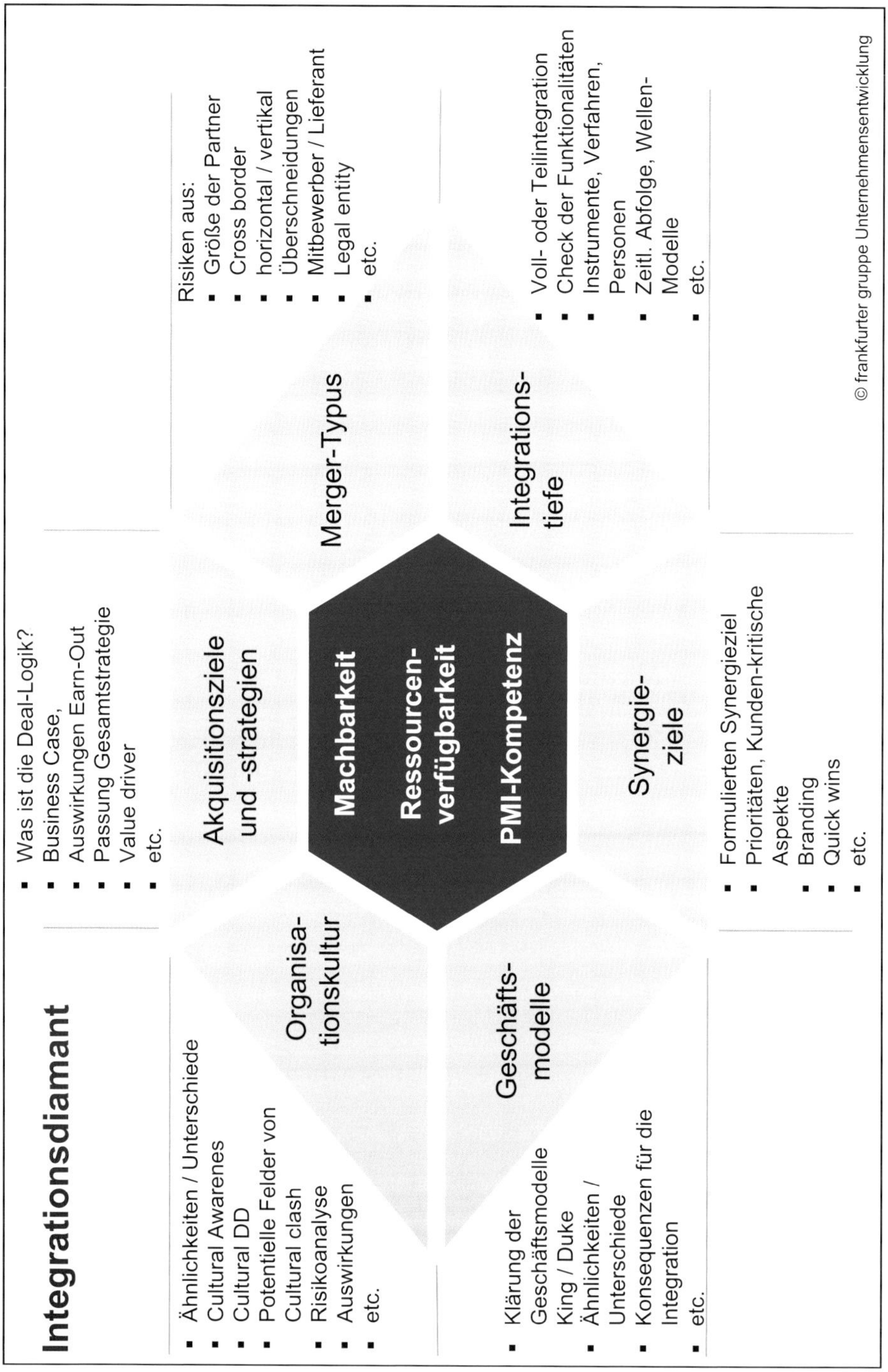

Integrationsdiamant

- Ähnlichkeiten / Unterschiede
- Cultural Awarenes
- Cultural DD
- Potentielle Felder von
- Cultural clash
- Risikoanalyse
- Auswirkungen
- etc.

**Organisa-
tionskultur**

- Was ist die Deal-Logik?
- Business Case,
- Auswirkungen Earn-Out
- Passung Gesamtstrategie
- Value driver
- etc.

**Akquisitionsziele
und -strategien**

Machbarkeit

**Ressourcen-
verfügbarkeit**

PMI-Kompetenz

Risiken aus:
- Größe der Partner
- Cross border
- horizontal / vertikal
- Überschneidungen
- Mitbewerber / Lieferant
- Legal entity
- etc.

Merger-Typus

- Voll- oder Teilintegration
- Check der Funktionalitäten
- Instrumente, Verfahren, Personen
- Zeitl. Abfolge, Wellen-Modelle
- etc.

**Integrations-
tiefe**

- Formulierten Synergieziel
- Prioritäten, Kunden-kritische Aspekte
- Branding
- Quick wins
- etc.

**Synergie-
ziele**

**Geschäfts-
modelle**

- Klärung der Geschäftsmodelle
- King / Duke
- Ähnlichkeiten / Unterschiede
- Konsequenzen für die Integration
- etc.

Abb. 1: Der Integrationsdiamant

7 Erfolgsfaktor 6: Positive Umsatzsynergien definieren und Werttreiber sichern

In der Gestaltung eines Deals sind die erwartbaren Synergieeffekte zentral: Sie definieren im Wesentlichen die Bewertung des Deals. Sie sind die Vorgabe und Richtschnur, an der der Integrationserfolg am Ende gemessen wird: Konnten die erhofften und teuer erkauften Synergiepotenziale verwirklicht werden?

Klassischerweise werden dabei Kosten- und Umsatzsynergien unterschieden:

- **Kostensynergien** stellen Effekte durch die Zusammenlegung oder Schließung von Geschäftsteilen dar, die darüber hinaus i.d.R. keine weiterreichende strategische Wirkung entfalten.
- **Umsatzsynergien** hingegen bezeichnen neue strategische Potenziale, etwa durch den Zugang zu neuen Kunden, Märkten oder Technologien.

Umsatzsynergien sind dabei idealerweise mehr als das bloße Addieren existierender Umsätze, sondern sie beschreiben ein durchdachtes und überzeugendes Wertschöpfungs- und Geschäftsmodell bzw. ein „target operating model", also die Art und Weise, wie ein neues bzw. verändertes Geschäftsmodell künftig Wertschöpfung erreichen soll.

Eine weitere Art, intelligente Umsatzsynergien in den Fokus zu nehmen, um sie als Richtschnur und strategische Orientierung in der Integrationsphase zu nutzen, ist die Definition bestimmter Werttreiber,, die es in der Integration zu schützen, zu sichern und auszubauen gilt. Sind diese zudem mit Kennzahlen hinterlegt, bilden sie ein handlungsleitendes und Transparenz schaffendes Instrument, um in der Vielzahl der Einzelaktivitäten über einen gemeinsamen Handlungsrahmen und einen definierten tieferen Sinn und Zweck zu verfügen.

Die Fokussierung auf bestimmte Werttreiber hilft zudem, den möglichen Eigendynamiken rein funktionaler bzw. fachlicher Integrationslogiken zu widerstehen und stattdessen immer wieder prüfen zu können, wie gemeinsames Handeln die definierten Werttreiber sichert. Insbesondere in der Integration helfen definierte Umsatzsynergien, aber eben auch übergreifendere und auch komplexere Werttreiber, die Kolleginnen und Kollegen aus dem Target ins Boot zu holen und schnell und effizient in eine gemeinsame strategische und auch operative Handlungssprache zu kommen.

8 Erfolgsfaktor 7: „Day 1: You never get a second chance to make a first impression"

Day 1 hat eine überragende Bedeutung für den Integrationsprozess: Gelingt es, diesen Tag als positiven Referenzpunkt zu gestalten, der bei allen Beteiligten Orientierung schafft sowie Lust und Neugier auf die bevorstehenden Mühen der

Integration weckt, dann stabilisiert und temperiert er die volatilen Merger-Dynamiken. Diese Gelegenheit für einen gemeinsamen Start sollte bewusst und bestmöglich genutzt werden.

Aber auch wohlgemeinte Day-1-Aktivitäten verfehlen ihr Ziel, wenn die Mitarbeitenden aus dem Target feststellen, dass das nach dem Day 1 erlebte Verhalten des Käuferunternehmens vom Gesagten und Erlebten am Day 1 abweicht. So veranstaltete bspw. ein Käuferunternehmen für die Führungsmannschaft des vergleichsweise kleineren Targets am Day 1 ein opulentes Festmahl im besten Hotel am Platz. Die Botschaft, die bei der Führung im Target ankam, war klar: „Das Füllhorn ist offen" und: „Wir sind offensichtlich sehr wichtig für unseren Käufer". Allerdings blieb es bei der einmaligen Aufmerksamkeit. Tatsächlich hatte das Target aus Sicht des Käuferunternehmens nur mittlere bis geringe strategische Bedeutung, es folgten kaum noch Management-Besuche, die erhofften Investitionen blieben aus, lediglich die zentralen Funktionen HR und Cash wurden umgestellt. Enttäuscht verließen viele Führungskräfte das Unternehmen, die gerechneten Synergien wurden nie erreicht.

Wichtig ist also die Übereinstimmung der symbolischen und faktischen Day-1-Botschaften mit den darauf folgenden Aktivitäten in der Integration. Die Mitarbeitenden aus dem Target-Unternehmen beobachten genau, wie glaubwürdig und belastbar die Botschaften des Käuferunternehmens tatsächlich sind.

Day 1 hat damit 2 Funktionen:

- Zum einen ist es die erste Gelegenheit, den neuen Mitarbeitenden zu sagen: „Willkommen, es ist gut, dass Sie an Bord sind, wir freuen uns darauf, einander kennenzulernen und wollen gemeinsam an unserer Zukunft bauen". Das Ritual der emotionalen Aufnahme ist wichtig, um dem möglichen „Merger-Syndrom" zu begegnen: Wer „gekauft" wurde, hat ja irgendetwas „falsch" gemacht, ist in einer scheinbar schwächeren Position; wer „kauft" erscheint potenter, mächtiger. Dies trifft umso mehr zu, wenn das Target in einem Asset-Deal oder als Teilunternehmen auch schon im Herkunftsunternehmen nicht an erster Stelle stand.

- Zum anderen ist Day 1 der Tag der wesentlichen Botschaften: Was ist unsere Vision, was ist unser Plan? Was wird sich ändern, was wird bleiben? Wie gehen wir genau vor, wo kann man sich informieren? Auch wenn noch nicht alle Entscheidungen inhaltlich klar sein können, in jedem Fall kann für die Mitarbeitenden eine zeitliche Absehbarkeit der Entscheidungsfindung und der Beteiligungsmöglichkeiten bspw. bei geplanten Zusammenlegungen von Standorten mitgeteilt werden.

Die Vorbereitung eines erfolgreichen Day 1 ist aufwendig und wird oft unterschätzt: Das Integrations-Team ist Treiber für die Generierung einer stimmigen, belastbaren und konsistenten Botschaft an die neuen Mitarbeitenden. Abb. 2 zeigt beispielhaft wesentliche Workstreams zur Bearbeitung des breit gefächerten

Themenspektrums an vorbereitenden Aktivitäten bis zum Day 1, die im Rahmen eines formal definierten Integrationsprojekts organisiert sein sollten.

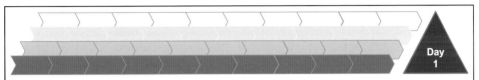

- **Integrationsteam**: Staffing & Ansprache, Team-Kick-off und Arbeitsfähigkeit auf Käuferseite, Identifizierung Team-Mitglieder im Zielunternehmen etc.

- **IT**: MA-Daten, Stammdaten, PDM, Kunden, Lieferantendaten, Systeme, Hardware, Zugänge, Codes & Passwörter etc.

- **HR**: MA-Daten, Arbeitsverträge, Vergütungen, Kontenzugang und Bankermächtigung etc.

- **Retention-Maßnahmen**: Key-Staff-Identifizierung, Vertragsangebote, Karriereplanungen, Incentivierung, Ansprache etc.

- **Außen-Kommunikation**: Management-Ansprache, Liste Ansprechpartner, Presse, Stakeholder, ggf. Gegendarstellungen, Interviews, ggf. Börse, Kundenbindung, Lieferantenansprache

- **Branding**: Firmenname, Branding, Produktnamen, Briefpapier, Email-Korrespondenz, Logos & Signaturen, Webauftritt etc.

- Betriebsübergang

- Strategische Kernaussagen

- **Innen-Kommunikation**: Intranet & E-Mails, Management-Ansprache, Liste Ansprechpartner, Integrations-Team etc.

Abb. 2: Day-1-Vorbereitung in Workstreams

Die vielen Klärungsprozesse im Vorfeld des Day 1 müssen organisiert und herbeigeführt werden. Das Integrations-Team braucht daher Zugang zum Management, um in vielen Besprechungen und Abstimmungsrunden im eigenen Haus, aber auch mit Blick auf das Target so viel Klarheit wie möglich herzustellen. Zudem müssen auch ganz praktische Fragen beantwortet werden:

- Ist die Entgeltzahlung gewährleistet?
- Funktionieren die Kreditkarten?
- Sind die E-Mail-Konten freigeschaltet?
- Was sagen wir zu unseren Kunden?

Die entsprechenden Prozesse müssen weit vor dem Closing zumindest vorbereitet und „in der Schublade" sein, um am Day 1 aussage- und handlungsfähig zu sein. Der hierfür notwendige tatsächliche Aufwand an Projekt- und Management-kapazitäten wird i.d.R. massiv unterschätzt.

9 Erfolgsfaktor 8: Das eigene Unternehmen für die Integrationsleistungen und -mühen in Akquisitionen sensibilisieren und vorbereiten

M&A-Opportunitäten sollten ein Unternehmen nicht überraschen oder sich zufällig ergeben, sondern geplantes und erwartbares Ergebnis einer belastbaren Wachstums- und Innovationsstrategie sein. Der Anteil organischer und anorganischer Wachstums- und Innovationshebel mag im Rahmen der Gesamtstrategie variieren – wichtig im Sinne späterer Integrationserfolge ist, dass die strategische Absicht, künftig auch mit M&A zu wachsen, bei den Mitarbeitenden bekannt, diskutiert sowie breit akzeptiert und verankert ist.

Gerade in mittelständischen Unternehmen sind viele Mitarbeitende zu Recht stolz und eng verbunden mit „ihrer" Firma, weil es ihnen immer wieder aus eigener Kraft und Anstrengung gelang, die Unternehmensziele zu verwirklichen. Wachstum und Innovation durch „Fremdzukauf" zahlt auf diese identitätsstiftende Wirkung des „wir schaffen das selbst" zunächst nicht ein. Es braucht also ein neues Motto: „Unser Unternehmenserfolg wird künftig auch durch Zukauf definiert, d.h. konkret durch unsere organisationskulturelle Fähigkeit, die Potenziale eines akquirierten Unternehmens wertschöpfend und seine Mitarbeitenden wertschätzend zu integrieren".

> **Beispiel: Fehlendes neues „Wir-Gefühl" lässt Integration scheitern**
> Beispielhaft sei ein Maschinenbauunternehmen genannt, das durch den eigenen Erfolg über die finanziellen Mittel verfügte, einen gerade schwächelnden langjährigen Mitbewerber zu übernehmen. Das „herrschende" Credo im Käuferunternehmen war das der „eigenen Überlegenheit". Die Integration scheiterte deutlich – innerhalb weniger Monate hatten viele Fach- und Führungskräfte aus dem akquirierten Unternehmen, darunter wichtige Know-how-Träger, gekündigt und waren u.a. mit offenen Armen vom dritten Mitbewerber am Markt empfangen worden. Sie fühlten sich schlichtweg nicht willkommen im neuen Unternehmen: Das Denken in „wir" und „die" wurde nicht ausreichend hinterfragt und bearbeitet, kein transformierendes Angebot hin zu einem „wir gemeinsam" ausgesprochen.

Organisationale Integrationskompetenz misst sich daher auch am Grad der Fähigkeit und Bereitschaft im Käuferunternehmen, über eigene organisationskulturelle Merkmale, Muster und Eigenheiten sowie deren Wirkung im Kontext einer Integration zu reflektieren und sich diese bewusst zu machen.

10 Erfolgsfaktor 9: Integrationskompetenz frühzeitig aufbauen

Aus der Beratungsperspektive betrachten wir am Anfang einer Integrationsbegleitung u. a., wie ausgeprägt die Integrationskompetenz einer Organisation ist. Integrationskompetenz wird dabei als eine Metakompetenz definiert, die 4 grundständige Managementkompetenzen umfasst: Strategische Kompetenz, Führungskompetenz sowie Projektmanagement- und Changemanagement-Kompetenz (s. Abb. 3).

Der Kompetenzbegriff bezieht sich hier sowohl auf Individuen, also das persönliche Verhaltens- und Handlungsvermögen von Führungskräften und Mitarbeitenden, als auch auf die organisationale Kompetenz, als Organisation bestimmte Wirkungen erzeugen und strukturiert managen zu können.

Je breiter und professioneller diese 4 Kompetenzen in einer Organisation ausgeprägt sind, desto höher sind die Chancen, den Ansprüchen einer Merger-Integration mit dem Aufbau entsprechender Integrationskompetenz auch gut begegnen zu können.

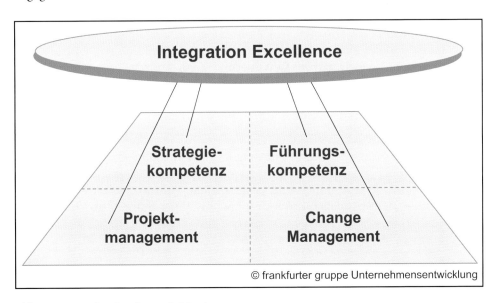

Abb. 3: Integration Excellence als Metakompetenz

10.1 Projektmanagement-Kompetenz

Die Projektmanagement-Kompetenz hat aus unserer Sicht eine zentrale Bedeutung: Es ist die hohe Kunst, riskante Vorhaben in einer temporären Managementumgebung verbindlich, zielgerichtet und wirksam, zudem parallel zu einer Linienorganisation und deren Funktionslogiken, zum gesamthaften Erfolg zu führen. Dabei gilt der Grundsatz: Eine Integration ist immer ein Projekt! Und die jeweilige Projektmanagement-Kompetenz entscheidet maßgeblich über die Erfolgschancen der Integration.

Das Projekt ist gleichsam das gemeinsame Vehikel, in dem die Integration gefasst und bewegt wird. Kluge Projektorganisationen, beteiligungsorientiertes „double boxing" bei der Besetzung der Projektrollen, klare Rollenbeschreibungen und eine organisationsweite Verbindlichkeit in der Ausübung der jeweiligen Rollen sind einige der wesentlichen Merkmale für eine hohe (Integrations-)Projektprofessionalität.

Im Umkehrschluss gilt, dass Unternehmen, die sich selbst eine eher mäßige organisationale Projektkompetenz attestieren würden, zumindest zum Einstieg keine allzu komplexen Deals anstreben sollten.

10.2 Führungskompetenz

Zunächst mag vielleicht überraschen, dass Führungskompetenz, „Leadership" eines der 4 zentralen Kompetenzfelder für Integrationserfolg sein soll. In Zeiten des Wandels und der Unsicherheit besteht die zentrale Funktion von Führung und Führungskräften jedoch darin, Orientierung und Sinn zu vermitteln sowie verstehbare und ankoppelbare Angebote an die Mitarbeitenden zu machen. Dann wird deutlich, dass keine Integration ohne das absolute Commitment und das beherzte Engagement der Führungskräfte gelingen kann.

Im Fokus stehen also nicht Führungsaufgaben des Alltags, sondern das „Führen im Wandel". Über diese spezifische Führungskompetenz sollte die Führungskräfte verfügen. Darüber hinaus muss Führungskompetenz auch als die Leistung eines gut aufeinander abgestimmten und eingespielten Führungssystems verstanden werden, das in der volatilen Integrationsphase mit einer Stimme spricht, gesamthaft Orientierung gibt und sich auch kollegial austauscht und stärkt.

10.3 Strategische Kompetenz

Strategische Kompetenz ist nicht nur für das Business Development und die Definition einer M&A-Strategie notwendig. Um eine kluge und anspruchsvolle Integrationsstrategie zu formulieren und umzusetzen, muss auch das Integrations-Team über wesentliche strategische Kompetenzen verfügen. Nur dann kann es den Business Case, das Marktumfeld, die Erwartungen von Mitarbeitenden und Kunden sowie die konkrete Realisierung der Synergiepotenziale in einen differenzierten und koordinierten Handlungsstrang verknüpfen und übersetzen.

Wirksam ist eine Integrationsstrategie und die entsprechende Integrationsplanung vor allem dann, wenn sie vom Kunden und vom Markt her gedacht wird. Ein solcher Ansatz geht weit über die bloße Wiederherstellung funktionaler Arbeitsfähigkeit hinaus. Die regelmäßigen Treffen der Workstream-Leads mit dem Integrationsbeauftragten sind bspw. einer der „intelligenten Orte" im Integrationsprojekt, an denen diese strategische Kompetenz immer wieder zum Einsatz kommen sollte, um im gemeinsamen Ringen den besten Weg zur Realisierung der Integrationsziele zu bahnen.

10.4 Change-Management-Kompetenz

Change Management im Allgemeinen und speziell in Merger-Integrationen bedeutet, anstehenden Wandel für die Mitarbeitenden in Käufer- und Zielunternehmen akzeptabel zu gestalten. Es geht um die professionelle Gestaltung dynamischer Akzeptanzbildungsprozesse, die vom Integrations-Team als durchgängiger Bestandteil der Integrationsplanung gedacht und entsprechend breit angelegt werden: in allen Workstreams, auf allen Ebenen des Integrationsprojekts sowie im Unternehmen insgesamt.

Change-Expertise kann in einer anstehenden Integration zwar durch externe Beratung in der Rolle bspw. eines Co-Lead zum Projektleiter gestärkt werden. Im Kern lässt sich die Verantwortung für die Gestaltung des Wandels aber nicht von den Integrationsverantwortlichen „wegdelegieren". Change-Kompetenz in der Integration heißt, Führung und Mitarbeitende in ihrer jeweiligen Rolle und Verantwortung zu unterstützen, diese kraftvoll und angemessen wahrzunehmen.

Die Klärungs-, Aushandlungs- und Entscheidungsräume und -formate, die die unterschiedlichen Gruppen im Laufe einer Integration benötigen, sind für die Bewältigung des Alltagsgeschäfts nicht notwendig. Aufgabe des Change Managements ist es daher, diese zusätzlich notwendigen Räume zu öffnen und die Klärungen zwischen den jeweils Beteiligten immer dann zu ermöglichen, wenn sie entsprechend der Integrationslogik sowie aus der gegebenen Integrationsdynamik heraus anstehen und gebraucht werden.

11 Fazit

Mithilfe dieser 9 Erfolgsfaktoren soll verdeutlicht werden,

- wie anspruchsvoll die Vorbereitung einer Merger-Integration bereits im Vorfeld des Closing ist und sein sollte, und
- wie wertvoll gleichzeitig die Möglichkeiten sind, bereits im Vorfeld eines Deal-Abschlusses die entscheidenden integrationsstrategischen Weichen zu stellen, um später den Integrationserfolg zu ermöglichen.

Die Fähigkeit, Integrationen erfolgreich zu gestalten ist letztlich das Ergebnis organisationalen Lernens: Nur die Unternehmen, die am Ende von Integrationsprojekten ihre Lessons Learned ernsthaft und offensiv auswerten, haben die Chance, beim nächsten Mal besser zu werden.

Post-Exit-Phase aus der Sicht übernommener Unternehmen

■ Ein M&A-Prozess führt regelmäßig nur dann zum Erfolg, wenn auch aus Sicht der Übernommenen die Post-Exit-Phase erfolgreich abgeschlossen ist.

■ Insbesondere bei mittelständischen Unternehmen können sich aus der persönlichen Interessenlage und Sichtweise des Verkäufers Spannungsfelder und Konfliktbereiche ergeben. Da in der Regel keine Erfahrungen und internen M&A-Kompetenzen vorliegen, können hier Fehlentscheidungen oder Unterlassungen erfolgen.

■ Die 6 wichtigsten Problemfelder werden in diesem Beitrag mit entsprechenden Lösungsmöglichkeiten und Praxistipps aufgezeigt.

■ **Der Autor**

Prof. Dr. Reinhard Rupp, Professor für Controlling, Finance & Accounting an der Business School der Hochschule Pforzheim. Davor war er lange im Finanzbereich, als CFO in internationalen Unternehmen sowie als Wirtschaftsprüfer und Steuerberater tätig, wodurch er umfassende Erfahrungen in M&A-Transaktionen erwarb. Er ist heute noch als Aufsichtsrat der DELTA Revision GmbH, Mannheim im Berufsstand aktiv.

1 Zwei stark verallgemeinerte Praxisfälle zur Einstimmung

1.1 Der rastlose Vollblutunternehmer

Ein Unternehmer entwickelt und vertreibt mit einem innovativen Vertriebs-konzept sehr erfolgreich Produkte im Lifestyle-Bereich. Das Unternehmen entwickelt sich hervorragend, der Unternehmer wird in seinem ländlich struktu-rierten Umfeld als großer Arbeitgeber zu einer bekannten Persönlichkeit und zu einem geschätzten Mäzen. Auf dem Höhepunkt der Unternehmensentwicklung und vor der nun anstehenden Internationalisierung kann der Unternehmer einem sehr attraktiven Übernahmeangebot nicht widerstehen und verkauft das Unter-nehmen zu einem sehr lukrativen Preis an ein Private-Equity-Unternehmen. Der Gründer scheidet vereinbarungsgemäß aus dem Unternehmen aus, das Top-Management wird neu besetzt.

Nach einer schöpferischen Pause merkt der Unternehmer bald, dass ihm die unternehmerische Tätigkeit fehlt. Gleichzeitig läuft „sein" altes Unternehmen in der neuen Eigentümerstruktur weniger erfolgreich. Führungskräfte verlassen gewollt und ungewollt das Unternehmen und suchen beim früheren Chef Rat. Die Idee, mit ihnen ein neues Unternehmen zu gründen, ohne die vereinbarte Wettbewerbsklausel zu verletzen, gewinnt an Kraft. Die fixe Idee, es allen und insbesondere den neuen Eigentümern „noch mal zu zeigen", führt unweigerlich zu einem erbitterten und beiderseits rufschädigenden Konflikt mit juristischen Auseinandersetzungen.

Es zeigt sich, dass ein in jungen Jahren mit viel Einsatz und Kreativität erarbeiteter Erfolg sich in einer späteren Lebensphase nicht so ohne Weiteres wiederholen lässt. Die Finanzmittel aus dem Verkauf des Unternehmens erlauben zwar Geschwindig-keit, aber wenn die Richtung nicht stimmt, kann das verhängnisvoll sein und zum persönlichen und finanziellen Ruin führen.

1.2 Der ausgefuchste Großkonzern

Ein Management-Buy-out aus einem Pharmakonzern wird mit viel unterneh-merischem Geschick und einer erfolgreichen Produktstrategie zu einem sehr profitablen mittelständischen Unternehmen in ländlicher Region. Ein anderer Pharmakonzern hat großes Interesse an dem Produktportfolio und bietet den Eigentümer-Managern einen überragenden Kaufpreis. Due Diligence und Vertragsverhandlungen werden rasch durchgeführt, wobei der Konzern von einer Armada von Fachleuten vertreten wird, während das mittelständi-sche Unternehmen den langjährigen Beratern aus dem persönlichen Umfeld vertraut.

Nach vollzogener Übernahme soll der bisherige Gesellschafter-Geschäftsführer noch eine Zeit lang in der Verantwortung stehen und den Integrationsprozess unterstützen. Allerdings erwartet der Konzern eine schnelle Übernahme seines umfangreichen Regelwerks bzgl. Strukturen, Abläufen und Kontrollen, was gegenüber der bisher eher unbürokratischen, personen- und vertrauensbasierten Arbeitsweise zu Spannungen und letztlich zum Ausscheiden des Gesellschafter-Geschäftsführers führt.

Anschließend erhöhen sich die Spannungen zwischen Zielunternehmen und Konzern, einige Schlüsselpersonen mit Know-how verlassen das Unternehmen. Aufgrund geänderter Produktionsabläufe treten Qualitätsprobleme auf, die zu Produktionsstillständen, Marktanteilsverlusten, Mehrkosten und in der Folge zu massiven Ergebnisproblemen führen. Kurz vor Ablauf der entsprechenden Gewährleistungsfristen fordert der Großkonzern unter Hinweis auf vereinbarte Garantien über die Qualität des Produktionsprozesses einen erheblichen Anteil des Kaufpreises zurück und setzt in einem umfangreichen Schiedsgerichtsverfahren einen Teil dieser Forderungen durch.

2 „Mittelstand hat keine Stäbe!"

Es gibt keine allgemein akzeptierte Definition eines „mittelständischen Unternehmens". Das Institut für Mittelstandsforschung in Bonn spricht von kleinen und mittleren Unternehmen (KMU) bei Jahresumsätzen unter 50 Mio. EUR und einer Beschäftigtenanzahl unter 500 Mitarbeitern. Eine rein größenorientierte Abgrenzung ist jedoch wenig hilfreich, da sich Geschäftsmodell sowie Eigentümer- und Führungsstruktur doch stark unterscheiden können. Eine in der Praxis bewährte Richtschnur bietet die These „Mittelstand hat keine Stäbe!". Danach sind mittelständische Unternehmen auf den unmittelbaren, operativen Wertschöpfungsprozess konzentriert und haben wenig interne Ressourcen für unterstützende und strategische Aktivitäten.

Dieser Befund ist gerade für M&A-Aktivitäten relevant, die eher einmalig auftreten und besonderes Know-how erfordern. Mittelstandsunternehmen können – wie das zweite Beispiel zeigt – daher für Großunternehmen eine „leichte Beute" sein, da bei den Vertragsverhandlungen oft keine „Waffengleichheit" herrscht. Der „genetisch" im Mittelstand verankerte Spartrieb, das gesunde Misstrauen gegenüber Beratern und das „blinde" Vertrauen auf eigenes Engagement und vorhandene Kompetenz stehen oft am Anfang der Fehlerkette.

Andererseits unterschätzen gerade die übernehmenden und managergeführten Großunternehmen regelmäßig die kulturelle Prägung von Mittelstandsunternehmen durch die Eigentümer und Führungsebene. Der „Clash of Cultures"[1] zwischen regelbasierter, kontrollgeprägter Großkonzernorganisation und informeller, vertrauensgeprägter Mittelstandsorganisation erweist sich oft als die

---

[1] Vgl. hierzu Hahn, 2016.

tiefere Ursache für das Scheitern. Aus theoretischer Sicht lässt sich das durch die Principal-Agent-Theorie einerseits und die Stewardship-Theorie andererseits erklären.[2]

3 (Miss-)Erfolgsfaktor PMI

Das allseits bekannte strategische Dilemma bei M&A-Themen besteht darin, dass in vielen Märkten und Geschäftsmodellen neben einem gesunden organischen Wachstum auch externes Wachstum durch Unternehmenserwerbe nötig ist. Andernfalls ist gerade in stagnierenden Märkten die langfristige Existenz des Unternehmens gefährdet. Gleichzeitig bergen Unternehmenserwerbe hohe Risiken, da ein hoher Prozentsatz der Unternehmenserwerbe als nicht erfolgreich bewertet wird und dadurch Untersuchungen zufolge Unternehmenswerte in hohem Umfang vernichtet werden.

> **Hinweis: Misserfolgsraten in der Statistik**
> Es wird von Misserfolgsraten zwischen 40 % und 60 % ausgegangen. 70 % bis 90 % der M&A-Transaktionen schaffen keinen Wert. Durch einzelne Akquisitionen wurden über die Dauer von ca. 3.000 Tagen 30 Mrd. US-D und 35.000 Arbeitsplätze vernichtet.[3]

Ein M&A-Fall kann bei Vertragsabschluss noch so überzeugend und attraktiv erscheinen – wenn die für die Zeit danach festgelegten Ziele nicht erreicht werden, ist das Vorhaben gescheitert. Auch wenn der Misserfolg letztlich erst in der misslungenen Fortführung oder Integration des Zielunternehmens offenbar wird, liegen die Ursachen für das Scheitern meist schon in den früheren Stadien des Prozesses, weshalb es wenig zielführend ist, die PMI-Phase isoliert zu untersuchen.

4 6 Risiken für die Post-Exit-Phase im M&A-Prozess

Nachfolgend werden aus dem gesamten M&A-Prozess[4] mit Blick auf die Situation des mittelständischen Zielunternehmens 6 Themen angesprochen, die in der späteren PMI-Phase zu Problembereichen führen können.

---

[2] Vgl. hierzu Welge/Eulerich, 2014, S. 9 ff.
[3] Siehe hierzu mit weiteren Nachweisen: Bauer, 2017.
[4] Siehe hierzu sehr ausführlich und übersichtlich: Klamar/Sommer/Weber, 2013.

4.1 Motivationslage klarlegen, Ziele definieren und Post-Exit-Phase antizipieren

Für einen Unternehmensverkauf im Mittelstand gibt es 3 wesentliche Gründen:

1. Nachfolgeregelung,
2. marktbedingte Wachstumsnotwendigkeiten,
3. Sanierung/Restrukturierung.

Dementsprechend ergeben sich unterschiedliche Motivationslagen. Als potenzielle Erwerber treten typischerweise entweder strategische Erwerber oder Finanzinvestoren in Erscheinung. Während im Fall der Sanierung/Restrukturierung der Unternehmer oft „mit dem Rücken zur Wand" steht und daher keine großen Handlungsspielräume hat, liegt in den anderen beiden Fällen das Gesetz des Handelns noch stärker beim Unternehmer.

Gerade deshalb ist wichtig, dass das Unternehmen die eigene Motivationslage schonungslos analysiert, seine Position kritisch bewertet und auch die Post-Exit-Phase intensiv auch mit der eigenen Familie bzw. den im Unternehmen verbleibenden Mitarbeitern „durchspielt". Der oben erwähnte erste Praxisfall einer Nachfolgeregelung ist ein gutes Beispiel dafür, dass oft nur bis zum Vertragsabschluss gedacht wird und ein attraktiver Verkaufspreis den Blick auf die Realitäten „danach" verstellt. Besteht dagegen eine ganz konkrete und überzeugende Vorstellung für die Post-Exit-Phase, so kann dies auch für den Verkaufsprozess vertrauensbildend wirken. Die naturgemäß vorhandene Unsicherheit beim potenziellen Käufer wird dadurch reduziert, was den Verkaufsprozess vereinfachen und auch beschleunigen kann.

4.2 Externe und interne Unterstützung sichern

Für den mittelständischen Unternehmer ist eine anstehende Unternehmensveräußerung ein besonders heikles Thema. Aus Sorge über geschäftsschädigende Gerüchte tendiert man dazu, dieses Thema im möglichst kleinen und vertrauten Kreis zu behandeln. Dies kann – wie der zweite Praxisfall zeigt – fatale Auswirkungen haben. Der vertraute, externe Beraterkreis aus Rechtsanwälten, Steuerberatern und Wirtschaftsprüfern verfügt oft nicht über ausreichende Expertise und Ressourcen, um einen M&A-Prozess professionell und zielorientiert durchzusteuern. Hier sollte auch nicht „am falschen Ende" gespart werden, sondern der vertraute Beraterkreis um professionelle M&A-Fachleute erweitert werden. Dabei sollte darauf geachtet werden, dass die hinzugezogenen Berater die Sprache und Denkweise der potenziellen Käufer verstehen und dadurch auch eine Mittlerrolle einnehmen können. Es ist nämlich durchaus ein Unterschied, ob man mit einem strategisch orientierten Großkonzern oder mit einem auf die finanziellen Treiber ausgerichteten Private-Equity-Haus spricht.

Mindestens genauso wichtig ist die Organisation der unternehmensinternen Unterstützung. Auch hier kostet es den mittelständischen Unternehmer oft Überwindung, interne Parteien, die über die notwendigen Kompetenzen verfügen, frühzeitig und offen in die Überlegungen einzubeziehen. Die Nominierung und offene Information eines Kernteams aus der bestehenden Führungsmannschaft ist unerlässlich. Die Kommunikationswege müssen klar abgesprochen und befolgt werden. Und vor allem muss mit dem Führungspersonal frühzeitig darüber gesprochen werden, was nach der Veräußerung „mit mir passiert". Die vage Aussage, dass man „gebraucht" wird und der Erwerber „ohne Euch" das Unternehmen nicht weiterführen kann, hilft nicht wirklich. Attraktive Incentives bei erfolgreichem Abschluss und – für den Fall der Fälle – großzügige Abfindungsregelungen bei „Change of Control" wirken entspannend und geben den Führungskräften die notwendige Rückenstärkung, um im Verkaufsprozess die Interessen des derzeitigen Arbeitgebers zu vertreten.

4.3 Vorvertragsphase professionell und zielorientiert durchsteuern

Mit Blick auf die Themenstellung erscheint es nicht erforderlich die Vorvertragsphase mit den üblichen Schritten von Vendor Due Diligence, Fact Book, Unternehmensbewertung, Ableitung von Kaufpreisvorstellungen sowie die verschiedenen Ausprägungen der Due Diligence (Finance, Tax, Legal, IT) dezidiert durchzugehen.[5] Aufgrund einschlägiger Erfahrungen sind aber folgende Aspekte erwähnenswert:

„Fitnessgrad" der Finanzorganisation überprüfen

Bei einer M&A-Transaktion ist die Finanzorganisation des veräußerungswilligen Unternehmens in besonderem Maß gefragt, um den Informationsbedürfnissen der potenziellen Erwerber nachzukommen. Hier sind nicht nur Standing, Kompetenz und Einsatzbereitschaft der handelnden Personen gefragt. Oft sind die vorhanden Controlling- und Informationssysteme nicht darauf ausgelegt, umfangreiche und die weiter zurückliegende Vergangenheit betreffende Informationen schnell und in belastbarer Qualität bereitzustellen. Neben den Ressourcen für einen gut organisierten Planungs- und Forecast-Prozess fehlt im Mittelstand oft auch das Verständnis für dessen Notwendigkeit zur Unterstützung der Unternehmensführung. Der „Fitnessgrad" der Finanzorganisation sollte deshalb kritisch überprüft werden. Eine Nachsteuern, u.U. verbunden mit einer Verschiebung des Projekts, kann eine gute Investition sein.

---

[5] Siehe hierzu die gute Beschreibung der Transaktionsvorbereitung und der Transaktionsschritte von Wiese, 2013.

▦ Kritisches Know-how sichern

Das Dilemma besteht – einfach ausgedrückt – darin, dass kein Erwerber bereit ist, die „Katze im Sack" zu kaufen und andererseits ein Veräußerer nicht bereit sein wird, im laufenden Verkaufsprozess auch „die hinterste Schublade" zu öffnen. Gerade im Mittelstand beruht der Unternehmenswert in hohem Maß auf bestehenden Kundenbeziehungen und einem tiefen Produkt-Know-how. Es ist daher nicht einfach, dem potenziellen Erwerber die notwendigen Informationen zur Verfügung zu stellen, damit dieser bereit ist, den gewünschten attraktiven Kaufpreis zu zahlen. Gleichzeitig muss auch gewährleistet sein, dass beim Scheitern der Verhandlungen kein unkontrollierter Know-how-Verlust entsteht. Zur Überwindung dieses Dilemmas kann eine professionelle, externe Begleitung von großem Nutzen sein, um je nach Prozessfortschritt in kontrollierter Form als „Informationsbroker" zu fungieren. Für den kontrollierten, schrittweisen Informationsaustausch können moderne IT-Tools wie etwa userüberwachende Datenräume genutzt werden.

▦ Auf das Term Sheet konzentrieren

Wenn es Richtung Vertragsverhandlungen geht, sollte sich der mittelständische Unternehmer auf ein sorgfältig und klar formuliertes Term Sheet konzentrieren. Hier werden in einfacher kaufmännischer Sprache die Eckpunkte der angestrebten Vereinbarung festgehalten. Dabei sollten alle potenziellen Streitpunkte angesprochen werden und nichts Wesentliches auf die spätere Vertragsverhandlung verschoben werden. Ein gutes Term Sheet kann daher die Vertragsverhandlungen und Vertragsformulierungen erheblich vereinfachen. Hieraus sollten auch für die eigenen Anwälte die „Roten Linien" klar erkennbar sein, um dann auch klare Kriterien für einen Abbruch der Verhandlungen zu haben.

> Hinweis: Checkliste „M&A-Transaktion, Term Sheet" als Arbeitshilfe verfügbar
> Da das Term Sheet die Vorstufe zum endgültigen Kaufvertrag (SPA – Sales and Purchase Agreement) darstellt, orientiert sich der Aufbau am späteren SPA. In der Checkliste „M&A-Transaktion, Term Sheet" werden die Standardinhalte aufgeführt und erläutert. Besonderheiten, die jeder Einzelfall aufweist, sind zusätzlich zu berücksichtigen.

4.4 Klare Kaufpreisregel festlegen

Typische Fallstricke gerade für den etwas weniger erfahrenen Mittelständler können – selbst bei grundsätzlicher Einigung – in der konkreten Ausgestaltung der Kaufpreisformel liegen. Hierzu 2 Themen:

Earn-out-Klauseln möglichst vermeiden

Ein gern diskutiertes Thema zur Überwindung bestehender Differenzen im Kaufpreis ist die Earn-out-Klausel.[6] Danach ist der potenzielle Erwerber bereit, nachträglich oder zeitlich gestaffelt einen zusätzlichen Kaufpreis zu bezahlen, wenn bestimmte Dinge, meist kaufmännische Größen wie Umsatz, Ergebnis oder Aufträge, im künftigen Verlauf des übernommenen Geschäfts eintreten oder bestehen bleiben. Diese auf den ersten Blick vernünftig erscheinende Vorgehensweise kann sich gerade für den mittelständischen Veräußerer zu einer unerfreulichen „unendlichen Geschichte" auswachsen, vor allem dann, wenn der zusätzliche, noch offene Kaufpreis erforderlich ist, um die Mindestpreisvorstellungen zu realisieren.

Es gibt durchaus positive Erfahrungen mit Earn-out-Klauseln, wenn das veräußerte Geschäft auch beim Erwerber völlig getrennt und mit dem bisherigen Personal fortgeführt wird. Wenn dann die in Aussicht gestellten hohen Ergebnisse tatsächlich erwirtschaftet werden und hiervon ein Teil an den Veräußerer fließt, ist das für beide Seiten ein guter Kompromiss. In den meisten Fällen ist diese klare Trennung aber nicht gegeben.

Meist kommt schnell die Frage auf, wer denn jetzt verantwortlich ist, dass die Earn-out-Klausel nicht greift. Manipulationsvorwürfe sind dann – wie der Fall Balda[7] zeigt – schnell bei der Hand und Rechtsstreitigkeiten folgen. Daher ist es taktisch oft besser, man lässt die Earn-out-Klausel als Verhandlungsthema bis zum Schluss auf dem Tisch und diskutiert intensiv die Administration der Klausel, um dann – angesichts dieser offenkundigen Folgeprobleme – in der Schlussrunde mit einem guten Kompromiss das Thema zu streichen. Die beteiligen Wirtschaftsprüfer und Anwälte sehen eine solche „unternehmerische Einigung" mit Blick auf künftige Dienstleistungen und Honorare oft mit einem weinenden Auge.

Bilanzklauseln sicher beherrschen

Zu unerfreulichen Überraschungen können auch Kaufpreisregelungen führen, die einen beim Signing festgeschriebenen Kaufpreis an bestimmte Bilanzrelationen zum Zeitpunkt des Closing knüpfen. Hier entsteht oft mangels Kenntnis grundsätzlicher buchhalterischer Zusammenhänge oder mangels klarer Definitionen im Vertrag im Nachgang erhebliches Konfliktpotenzial. So ist es z. B. üblich, den Kaufpreis für ein Unternehmen im Verhandlungsweg konkret betragsmäßig festzulegen und diesen Wert als „cash & debt free" zu definieren. Es handelt sich dann um den Preis für das Eigenkapital (Equity Value) des Unternehmens, da ja vom Gesamtwert (Enterprise Value) die Nettofinanzverbindlichkeiten (Zinstragende Verbindlichkeiten minus Liquidität) abgezogen

---

[6] Ausführlich hierzu: Borowicz, 2014.
[7] Reifenberger, 2015.

werden. Um nun der Geschäftsentwicklung zwischen Signing und Closing Rechnung zu tragen und auch, um Manipulationsmöglichkeiten auszuschließen, wird oft der Wert des Net Working Capitals (NWC) zum Zeitpunkt des Signing festgeschrieben und die Differenz zum NWC bei Closing mit dem vereinbarten Kaufpreis verrechnet.[8]

So würde z.B. eine (künstlich herbeigeführte?) Erhöhung der Lieferantenverbindlichkeiten zu einer Verminderung des NWC und damit zu einer Verminderung des Kaufpreises führen, während eine (operativ notwendige?) Erhöhung der Vorräte zu einer Erhöhung des NWC und damit zu einer Erhöhung des Kaufpreises führt. Während diese grundsätzlichen Zusammenhänge – wie die Praxis zeigt – nicht für jedermann einsichtig sind, wird es besonders schwierig, wenn es zur Frage des Einbezugs weiterer Bilanzpositionen (wie z.B. unverzinsliche Rückstellungen) in das NWC geht. Hier hilft in der Praxis ein im Voraus aufgestelltes und mit Beispielzahlen durchgespieltes Berechnungsschema, möglichst als Anlage zum SPA.

Beispiel für das Zusammenspiel von Cash-und-Debt-Free-Klausel und eine Garantie des Net Working Capitals (NWC)

Im nachfolgenden, in sich konsistenten und vollständigen Modell wird davon ausgegangen, dass für ein Unternehmen nach der Discounted-Cashflow-Methode ein Gesamtunternehmenswert (Enterprise Value) von 2 Mio. EUR ermittelt und als Basis für den Kaufpreis akzeptiert wird. Die Bewertung erfolgt auf den Zeitpunkt des Vertragsabschlusses (Signing). Für die Überleitung zum Wert des Eigenkapitals (Equitiy Value) zu diesem Zeitpunkt sind die zinstragenden Verbindlichkeiten (Debt) in Abzug zu bringen und die vorhandene Liquidität (Cash) hinzuzurechnen. Es ergibt sich damit ein (Debt and Cash free) Kaufpreis von 2,05 Mio EUR.

Um bis zum Closing einen ordentlichen Geschäftsgang zu ermöglichen, wird vereinbart, dass in Höhe der Differenz zwischen dem Net Working Capital zum Closing der Kaufpreis angepasst wird. Die Beispielrechnung umfasst die 3 Varianten Best Case, Real Case und Worst Case.

Das Berechnungsschema finden Sie in der Arbeitshilfe „Unternehmensverkauf, Garantie des Net Working Capitals," einschließlich weiterer Erläuterungen zu den einzelnen Fällen.

---

[8] Vgl. hierzu ausführlich: Quill, 2018, S. 362 ff.

Bilanz		Signing	Closing		
			Best	Real	Worst
Anlagevermögen		350.000	350.000	350.000	350.000
Vorräte	NWC	180.000	300.000	200.000	50.000
Forderungen a. Lief. u. Leistg	NWC	300.000	400.000	330.000	100.000
Andere Sonst. VG		120.000	120.000	120.000	120.000
Forderungen/sonstige VG		420.000	520.000	450.000	220.000
Liquidität		200.000	90.000	160.000	710.000
Umlaufvermögen		800.000	910.000	810.000	980.000
AKTIVA		1.150.000	1.260.000	1.160.000	1.330.000
Eigenkapital		780.000	780.000	780.000	780.000
Rückstellungen		100.000	100.000	100.000	100.000
Bankverbindlichkeiten		150.000	150.000	150.000	150.000
Verbindlichkeiten aus L.u.L.	NWC	20.000	100.000	25.000	150.000
Erhaltene Anzahlungen	NWC	50.000	80.000	55.000	100.000
Sonstige Verbindlichkeiten		30.000	30.000	30.000	30.000
Umsatzsteuer/Vorsteuer		20.000	20.000	20.000	20.000
Verbindlichkeiten		270.000	380.000	280.000	450.000
PASSIVA		1.150.000	1.260.000	1.160.000	1.330.000
NWC zum Closing		410.000	520.000	450.000	-100.000
Enterpise Value (DCF-Bewertung)		2.000.000	2.000.000	2.000.000	2.000.000
Debt		-150.000	-150.000	-150.000	-150.000
Cash		200.000	200.000	200.000	200.000
Equity Value = Kaufpreis lt. Vertrag		2.050.000	2.050.000	2.050.000	2.050.000
NWC-Garantie		0	110.000	40.000	-510.000
Angepasster Kaufpreis			2.160.000	2.090.000	1.540.000

Abb. 1: Beispiel für Berechnung der NWC-Garantie

4.5 Sonderthema: Garantien und deren Absicherung

4.5.1 Das Thema Garantien nicht unterschätzen

Ein vielfach unterschätztes Thema ist der Bereich der Garantien im Unternehmenskaufvertrag. Zu gerne sehen unternehmerisch denkende und auf das große Ganze blickende Unternehmer dieses Thema als „Spielfeld der Juristen", auf dem man sich mit feinsinnigen juristischen Formulierungen und mehr oder weniger wahrscheinlichen Zukunftsszenarien verbal duelliert. Sich mit diesen Gründen aus der Diskussion auszuklinken kann – wie der eingangs genannte zweite Praxisfall beweist – fatale Folgen haben.

Dabei kann dahingestellt bleiben, ob Gerüchte stimmen, wonach es Rechtsabteilungen bestimmter Großkonzerne gezielt darauf anlegen, Anteile des Unternehmenskaufpreises durch Garantien „zurückzuholen". Jedenfalls sollte sich gerade der mittelständische Veräußerer intensiv mit diesem Thema auseinander setzen und das Feld nicht nur seinem Rechtsberater überlassen.

Ohne hier auf die juristischen Grundlagen von Garantien beim Unternehmenskauf eingehen zu können, liegt es rein aus der Interessenlage begründet auf der Hand, dass der Veräußerer Garantien tunlichst vermeiden sollte. Er will schließlich möglichst mit dem Closing und der Überweisung des Kaufpreises den Vorgang abschließen und nicht darauf warten, bis Garantien ausgelaufen sind und möglicherweise eine Abschlusszahlung aus einem Escrow Account oder Treuhandkonto freigegeben wird. Naturgemäß ist die Interessenlage des Käufers entgegengesetzt. Er wird versuchen, möglichst viele Garantien durchzusetzen und den Veräußerer möglichst lange in der Haftung zu belassen sowie vielleicht auch als Faustpfand einen Teil des Kaufpreises zurückzuhalten.

Obwohl die Diskussionen oft sehr hypothetisch und ermüdend sind, muss man sich – je nach Stärke der Verhandlungsposition – dem Thema stellen. Keinesfalls sollte man sich mit Blick auf einen attraktiven Kaufpreis unter Zeitdruck setzen lassen und vorschnell einlenken. Hier lohnt sich der Streit und hier können sich auch Verhandlungsgeschick, Hartnäckigkeit und entsprechende Erfahrung der Rechtsberater auszahlen.

4.5.2 Versicherungen meist nur für Käufer interessant

Risiken für Gewährleistungen aus Unternehmenskaufverträgen kann man mit Versicherungsverträgen absichern.

Allerdings werden diese Versicherungen überwiegend von der Käuferseite abgeschlossen und insbesondere dann, wenn Finanzinvestoren das Unternehmen eine gewisse Zeit geführt haben und mit der Veräußerung einen „Clean Exit" haben wollen. Der Versicherungsschutz entbindet aber nicht von der Pflicht, die versicherten Risiken genau zu analysieren und spätere Rechtsansprüche intensiv zu prüfen. Grund dafür sind nicht nur die regelmäßig vereinbartenSelbstbehalte, sondern auch die Tatsache, dass wichtige Risiken vom Versicherungsschutz ausgenommen sind, wie z.B. zukunftsgerichtete Garantien (Erreichung eines bestimmten wirtschaftlichen Erfolgs nach der Transaktion).

Ob solche Versicherungen für den veräußernden mittelständischen Unternehmer geeignet sind, ist zu bezweifeln. Die Art des Risikos verlangt eine individuelle Bewertung durch das Versicherungsunternehmen, was ein bestimmtes Mindesttransaktionsvolumen bzw. eine Mindestprämie zur Folge hat. Diese Mindestprämie wird bei 40 TEUR gesehen, weshalb sich bei einem Prämiensatz zwischen 0,9 und 1,5 % zzgl. Versicherungssteuer Transaktionen unter 10 Mio. EUR nicht rechnen.

In aller Regel wird daher für die veräußernden mittelständischen Unternehmer die Maxime gelten müssen, Garantien so gut es geht zu vermeiden und in der Höhe zu begrenzen. Die nicht vermeidbaren Garantien sollten möglichst auch zeitlich begrenzt werden und in dieser Zeit sorgfältig und kontinuierlich überwacht werden. Es sollten dann auch zeitnah die entsprechenden Bestätigungen über deren Erfüllung eingeholt werden.

4.6 Mitwirkung in der Post-Exit-Phase?

Gerade im mittelständischen Bereich wird durch die starke Einbindung der Eigentümer in die Unternehmensführung oft eine Mitwirkung in der Übergangsphase gewünscht. Dieser verständliche Wunsch des Erwerbers sollte seitens des veräußernden Unternehmers gut bedacht werden. Oft ist ein klarer Schnitt für beide Seiten die bessere Lösung. Wenn eine Mitwirkung vereinbart wird, stellt sich regelmäßig die Frage der Verantwortung. Ein mehr repräsentativer Status als „Berater" hat keine wirkliche Entscheidungsbefugnis und führt oft nur zu unnötigen Diskussionen über die Weiterführung von vermeintlich bewährten Vorgehensweisen gegenüber einer gewünschten Neuausrichtung des Unternehmens, sowie zur Verunsicherung der Mitarbeiter.

Wenn eine Mitwirkung vereinbart wird, sollte eine dem bisherigen Status entsprechende Verantwortung und Entscheidungsbefugnis für eine klar bestimmte Dauer festgelegt werden. Ein klares Ja oder Nein zur Frage der Mitwirkung hilft daher mehr als eine halbherzige Einbindung.

5 Lessons learned und Praxistipps

Aus den vorstehenden Ausführungen können folgende 7 **Praxistipps** abgeleitet werden:

1. Eine schonungslose **Analyse der Motive** für eine Unternehmensveräußerung und eine intensive Diskussion und Antizipation der Tätigkeit „danach" ist erforderlich, um mit der Post-Exit-Phase rational umgehen und „loslassen" zu können. In diese Überlegungen müssen im Fall der Nachfolgeregelung auch die engen Familienangehörigen eingebunden werden. Eine offene **Kommunikation der Pläne „danach"** kann auch auf die Käuferseite vertrauensbildend wirken und den Prozess vereinfachen und beschleunigen.

2. Nicht an **exzellenten Beratern** sparen! Die Beherzigung dieser Maxime fällt mittelständischen Unternehmern oft besonders schwer. Aber hier würde man am falschen Ende sparen, wenn man ausschließlich auf die langjährigen

und vertrauten Berater setzt, denen oft die Expertise und die Erfahrung bei Unternehmenstransaktionen fehlt. Gerade bei Verhandlungen mit Private-Equity-Häusern oder strategisch orientierten Großkonzernen ist ein Experte mit Mittlerfunktion zum „Mittelstandsdenken" von großem Nutzen.

3. Eine M&A-Transaktion kann auch im Mittelstand nicht im Alleingang und mit selektiver Einbindung von Mitarbeitern mit begrenzten Informationen bewältigt werden. Das **interneTeam** sollte sorgfältig ausgewählt werden, umfassend informiert sein und die Positionen dieser **Führungskräfte** sollten in der Zeit nach der Transaktion **materiell abgesichert** sein. Hierbei spielt die „**Fitness der Finanzfunktion**"eine besonders kritische Rolle.

4. Es sollten **klare** und nachvollziehbare **Kaufpreisregeln** aufgestellt werden. Earn-out-Klauseln sollten nur in Ausnahmefällen vereinbart werden und nur, wenn es um angenehme Zusatzerlöse geht. Jedenfalls dann nicht, wenn nur dadurch die wirtschaftlichen Ziele des Deals erreicht werden können. Auch sollten die Berechnungsregeln für die Anpassung des verhandelten Kaufpreises an die **Schlussbilanz zum Closing** klar beschrieben werden, um unnötige Diskussionen zu vermeiden und **Bilanztricks** zu **unterbinden**.

5. Nicht vermeidbare **Garantien** sorgfältig und **kritisch** verhandeln und Absicherung zumindest prüfen! Garantien können für den Veräußerer zu unliebsamen Überraschungen werden, weshalb sie möglichst vermieden und in der Höhe und zeitlich so gut es geht begrenzt werden sollten. Dieses Feld sollte aus Unternehmersicht keinesfalls den Juristen alleine überlassen werden, schon um eine **gegenseitige, juristische Beschäftigungsgarantie** in der Post-Exit-Phase zu **unterbinden**. Inwieweit eine **Warranty & Indemnity Insurance** in mittelständischen Deals eine Lösung sein kann, muss **mit Zurückhaltung beurteilt** werden. Durch die notwendige individuelle Risikokalkulation rechnen sich solche Versicherungen erst ab einem gewissen Transaktionsvolumen und bieten dann doch keinen umfassenden Schutz.

6. **Know-how bis Einigung sichern** und dann **Know-how-Transfer fair unterstützen**! Gerade bei mittelständischen Transaktionen muss bis zur vertraglichen Einigung der Know-how-Schutz besondere Beachtung finden. Das verständliche Informationsbegehren der potenziellen Käufer muss in einer kontrollierten und abgestuften Form befriedigt werden. Hier können **externe Berater als Informationsbroker** eine wichtige Funktion übernehmen. Nach erfolgter Einigung muss allerdings der Know-how-Transfer vertrauensvoll, rasch und fair erfolgen, damit der Erwerber das Unternehmen kompetent und erfolgreich fortführen kann.

7. Vereinbarte **Rolle** in der PMI-Phase und danach genau **einhalten, und emotional vom Unternehmen lösen**! Die oft vom Erwerber gewünschte Einbindung des veräußernden Unternehmens in die Übernahme- und Integrationsphase sollte sehr kritisch geprüft werden. Oft ist der klare Schnitt die

bessere Alternative. „**Halbherzige Beraterrollen**" sollte man **vermeiden**. Wenn konkrete Aufgaben für eine begrenzte Zeit übernommen werden sollen, muss die Rolle auch mit den entsprechenden **Entscheidungskompetenzen** ausgestattet werden

6 Literaturhinweise

Bauer, Was Top-Akquisiteure anders machen, Vortrag und Präsentationsunterlage, 71. Deutscher Betriebswirtschafter-Tag, 2017.

Borowicz, Earn-out: Grundgedanke, Ausgestaltung und Einbettung in die Transaktion, in Corporate Finance 10/2014, S. 429 ff.

Hahn, Der Mittelstand als Akquisitionsziel von Konzernen – Eine Betrachtung aus beiden Perspektiven, in Kuckertz/Middelberg, (Hrsg.), Post-Merger-Integration im Mittelstand, 2016.

Klamar/Sommer/Weber (Hrsg.), Der effiziente M&A Prozess, 2013.

Lips, Versicherungen bei M&A-Transaktionen: Effektiver Schutz oder überflüssiges Produkt?, CMS Deutschland Blog, 31.7.2013, https://www.cmshs-bloggt.de/gesellschaftsrecht/m-a/versicherungen-bei-ma-transaktionen-effektiver-schutz-oder-ueberfluessiges-produkt/, Abrufdatum: 23.1.2019.

Quill, Zum Begriff des Nettoumlaufvermögens („working capital") in der Financial Due Diligence, in Corporate Finance 11-12/2018, S. 362 ff.

Reifenberger, M&A-Deal in den USA bringt Ärger für Balda, Finance Magazin, 5.1.2015, https://www.finance-magazin.de/deals/ma/ma-deal-in-den-usa-bringt-aerger-fuer-balda-1330471/, Abrufdatum: 23.1.2019.

Welge/Eulerich, Corporate Governance-Management, 2. Aufl. 2014, S. 9 ff.

Wiese/Sohns, Strategie bei Mergers & Acquisitions, in Klamar/Sommer/Weber (Hrsg.), Der effiziente M&A Prozess, 2013.

Kapitel 4: M&A im internationalen Kontext

Internationaler Distressed M&A-Prozess: Herausforderungen und Lösungsansätze

- Ein international ausgerichteter M&A-Prozess erhöht häufig die Wahrscheinlichkeit, einen passenden Investor zu finden. Die Möglichkeit des Eintritts in den deutschen Markt sowie des Zugangs zu Technologie und Expertise erhöhen die Bereitschaft des Käufers, eine strategische Prämie zu zahlen.

- Bei internationalen Distressed M&A-Prozessen, also dem Verkauf angeschlagener Unternehmen, ist die Zeitknappheit und die damit einhergehende hohe Bearbeitungsgeschwindigkeit die größte Herausforderung. Zusätzlich muss ein potenzieller ausländischer Investor kulturelle, regionale und betriebswirtschaftliche Divergenzen überwinden.

- Die zunehmende internationale Transaktionserfahrung unter ausländischen Investoren sowie die frühzeitige Einbeziehung qualifizierter M&A-Berater mit Kenntnissen zu internationalen Transaktionsstrukturen erhöhen die Erfolgswahrscheinlichkeit.

- Der Beitrag beschreibt die kulturellen, regulatorischen und betriebswirtschaftlichen Hürden in einem internationalen Distressed M&A-Prozess und zeigt Möglichkeiten zu ihrer Überwindung auf.

■ Die Autoren

Dr. Alexander Sasse, Partner und Vorstand bei der Concentro Management AG, eine auf mittelständische Unternehmen spezialisierte Unternehmensberatung mit dem Fokus Restrukturierung, M&A und Unternehmenssteuerung. Ferner ist er Lehrbeauftragter an der Universität Erlangen-Nürnberg und an der Westsächsischen Hochschule Zwickau.

Johannes Dürr, Studium der Betriebswirtschaftslehre an der Universität Erlangen-Nürnberg. Seit 2013 ist er für die Concentro Management AG tätig, wo er Projekte in den Bereichen Corporate Finance, Unternehmensentwicklung und Restrukturierung leitet.

Benedikt Hofstetter, Studium der Betriebswirtschaftslehre und Volkswirtschaftslehre an der Universität Passau sowie Wissenschaftlicher Mitarbeiter am dortigen Lehrstuhl für Finanzcontrolling. Für die Concentro Management AG ist er als Consultant in den Bereichen Corporate Finance und Restrukturierung tätig.

1 Ausländische Investoren mit großer Bedeutung bei M&A

In den letzten Jahren haben ausländische Investoren bei M&A-Transaktionen ein anhaltendes Interesse am Standort Deutschland gezeigt. So waren im Jahr 2017 ausländische Investoren an mehr als 70 % der Transaktionen mit deutschen Zielunternehmen beteiligt.[1] Die größten Auslandsinvestoren waren 2017 weiterhin US-Unternehmen mit 155 Akquisitionen. China bildete die zweitgrößte nichteuropäische Investorengruppe mit 54 Transaktionen in Deutschland.[2]

2 Gründe für internationale Investorenprozesse bei mittelständischen Unternehmen

Im Rahmen von M&A-Transaktionen ergeben sich durch einen internationalen Anspracheprozess nicht nur für die Verkäufer- sondern auch für die Käuferseite vielseitige Vorteile.

2.1 Internationale M&A-Prozesse im Mittelstand

2.1.1 Verkäufersicht

Aus Sicht des Verkäufers liegt der größte Vorteil eines international ausgerichteten M&A-Prozesses sicherlich in der höheren Erfolgswahrscheinlichkeit einer Veräußerung des Unternehmens. Denn es werden i.d.R. deutlich mehr potenzielle Investoren in den Prozess miteinbezogen als bei einem rein inländischen Prozess, was wiederum die Wahrscheinlichkeit, einen passenden Käufer zu finden, erhöht.

Zudem sind ausländische Interessenten oft bereit, eine strategische Prämie zu zahlen, um einen Zugang zum deutschen Markt oder zu bestimmten Technologien zu erlangen. Durch den gesteigerten Bieterwettbewerb sowie die höheren Kaufangebote ergibt sich für den Verkäufer am Ende häufig ein höherer Verkaufspreis.

2.1.2 Käufersicht

Aus der Perspektive des Käufers gibt es ebenfalls gute Gründe für einen Zukauf. So kann der Erwerb von auf der Wertschöpfungskette vor- oder nachgelagerten Unternehmen zu Kostenreduktionen auf der Einkaufsseite und zur Sicherung der Absatzwege auf der Vertriebsseite beitragen. Bei Unternehmen auf der gleichen Stufe der Wertschöpfungskette besteht die Chance von Synergieeffekten und damit Kostensenkungspotenziale. Der Erwerb ausländischer Unternehmen bietet für den Käufer dabei den Vorteil, dass dies im Vergleich zu einem organischen Wachstum deutlich schneller realisierbar ist und Markteintrittsbarrieren abgebaut oder gänzlich beseitigt werden können. Bspw. erlangt der

---

[1] Finance Magazin, 2018.
[2] Ernst & Young, 2018.

Käufer unmittelbaren Zugang zu bestehenden Lieferantenbeziehungen sowie zu einem etablierten Kundennetzwerk. Erwirbt er eine bekannte Marke oder einen renommierten Firmennamen, der in Branchenkreisen bei guter Reputation als Qualitätsaushängeschild anzusehen ist, wird der Zugang zu neuen Märkten für den Käufer erleichtert.

Unabhängig davon ist der Erwerb von Technologie und Expertise stets ein wesentliches Akquisitionsargument. Insbesondere mittelständische Unternehmen versuchen häufig, durch Eigenentwicklungen einen strategischen Wettbewerbsvorteil zu erlangen.[3] Aus diesem Grund ist es fast unmöglich, Zugang zu deren Know-how auf anderen Wegen als durch eine Akquisition zu erhalten.

2.2   Spezialfall: Internationaler Distressed M&A-Prozess

Internationale Distressed M&A-Prozesse beinhalten die Charakteristika von internationalen Verkaufsprozessen „gesunder" Unternehmen, jedoch bieten sie zusätzliche Chancen auf Seiten der Transaktionspartner.

2.2.1   Verkäufersicht

Auch beim Verkauf von Krisenunternehmen sorgt die Aufnahme ausländischer Interessenten in den Bieterprozess für den notwendigen strategischen Wettbewerb und führt häufig dazu, dass inländische Investoren ihre Angebote höher ausgestalten.[4] Ebenso sind ausländische Investoren – trotz Krisensituation – oftmals bereit, eine strategische Prämie zu zahlen, um einen Zugang zum deutschen Markt zu erlangen.

Inzwischen lässt sich bei vielen ausländischen Interessenten eine steile Lernkurve bei M&A-Prozessen erkennen, da sie zunehmend von erfahrenen Beratern betreut werden. Dementsprechend kommen ausländische Investoren immer häufiger als Käufer zum Zug, da sie einerseits die Bearbeitungsgeschwindigkeit im Verkaufsprozess mitgehen können und andererseits die nationalen Interessenten durch eine solche strategische Prämie überbieten können. Zudem bietet ein M&A-Prozess eine effektive Möglichkeit zur Lösung einer finanziellen Notlage im Vergleich zu einer Restrukturierung oder einer (stückweisen) Liquidation.[5] Dadurch kann aus der Not eine Tugend entstehen, indem ein Investor nicht nur liquide Mittel sondern auch internationales Know-how einbringt. Gleichzeitig können strategische Investoren dabei helfen, andauernde Absatzkrisen zu bewältigen, indem sie dem mittelständischen Unternehmen den Zugang zu neuen internationalen Märkten verschaffen.

---

[3]   Vgl. Mathews/Pickering/Kirkland, 2003.
[4]   Vgl. Schauerte, 2016.
[5]   Vgl. Gilson/Hotchkiss/Osborn, 2016.

2.2.2 Käufersicht

Eine Krisensituation hat negative Auswirkungen auf den Unternehmenswert. Dadurch kann ein potenzieller Käufer ein Unternehmen vergleichsweise preiswert erwerben und damit das eigene Wachstum schnell vorantreiben. Bei Investoren des gleichen Industriezweigs geht es dabei primär um den Erwerb der „core assets" des notleidenden Mittelständlers.[6] Da das Anlagevermögen i.d.R. mit einem starken Abschlag bewertet wird, können Immobilien, Maschinen und die Betriebsausstattung im Paket deutlich günstiger erworben werden.

Differenzierter sieht es bei Finanzinvestoren als Käufer aus. Für diese bietet sich die Möglichkeit, ein insolventes oder notleidendes Unternehmen mit einem Abschlag zu erwerben, dieses dann erfolgreich und nachhaltig zu sanieren und eventuell abschließend mit einer Prämie wieder zu veräußern.

3 Herausforderungen und Erfolgsfaktoren im internationalen Anspracheprozess

Zur Steigerung der Transaktionswahrscheinlichkeit ist ein guter Anspracheprozess fundamental. Im internationalen Umfeld gestaltet sich der Prozess schwieriger, da verschiedene Faktoren zu berücksichtigen sind. Die größte Herausforderung ist – wie bei allen Distressed M&A-Prozessen – die Zeitknappheit. Schwindende finanzielle Ressourcen, die Gefahr von Mitarbeiterabgängen sowie der Verlust von Kunden und Lieferanten erfordern einen zügigen Verkaufsprozess innerhalb weniger Monate (s. Abb. 1). Interessierten inländischen oder ausländischen Investoren kann deshalb oft kein größeres Zeitfenster eingeräumt werden. Zudem spielen kulturelle, regulatorische und betriebswirtschaftliche Herausforderungen eine Rolle, die bei einem globalen Prozess beachtet werden müssen. Zur Veranschaulichung werden in den folgenden Abschnitten Bezüge zu Praxisfällen hergestellt.

---

[6] Vgl. Faelten/Vitkova, 2014.

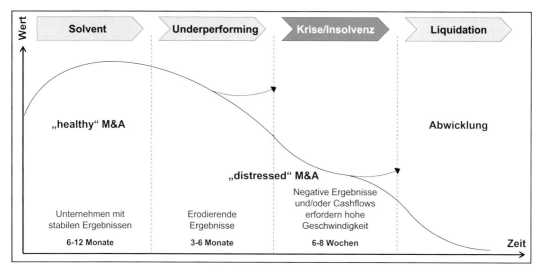

Abb. 1: Verlauf von M&A-Transaktionen[7]

3.1 Kulturelle Differenzen

3.1.1 Herausforderungen

Geeigneten Ansprechpartner identifizieren

Die erste kulturelle Herausforderung entsteht bereits zu Beginn des Ansprache-prozesses im internationalen Kontext mit der Identifizierung eines geeigneten Ansprechpartners und der telefonischen Kontaktaufnahme. Trotz der fast weltweit akzeptierten Wirtschaftssprache Englisch, ergeben sich – insbesondere im asiatischen Raum – des Öfteren Verständigungsprobleme. Die Sprachbarriere kann den Prozess dahingehend verzögern, dass das Anliegen nicht im erforderlichen Maße kommuniziert werden kann oder es sehr lange dauert, bis der zuständige Entscheidungsträger gefunden ist.

Höherer organisatorischer Aufwand

Nach erfolgreicher Ansprache und ersten Angeboten entsteht im internationalen Prozess i.d.R. ein höherer organisatorischer Aufwand. Neben der häufig weiten Anreise kommt hinzu, dass fachliche Fragen zum operativen Geschäft stets übersetzt werden müssen, da Fachkräfte in mittelständischen Unternehmen (mit Ausnahme des Vertriebsbereichs) nicht unbedingt über fließende Eng-lischkenntnisse verfügen. Ebenso können Probleme bei der Due Diligence dadurch entstehen, dass Buchführung und Bilanzierung bei mittelständischen

---

[7] Eigene Darstellung in Anlehnung an Deloitte, 2018.

Unternehmen durchgängig auf Deutsch erfolgen. Die Übersetzung erfordert jedoch Zeit, die bei einem Distressed M&A-Prozess nur eingeschränkt zur Verfügung steht.

Länderspezifische Unterschiede

Hinzu kommen die Länderspezifika, die sich sowohl in der Arbeitsweise als auch im persönlichen Umgang zeigen. Im asiatischen Kulturkreis bspw. sind starre Hierarchien im Unternehmen üblich, die einen langen Entscheidungsweg nach sich ziehen können. Entscheidungen werden dabei nur auf höchster Führungsebene getroffen.[8] Nicht zuletzt ist es auch wichtig, sich stets über die landesüblichen und kulturellen Höflichkeitsformen zu informieren, um nicht bereits nach den ersten Worten Unmut beim Gesprächspartner zu erzeugen.

3.1.2 Erfolgsfaktoren

Grundsätzlich sollte der Transaktionsprozess so strukturiert werden, dass den jeweiligen Länderspezifika ausreichend Platz und Zeit eingeräumt wird. Es bietet sich ein zweistufiges Bieterverfahren zur Synchronisierung der Interessenten an, um unnötigen personellen und finanziellen Aufwand zu vermeiden. Als Erfolgsfaktor für die Käuferseite kristallisiert sich vorwiegend heraus, dass die frühzeitige Einbindung deutscher Dienstleister, insbesondere Steuerberater, Wirtschaftsprüfer, M&A-Berater und Rechtsanwälte, die kulturellen Barrieren verkleinern und somit einen Zeitvorsprung gegenüber anderen ausländischen Interessenten verschaffen kann. So ist es z.B. ratsam, bei ausländischen Investoren mit einem Kenner des jeweiligen Kulturkreises zusammenzuarbeiten. Dieser kann gezielt den Kontakt zum Investor herstellen und die Investorenbetreuung bei Vor-Ort-Terminen übernehmen. Dadurch können nicht nur kulturelle Differenzen ausgeräumt sondern auch zusätzliches Vertrauen geschaffen werden.

Dem entgegenkommend kann der Verkäufer bereits vorab die Übersetzung von selektiven Dokumenten ins Englische veranlassen. Grundsätzlich gilt die Schaffung von Transparenz unter Beibehaltung einer hohen Bearbeitungsgeschwindigkeit als Erfolgsrezept, um beim potenziellen Investor das notwendige Vertrauen aufzubauen und damit die kulturellen Hürden teilweise zu umgehen.

3.2 Regulatorische Barrieren

3.2.1 Herausforderungen

Das größte Hindernis hinsichtlich regulatorischer Unterschiede ist das Verständnis über die rechtliche Ausgestaltung der Transaktion. Es sind i.d.R. wenig

---

[8] Vgl. PricewaterhouseCoopers, 2013.

bis keine Kenntnisse über das deutsche Gesellschafts- und Handelsrecht oder die Insolvenzordnung vorhanden. Zudem erschweren meist wirtschaftspolitische Hürden im Heimatland einen reibungslosen Transaktionsablauf. Hier wären die Fusionskontrolle, die Kontrolle über Auslandsinvestitionen sowie die Devisenkontrolle zu erwähnen.[9] Dies führt regelmäßig zu unerwünschten Verzögerungen und kann somit zu einem „Ausscheiden" des ausländischen Angebots führen.

3.2.2 Erfolgsfaktoren

Ausländische regulatorische Vorgaben hinsichtlich Kapitalbewegungen oder des Kartellrechts können nicht umgangen werden. Daher sollte die Freigabe des Zahlungsverkehrs durch die nationale Notenbank frühzeitig eingeholt werden.

Sollte eine kritische Marktmacht entstehen, muss auch das Einverständnis des Kartellamts rechtzeitig eingeholt werden. Daher sollte auf M&A-Berater und Rechtsanwälte mit einschlägigen Erfahrungen im europäischen oder außereuropäischen Ausland zurückgegriffen werden.[10]

Andernfalls kann es für einen ausländischen Investor schwierig werden, bei einer hohen Bearbeitungsgeschwindigkeit sowohl die rechtliche Transaktionsausgestaltung in Deutschland zu verstehen als auch die regulatorischen Vorgaben in der Heimat zu erfüllen.

3.3 Betriebswirtschaftliche Divergenzen

3.3.1 Herausforderungen

Wahl der Transaktionsform

In Deutschland sind bei Unternehmensverkäufen grundsätzlich die beiden Transaktionsformen Asset Deal und Share Deal in Abhängigkeit von der Rechtsform des Übertragungsobjekts möglich. Beide Varianten bieten charakteristische Vor- und Nachteile, wobei insbesondere in Insolvenzsituationen der Asset Deal die häufigste Form der Übertragung darstellt. Bei einem **Asset Deal** wird nur das Vermögen des Targets übernommen, während die im Unternehmen begründeten Verpflichtungen beim Verkäufer verbleiben. Somit kann sich ein Käufer alle oder ggf. nur selektive Vermögensgegenstände („Assets") sichern, wie z.B. Grundstücke, Gebäude, Patente, Anlagen, Betriebs- und Geschäftsausstattung, Vorräte sowie den Kassenbestand (Kongruenz zu HGB), ohne die mit der Mantelgesellschaft verbundenen Verpflichtungen zu erwerben.

---

[9] Vgl. Sittel, 2014.
[10] Vgl. Ihler, 2016.

Andererseits können Schwierigkeiten bei der Einzelbewertung von immateriellen Vermögensgegenständen auftreten, wie z. B. bei Patenten oder des Goodwill, sowie Steuernachteile entstehen. Zudem bedarf es bei der Übertragung von Vertragsverhältnissen der Zustimmung des Vertragspartners. Trotzdem findet diese Transaktionsform hauptsächlich aufgrund der Risikoreduktion bei Distressed M&A-Transaktionen häufige Anwendung.

Hinweis: Asset Deal im Ausland nicht geläufig

Als problematisch stellte sich in einem Beispielprojekt heraus, dass den meisten ausländischen Investoren ein Asset Deal als Transaktionsform unbekannt war. Die Einarbeitung des ausländischen Investors in die nationalen Gesetzesvorschriften zum Asset Deal (insbesondere in das Umwandlungsgesetz) benötigt Zeit, was wiederum die Angebotsabgabe verzögert. Darüber hinaus gilt es Form- oder Gewährleistungsvorschriften zu beachten.

Ausländische Investoren bevorzugen aufgrund ihrer einschlägigen Erfahrungen überwiegend den Share Deal. Die Gründe liegen einerseits in der einfacheren Struktur, da nur die Gesellschaftsanteile übergehen und das Unternehmen mit all seinen Verträgen (insbesondere Kunden- und Lieferantenverträge), Verpflichtungen sowie Rechten und Pflichten bestehen bleibt. Andererseits kann durch Anwendung von EBIT- und Umsatz-Multiples das Gesamtunternehmen einfach und intuitiv bewertet werden, da diese die zukünftigen Nettoeinnahmen enthalten, die dem Investor bzw. Gesellschafter nützlich sein werden.[11] Ausländische Investoren berücksichtigten jedoch in diesem Zusammenhang zuerst nicht, dass sie dadurch ein deutlich höheres Risiko eingehen würden, indem sie auch die Verpflichtungen des angeschlagenen oder insolventen Unternehmens übernehmen.

Deutscher Kündigungsschutz unbekannt

Eine weitere häufig vorkommende Diskrepanz ist das Personal. Ausländische Investoren planen teilweise erhebliche Personalfreisetzungen für das notleidende Unternehmen ein, jedoch sind die Kündigungen nicht immer mit dem deutschen Arbeitsrecht vereinbar.[12] Bei einem Share Deal bleibt aus arbeitsrechtlicher Sicht der Arbeitgeber derselbe und Personalfreisetzungen unterliegen dabei dem Kündigungsschutzgesetz. Bei einem Asset Deal werden maßgeblich nur die Vermögensgegenstände übertragen. Jedoch ist zu prüfen, ob es sich hierbei um einen Betriebsübergang nach § 613a BGB handelt und dadurch die Beschäftigungsverhältnisse ebenfalls auf den Käufer übergehen. Der Europäische

---

[11] Vgl. Leuner/Hattenbach, 2015.
[12] Vgl. Schaaf, 2015.

Gerichtshof (EuGH) verlangt hierbei unter Einzelfallprüfung die Wahrung von Ansprüchen der Arbeitnehmer, selbst wenn das Übertragungsobjekt seine organisatorische Selbständigkeit nicht bewahrt.[13]

3.3.2 Erfolgsfaktoren

Bezüglich des Asset Deals sowie seiner Vorteile und Passgenauigkeit im Distressed-Fall muss in der Praxis bei ausländischen Investoren oft viel Überzeugungsarbeit geleistet werden. Es zeigte sich jedoch in der Vergangenheit immer wieder, dass i. d. R. keiner der inländischen Interessenten bereit war, ein notleidendes oder insolventes Unternehmen via Share Deal zu übernehmen, weil die daraus resultierenden Risiken für die Zukunft nicht absehbar sind. Die Risikoreduktion gilt als Hauptargument für die Umsetzung eines Asset Deal. Die Erfahrung aus der Praxis verdeutlicht, dass der Interessent durch die Hinzuziehung erfahrener deutscher Rechtsanwälte und Wirtschaftsprüfer meistens ein stärkeres Vertrauen in die Insolvenzordnung und seine Ausgestaltungsmöglichkeiten entwickelt. Somit wird die Unternehmenstransaktion gewöhnlich als Asset Deal vollzogen.

4 Fazit

Trotz der kulturellen, regulatorischen und betriebswirtschaftlichen Hürden, die in einem internationalen Distressed M&A-Prozess überwunden werden müssen, bietet ein international ausgelegter Transaktionsprozess diverse Vorteile, sowohl für den Käufer als auch für den Verkäufer. Neben einer höheren Wahrscheinlichkeit eines Transaktionsabschlusses für den Veräußerer bilden der Zugang zu neuen Märkten und Know-how sowie der geringere Unternehmenswert in Krisensituationen Argumente für den potenziellen Erwerber.

Als zusätzliche Herausforderung für internationale Investoren zeigte sich die gewöhnlich hohe Ablaufgeschwindigkeit eines Distressed-Unternehmensverkaufs. Ein Erfolgsfaktor für die effiziente Vorgehensweise ist dabei die frühzeitige Einbeziehung von M&A-Beratern mit internationaler Transaktionserfahrung. Qualifizierte M&A-Berater sind in der Lage, die erforderliche Due Diligence für die ausländischen Investoren zügig durchzuführen sowie komplexe Fragestellungen zur Transaktionsstruktur (z. B. hinsichtlich Asset Deal) zu lösen. Als weitere Erfolgsgrundlage erweist sich die zunehmende Transaktionserfahrung in Kombination mit einem höheren Bearbeitungstempo der internationalen Investoren.

---

[13] Vgl. EuGH, Urteil v. 12.2.2009, Rechtssache C-466/07.

Ein forcierter Wettbewerb zwischen in- und ausländischen Kaufinteressenten fußt auf der Bereitschaft der ausländischen Investoren, für einen Zugang zum deutschen Markt eine Prämie zu zahlen. Zudem spielen wirtschaftspolitische Entscheidungen eine wesentliche Rolle für M&A-Aktivitäten in Deutschland. Aus diesen Gründen werden auch zukünftig ausländische Investoren verstärkt bei Distressed M&A-Prozessen in Deutschland mitwirken.

5 Literaturhinweise

Deloitte, Accelerated M&A Studie 2018: Automotive und Handel im Fokus, https://www2.deloitte.com/content/dam/Deloitte/de/Documents/finance/Deloitte_Acceleated-M&A-Studie-2018.pdf, 2018, Abrufdatum: 22.1.2019.

Ernst & Young, Chinesische Unternehmenskäufe in Europa: Eine Analyse von M&A Deals 2006–2017, https://www.ey.com/Publication/vwLUAssets/ey-chinesische-unternehmenskaeufe-in-europa-jan-2018/$FILE/ey-chinesische-unternehmenskaeufe-in-europa-januar-2018.pdf, 2018, Abrufdatum: 22.1.2019.

Faelten/Vitkova, Who Gains from Corporate Rescues? Distressed M&A during Four Financial Crises, 2014.

Finance Magazin, M&A 2017: Weniger Deals, aber trotzdem robust, 11.1.2018, in Anlehnung an PricewaterhouseCoopers, Destination Deutschland, M&A-Aktivitäten ausländischer Investoren 2017.

Gilson/Hotchkiss/Osborn, Cashing Out: The Rise of M&A in Bankruptcy, 2016.

Ihler, Distressed M&A-Transaktionen aus Käufersicht, in Bauer/von Düsterlho (Hrsg.), Distressed Mergers & Acquisitions: Kauf und Verkauf von Unternehmen in der Krise, 2016, S. 191–199.

Leuner/Hattenbach, Bewertung ertragsschwacher Unternehmen (Sanierung), in Peemöller (Hrsg.), Praxishandbuch der Unternehmensbewertung, 2015, S. 1289–1309.

Mathews/Pickering/Kirkland, A Strategic Approach to Managing Intellectual Property, in Blackburn (Hrsg.), Intellectual Property and Innovation Management in Small Firms, 2003, S. 35–54.

PricewaterhouseCoopers, Erfahrungen deutscher Unternehmen mit chinesischen Investoren: Die Prozesse der Übernahme, 2013.

Schaaf, Distressed M&A – Chancen für chinesische Investoren in Deutschland, in Unternehmeredition M&A China/Deutschland, Nr. 4, 2015, S. 44–45.

Schauerte, Grundlagen von Distressed M&A-Projekten, in Bauer/von Düsterlho (Hrsg.), Distressed Mergers & Acquisitions: Kauf und Verkauf von Unternehmen in der Krise, 2016, S. 3–23.

Sittel, The world is flat? Cross-border M&A in Deutschland sowie Erfahrungen mit Investoren aus den Schwellenländern, M&A Review, 25. Jg., Nr. 1, 2014, S. 8–16.

Interkulturelle Aspekte bei internationalen M&A-Transaktionen: Deutschland, Frankreich und Türkei im Vergleich

■ Interkulturelle Unterschiede können zum erfolgskritischen Faktor bei der Durchführung einer M&A-Transaktion werden. Der Beitrag zeigt, was unter interkulturellen Differenzen zu verstehen ist und welche Dimensionen zur Identifikation eingesetzt werden.

■ Exemplarisch wird hierbei auf Übernahmen bzw. Fusionen eingegangen, an denen deutsche, französische und türkische Unternehmen beteiligt sind.

■ Ausgehend vom idealtypischen M&A-Phasenmodell wird aufgezeigt, wann interkulturelle Herausforderungen auftreten und wie sinnvoll mit ihnen umzugehen ist.

■ Der Autor

Prof. Dr. Stephan Schöning, Akademischer Leiter und Professor für ABWL/ Finance am Campus Calw der SRH Hochschule Heidelberg. Gastdozent an der Marmara Universität Istanbul. Forschungsschwerpunkte: Finanzierung. Risikomanagement sowie Bankenregulierung.

1 Interkulturelle Differenzen als Herausforderung bei M&A-Transaktionen

50 % der Unternehmenszusammenschlüsse gelten als nicht erfolgreich.[1] Obwohl derartige Aussagen in Anbetracht der Schwierigkeiten sowohl bei der Definition als auch der Messung von Erfolg kritisch zu betrachten sind, zeigen als misslungen bezeichnete Übernahmen wie Chrysler durch Daimler, Mannesmann durch Vodafone oder Boehringer durch Roche, dass insbesondere übernationale Unternehmensakquisitionen mit hohen Risiken verbunden sind.[2] Die Gründe für solche Misserfolge sind vielfältig, jedoch hat die Unternehmensberatung Brain in ihren Untersuchungen die Überschätzung der Synergiepotenziale und Komplikationen bei der Integration des Unternehmens als Hauptgründe für das Scheitern von Mergers and Acquisitions (im Folgenden M&A) identifiziert.[3]

Eine wesentliche Herausforderung während des gesamten M&A-Prozesses und zugleich eine wesentlicher Erfolgsfaktor ist der Umgang mit unterschiedlichen Unternehmenskulturen und, bei übernationalen Transaktionen, mit unterschiedlichen Landeskulturen (s. Abb. 1). Erkennbar ist bereits hier die Bedeutung der Post Merger Integration (PMI).

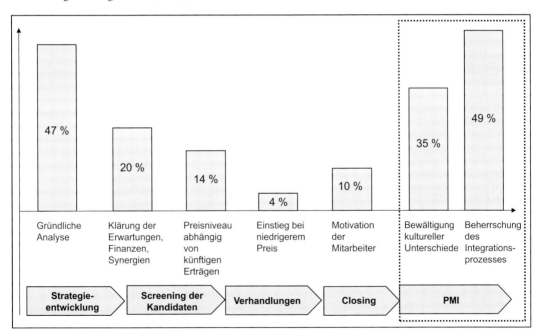

Abb. 1: Erfolgsfaktoren bei M&A-Transaktionen[4]

---

[1] Vgl. Gerds/Schewe, 2014, S. 4.
[2] Vgl. Rathnow/Mohr, 2014, S. 29.
[3] Vgl. Frankfurter Allgemeine Zeitung, 2004.
[4] Quelle: Kearney 1998, S. 16.

2 Interkulturelle Kompetenzen: Grundlagen

2.1 Kulturbegriff und interkulturelle Kompetenz

Sowohl innerhalb als auch zwischen Unternehmen ist die Kenntnis von und der adäquate Umgang mit kulturellen Unterschieden im Fühlen, Denken und Handeln von wesentlicher Bedeutung dafür, dass funktionierende Beziehungen aufgebaut und für alle Beteiligten zufriedenstellende Lösungen gefunden werden.[5] Kultur ist dabei als eine Art mentale Software anzusehen, die kollektive Programmierung des Geistes, die die Mitglieder einer Gruppe von Menschen von einer anderen unterscheidet.[6]

Fundamental für eine erfolgreiche übernationale Zusammenarbeit ist die Erkenntnis, dass die jeweiligen Kulturmerkmale nicht per se ein Land zu einem besseren oder schlechteren Standort machen. Vielmehr dient die Beschäftigung mit kulturellen Unterschieden dazu, sich angemessen vorzubereiten und damit die Grundlage zu schaffen, mit den kulturellen Besonderheiten umzugehen und erfolgreich zusammenzuwachsen.

Um einen Umgang mit interkulturellen Differenzen zu entwickeln, muss zunächst der Begriff „interkulturelle Kompetenz" definiert werden: „Sie lässt sich als das Vermögen definieren, mit fremden Kulturen und ihren Angehörigen in adäquater, ihren Wertesystemen und Kommunikationsstilen angemessener Weise zu handeln, mit ihnen zu kommunizieren und sie zu verstehen."[7] Voraussetzung dafür ist wiederum die Fähigkeit, kulturelle Unterschiede wahrnehmen zu können. Zu den wichtigsten Kompetenzen der Interkulturalität zählen:[8]

1. Fremdsprachenkenntnisse,

2. landeskundlich-kulturelle Kenntnisse und

3. interkulturelle soziale Kompetenzen (Kommunikationskompetenzen, Empathie, Toleranz und Anpassungsfähigkeit).

Während die beiden ersten Punkte noch relativ leicht faktenbasiert erfasst werden können, erweisen sich interkulturelle soziale Kompetenzen als wesentlich schwerer zu erschließen Insofern wird zunächst thematisiert, was unter dem Kulturbegriff und interkulturellen Kompetenzen zu verstehen ist.

2.2 Operationalisierung des Kulturbegriffs mittels Kulturdimensionen

Um Unterschiede zwischen nationalen Kulturen beschreiben und diese in die Praxis transferieren zu können, sind nach wie vor die Untersuchungen von Hofstede aus den 1960er/70er Jahren grundlegend. Seine Erkenntnisse basieren auf

---

[5] Vgl. Tektaşlı/Heidinger, 2016, S. 137.

[6] Hofstede et al., 2017, S. 438.

[7] Lüsebrink, 2016, S. 9.

[8] Vgl. Lüsebrink, 2016, S. 10.

einer Umfrage unter mehr als 116.000 Mitarbeitern in über 50 Ländern. Trotz aller Einschränkungen (z.B. unzulässige Pauschalierung, Veraltung) erscheinen die Erkenntnisse weiterhin gut geeignet, grundlegende Unterschiede zwischen Kulturen herauszuarbeiten. Hofstede schlug in einem ersten Schritt vor, den Kulturbegriff unter Verwendung der von ihm entwickelten Kulturdimensionen zu operationalisieren. Ziel dieser Klassifizierung der Kultur in Kulturdimensionen ist es dabei, die Unterschiede zwischen nationalen Wertesystemen zu identifizieren, die sich in Unternehmenstätigkeiten bemerkbar machen können. Hofstede identifizierte folgende 5 Dimensionen:

1. Unter **Machtdistanz** fasst Hofstede „soziale Ungleichheit, einschließlich des Verhältnisses zur Autorität", oder „die emotionale Distanz, die zwischen Mitarbeitern und Vorgesetzten herrscht"[9] auf. Machtdistanz zeigt das Maß an Bereitschaft, ungleiche Machtverteilung in einer Gesellschaft oder Organisation hinzunehmen bzw. zu erwarten. So sind Vertreter von Kulturen mit hoher Machtdistanz bereit, Ungleichheit zu akzeptieren und sich den Machthabenden unterzuordnen. Diese Einstellung spiegelt sich auch im Familienleben wider: Ältere Menschen werden als Autorität betrachtet und ihnen wird Respekt und Gehorsam entgegengebracht. Hervorstechendes Merkmal von Machtdistanz in Unternehmen ist, dass das Verhältnis zwischen Vorgesetzten und Untergebenen einen ausgeprägten hierarchischen Charakter aufweist. Demgegenüber ist der Abstand zwischen Führenden und Geführten in Gesellschaften mit geringer Machtdistanz weniger groß. Dies bedeutet sowohl im Familien- als auch im Geschäftsleben eine verteilte Verantwortung sowie mehr Unabhängigkeit und Selbstständigkeit jedes Einzelnen.

2. **Individualismus** „beschreibt Gesellschaften, in denen die Bindungen zwischen den Individuen locker sind: Man erwartet von jedem, dass er für sich selbst und seine unmittelbare Familie sorgt. Sein Gegenstück, der Kollektivismus, beschreibt Gesellschaften, in denen der Mensch von Geburt an in starke, geschlossene Wir-Gruppen integriert ist, die ihn ein Leben lang schützen und dafür bedingungslose Loyalität verlangen".[10] In kollektivistischen Gesellschaften ist als Ausdruck von Loyalität die Bewahrung der Harmonie eine Tugend; gegenseitige Hilfe und Unterstützung gelten als selbstverständlich. Dagegen wird von allen Mitgliedern einer individualistischen Gesellschaft erwartet, dass jeder für sich seine Leistung erbringt und sich durchsetzt. Freie Entfaltung der Persönlichkeit und die Bildung und Äußerung der eigenen Meinung stehen im Mittelpunkt.

3. Mit der Dimension **Maskulinität** bezeichnet Hofstede Bestimmtheit im Gegensatz zur Bescheidenheit (Feminität). Maskulinität kennzeichnet eine Gesellschaft, in der die Rollen der Geschlechter klar gegeneinander abgegrenzt sind: „Männer haben bestimmt, hart und materiell orientiert zu sein. Frauen

---

[9] Hofstede et al. 2017, S. 27 und 65.
[10] Hofstede et al. 2017, S. 108.

müssen bescheidener, sensibler sein und Wert auf Lebensqualität legen".[11] Feminität kennzeichnet eine Gesellschaft, in der sich die Rollen der Geschlechter emotional überschneiden: „Sowohl Frauen als auch Männer sollten bescheiden und feinfühlig sein und Wert auf Lebensqualität legen."[12] Maskuline Kulturen sind gekennzeichnet durch den hohen Wert, der auf Statussymbole gelegt wird. Insgesamt sind sie eher leistungsorientiert, aggressiv und konkurrenzorientiert. Dagegen wird in femininen Kulturen mehr Wert auf Teilzeitarbeit, Kinderbetreuungsmöglichkeiten, Freundschaften und ehrenamtliche Tätigkeiten gelegt. In maskulinen Kulturen werden Konflikte tendenziell mittels eines (fairen) Kampfs gelöst, wohingegen in femininen Kulturen (z.B. Schweden, Norwegen, Niederlande, Spanien und Frankreich) meistens Kompromisse gesucht werden. Zudem überschneiden sich in femininen Gesellschaften die Geschlechtsrollen, zwischenmenschliche Beziehungen stehen im Mittelpunkt, Einfühlungsvermögen wird hoch bewertet und Ziele werden durch Kooperation und Kompromissbereitschaft erreicht.

4. **Unsicherheitsvermeidung** lässt sich definieren als „der Grad, in dem die Mitglieder einer Kultur sich durch ungewisse oder unbekannte Situationen bedroht fühlen".[13] Kulturen mit starker Unsicherheitsvermeidung sind durch das Bedürfnis nach geschriebenen und ungeschriebenen Regeln geprägt, weil die allgemeine Bereitschaft zum Eingehen von Risiken gering ist. Dies ist besonders bedeutsam für die Zusammenarbeit in Unternehmen, an dem es neben den Rechten und Pflichten des Arbeitgebers und Arbeitnehmers auch viele interne Vorschriften gibt. Dagegen ist in Kulturen mit schwacher Unsicherheitsvermeidung ein Bedürfnis nach Erneuerungen und flexiblen Strukturen anzutreffen. Allgemein sind Menschen hier risikofreudiger und stehen Unsicherheitssituationen gelassener gegenüber.

5. Die in der ursprünglichen Untersuchung von Hofstede nicht berücksichtigte fünfte Dimension **kurzfristige versus langfristige Orientierung** beschreibt das Ausmaß, in dem in einer Gesellschaft eine pragmatisch-zukunftsorientierte Grundhaltung die dogmatisch-gegenwartsbezogenen Perspektive ersetzt. Aufgrund der nachträglichen Ergänzung basiert die Bewertung ihrer Ausprägung allein auf Expertenschätzungen, denn es existieren keine länderspezifischen Untersuchungen für die von Hofstede untersuchten Länder.

2.3 Kommunikationsorientierte Differenzierung des Kulturbegriffs

Aufgrund der Bedeutung, die Kommunikation in Unternehmen für deren Erfolg hat, erscheint es zweckmäßig, ergänzend zu den Erkenntnissen von Hofstede auf

---

[11] Hofstede et al. 2017, S. 159.
[12] Hofstede et al. 2017, S. 159.
[13] Hofstede et al. 2017, S. 210.

den Kulturvergleich anhand der Dimensionen von Hall und Hall (1990) zurückzugreifen. Sie differenzierten Nationalkulturen anhand von 3 Kriterien, wobei das erste Kriterium die größte Bedeutung aufweist:

Art der Kommunikation. Aufgrund der sog. Kontextabhängigkeit der Kommunikation werden „high-context-cultures" und „low-context-cultures" definiert.

1. Art der Kommunikation: Aufgrund der sog. **Kontextabhängigkeit** der Kommunikation werden „high-context-cultures" und „low-context-cultures" unterschieden. Hier werden die räumlichen und klimatischen Verhältnisse, die räumliche Distanz zwischen Kommunizierenden, aber auch Ereignisse der Vergangenheit, etwa frühere Erfahrungen in ähnlichen Situationen bzw. Ereignisse, die der Kommunikation unmittelbar vorausgegangen sind, betrachtet. Mithin setzt sich der Kontext aus einer Vielzahl von Einzelfaktoren zusammen.

   - „Low-context"-Kulturen zeichnen sich grundlegend dadurch aus, dass direkt und explizit kommuniziert wird. Die Botschaft kann damit direkt vom Empfänger der Botschaft aufgenommen werden und muss von diesem zunächst nicht in den Kontext des Umfelds gebracht werden.
   - Dagegen herrscht in „high-context"-Kulturen eine implizite Art der Kommunikation vor. Dementsprechend ist für ein Gelingen der Kommunikation in „high-context"-Kulturen ein hohes Maß an Verständnis z.B. für Körpersprache und Kultur-Artefakte erforderlich.

   Die kollektivistischen Kulturen sind üblicherweise high-context-gebunden. Hier existiert ein ausgeprägtes Informationsnetzwerk zu Familie, Freunden bzw. zu Kollegen und Kunden, sodass keine Hintergrundinformationen für das tägliche Geschäft benötigt werden. In individualistischen Kulturen ist es aufgrund der geringen Bedeutung von Beziehungen nötig, explizit zu kommunizieren; diese Kulturen sind deswegen eher low-context-gebunden.

2. **Beziehung zum Raum:** Bei Menschen existieren unsichtbare Grenzen innerhalb des sie umgebenden Raums. Beispiele hierfür sind der Arbeitstisch, das Büro oder ein anderweitig abgegrenztes Territorium. Die Bedeutung von Territorialität ist besonders in Deutschland und den USA überaus ausgeprägt. Hier hat die Betrachtung von Räumlichkeiten (etwa die Küche eines Kochs oder das Schlafzimmer eines Kinds) als „meins" einen hohen Stellenwert und determiniert zugleich die Machtstellung innerhalb eines sozialen Systems bzw. einer Organisation. Erkennbar ist dies z.B. an der Bedeutung, die der Größe eines Büroraums oder der Frage, ob ein Mitarbeiter in einem Großraumbüro arbeiten muss oder über ein Einzelbüro verfügen kann, beigemessen wird.

   Der persönliche Raum betrifft massiv das Zusammenleben mit den Mitmenschen. Erkennbar ist dies z.B. an der Abgrenzung des Intimbereichs von Menschen und damit zusammenhängend die Einstellung zu körperlichen

Berührungen: In nordeuropäischen Ländern gilt abgesehen vom Händeschütteln jegliche Art der Berührung als nicht opportun, selbst bei langjährigen Beziehungen. Dagegen stellen eine Umarmung und ein Wangenkuss in südlichen Ländern ein wesentliches Signal dar, dass mehr als eine flüchtige Beziehung besteht. Bedeutsam ist hierbei, dass sich die Einstellung zur körperlichen Berührung im Zeitverlauf wandeln kann.

Die Raumnutzung kann in die Systeme „Stern" mit ausgeprägtem Zentralismus und „Gitter" mit verteilten Schwerpunkten unterteilt werden Beim System „Stern" existiert ein Zentrum, auf das alle Verkehrswege ausgerichtet sind. Markante Beispiele sind Frankreich mit Paris und auch Deutschland in der Zeit 1870 bis 1945 mit Berlin. Dem Typ „Stern" entspricht genauso eine ausgeprägte Neigung zum Zentralismus bei Entscheidungen. Ein Gittersystem symbolisiert dagegen ein polyzentrisches System und steht für Föderalismus und verteilte Kompetenzen: Verkehrsnetze mit mehreren Knoten, föderaler Staatsaufbau sowie verteilte Verantwortung in Unternehmen. Die Konzepte weisen unterschiedliche Vor- und Nachteile auf, die gerade bei übernational ausgerichteten Unternehmen sowohl innerhalb der Organisation als auch bei den Beziehungen nach außen zu erkennen und bei Handlungen zu berücksichtigen sind.

3. **Beziehung zur Zeit:** Diese Beziehung beschreibt das Begriffspaar monochroner und polychroner Umgang mit Zeit. Monochron bedeutet dabei, seine Aufmerksamkeit auf eine Sache zu richten und sich nur mit einer Sache zu beschäftigen. Dagegen meint polychron, dass sich Menschen gleichzeitig mehreren Dingen widmen. In monochronen Kulturen wird Zeit linear genutzt, was bedeutet, dass Termine wichtiger sind als ein zufälliges Gespräch in der Teeküche.

2.4 Interkulturelle Unterschiede für Deutschland, Frankreich und die Türkei

Anknüpfend an die in Abschnitt 2.2 vorgestellten Kulturdimensionen nach Hofstede wurden für die 3 Länder folgende Indexwerte für die einzelnen Dimensionen ermittelt (s. Tab. 1).

	Deutschland	Frankreich	Türkei
Machtdistanz	35	68	66
Individualismus	67	71	37
Maskulinität	66	43	45
Unsicherheitsvermeidung	65	86	85
Langfristorientierung	31	39	k. A.

Tab. 1: Ausprägung der Nationalkulturdimensionen von Hofstede für Deutschland, Frankreich und die Türkei[14]

---

[14] Quelle: Hofstede et al., 2017, S. 69 ff.; S. 113 ff.; S. 161 ff.; S. 211 ff. und S. 273 ff.

Unter Ergänzung der Klassifizierung von Hall (s. Abschnitt 2.3) lassen sich unter anderem folgende Gemeinsamkeiten und Unterschiede identifizieren, die im Rahmen von M&A-Transaktionen relevant sind bzw. sein können:

Deutschland und Frankreich weisen als Nachbarländer und Kernländer der Europäischen Union viele gesellschaftliche Gemeinsamkeiten auf, die sich aus dem Wirken ähnlich gelagerter Einflussfaktoren wie etwa der Aufklärung oder der Religion erklären lassen. Allerdings sind auch bedeutsame Unterschiede zu konstatieren, die bspw. aus dem unterschiedlichen Staatsaufbau, dem Bildungssystem oder dem Rollenverständnis der Geschlechter resultieren. Zudem zeigt der auffällige Unterschied in Bezug auf die **Machtdistanz**, dass speziell der in Deutschland praktizierte kooperative Führungsstil mit starker Einbindung von Mitarbeitern in die Entscheidungsfindung in Frankreich auf Schwierigkeiten stößt, weil hierarchische Entscheidungsstrukturen etabliert sind.

Während bspw. in Deutschland Bottom-up-Budgetierungsprozesse oder das Gegenstromverfahren üblich sind, wird in Frankreich top-down geplant. Der Unterschied in Bezug auf **Maskulinität** schlägt sich u.a. in der differierenden Bedeutung von Sachzielorientierung und persönlichen Beziehungen nieder. Bei der Dimension **Unsicherheitsvermeidung** ist in beiden Ländern eine recht ausgeprägte Tendenz erkennbar, Risiken nach Möglichkeit zu begrenzen und im Zweifel eine weniger risikobehaftete (aber dadurch auch weniger renditeträchtige) Alternative zu ergreifen. Allerdings ist diese Herangehensweise an unternehmerische Entscheidungen in Frankreich noch stärker anzutreffen als in Deutschland.

Es gilt also zu berücksichtigen, dass sich in Frankreich Mitarbeiter auf allen Ebenen des Unternehmens eher dazu neigen, risikoarme Alternativen zu identifizieren, Entscheidungen „nach oben" zu delegieren bzw. diese abzusichern. Diesbezüglich sind auch Korrelationen mit dem unterschiedlichen Umgang mit Hierarchie zu erkennen.

Auch die deutsche und die türkische Kultur weisen in vielen Bereichen durchaus Ähnlichkeiten auf, was in Teilen aus einer ähnlichen jüngeren Historie (z.B. späte Demokratisierung) resultiert. Die Ergebnisse in Tab. 1 verdeutlichen aber auch die großen Unterschiede, die es bei M&A-Transaktionen zu bewältigen gilt: So stehen die Werte bei den Dimensionen **Machtdistanz**, **Individualismus** und **Maskulinität** auf verschiedenen Seiten der Skala. In Bezug auf die Dimension **Machtdistanz** wird in der türkischen Gesellschaft Ungleichheit zwischen den Menschen erwartet und ist erwünscht. Entsprechend sind hierarchische Strukturen in Organisationen ein Spiegelbild einer Ungleichheit von Natur aus zwischen oberer und unterer Schicht.

Im Hinblick auf die Dimension **Individualismus** stehen sich die eher individualistische deutsche und die eher kollektivistische türkische Gesellschaft gegenüber. Die Auswirkungen auf das Geschäftsleben sind mannigfaltig, etwa in Form der Bedeutung der Familie und der Arbeitnehmergruppe sowie allgemein der Bedeutung von Beziehungen, denen Vorrang vor Aufgaben eingeräumt wird. Speziell die Führung von Mitarbeitern ist davon betroffen, denn die Wahrung von Harmonie und die Vermeidung direkter Auseinandersetzungen gilt es tunlichst zu berücksichtigen.

Von ausschlaggebender Bedeutung bei der Beschäftigung mit interkulturellen Unterschieden zwischen der deutschen und türkischen Gesellschaft, die auch Auswirkungen auf die Zusammenarbeit in und zwischen Unternehmen haben, ist zudem das Erkennen der Bedeutung von „Ehre" (namus) und „Ansehen" (şeref) in der türkischen Kultur.[15] Hiervon sind in besonderem Maß die Beziehungen zwischen Führungskräften und Mitarbeitern sowie zwischen männlichen und weiblichen Angestellten betroffen.

Weitere fundamentale Unterschiede zwischen Deutschland und Frankreich auf der einen sowie der Türkei auf der anderen Seite: Selbst wenn Religion in unterschiedlichem Maß praktiziert wird und auch in der türkischen Verfassung eine Trennung von Staat und Religion explizit verankert ist, spielt Religion in der türkischen Bevölkerung eine viel stärkere Rolle als in Deutschland oder Frankreich.[16] Damit verbunden ist eine relativ geringe Toleranz gegenüber Nicht-Muslimen und auch andersgläubigen Muslimen.

Zudem ist die kulturelle Vielfalt innerhalb der Türkei und der Grad der Inhomogenität in der türkischen Gesellschaft deutlich größer als in Deutschland und Frankreich. Hintergrund ist die multi-ethnische Zusammensetzung der türkischen Gesellschaft (ca. 20 % der Türken sind Kurden), aber auch die sehr ausgeprägten Unterschiede zwischen dem urbanen, westlich orientierten Bevölkerungsteil und dem ursprünglich ruralen, mittlerweile ebenfalls in den großen Städten anzutreffenden traditionalistischen Bevölkerungsteil.

Bereits dieser kurze Überblick verdeutlicht ansatzweise, dass eine Nichtbeachtung interkultureller Unterschiede und ein inadäquater Umgang mit diesen negative Folgen für die mit M&A-Transaktionen verfolgten Ziele hat.

3 Bedeutung und Beherrschung interkultureller Aspekte

3.1 Phasen von M&A-Transaktionen und Relevanz interkultureller Aspekte

Die Transaktionsprozesse einer Übernahme oder Fusion lassen sich idealerweise in 3 Phasen unterteilen (s. Abb. 2). Grundsätzlich sind dabei die Inhalte der einzelnen Phasen nicht unabhängig voneinander zu sehen; speziell die Inhalte der Post-Merger-Integration (PMI) müssen „bereits in der Planung nach der

---

[15] Vgl. Appl et al. 2016, S. 31 ff.
[16] Vgl. Franken 2006, S. 147 f.

offiziellen Ankündigung des Zusammengehens begonnen werden".[17] Nur wenn die Planung der PMI prozessbegleitend mit dem gesamten Evaluationsprozess erfolgt, kann die Vereinbarkeit beider Unternehmen bewertet und vorbereitet werden.[18] In der PMI-Phase des Zusammenschlusses geht es dann primär darum, die vorab ausgearbeiteten Integrationsziele zu präzisieren und deren Zielerreichung zu kontrollieren.

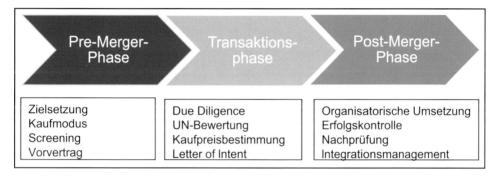

Abb. 2: Idealtypische Phasen einer M&A-Transaktion

Vielfach wird vernachlässigt, dass der Ausgangspunkt für M&A-Aktivitäten (und zugleich Grundvoraussetzung für einen erfolgreichen Abschluss) eine unvoreingenommene Identifikation der eigenen nationalen und der unternehmensspezifischen Kulturmerkmale sowie deren Bedeutung für den Geschäftserfolg in den aktuellen Marktgebieten sein sollte. Nur durch die Kenntnis der eigenen Kulturmerkmale ist es möglich, sich im Rahmen des Screening in der eigentlichen **Pre-Merger-Phase** auf potenziell kulturell integrierbare Akquisitionsobjekte zu konzentrieren und diesbezüglich ungeeignete von vornherein auszusondern. Dies gilt angesichts der in der Post-Merger-Phase zu bewältigenden Integrationsherausforderungen unabhängig von der konkreten Zielsetzung der M&A-Transaktion (wie etwa Marktausweitung oder Produktdiversifikation). Die beiden Beispiele Daimler-Chrysler und Fiat-Chrysler zeigen, wie unterschiedlich selbst bei Großunternehmen je nach interkulturellem Übereinstimmungsgrad der Fusionserfolg ausfallen kann.[19] Umso mehr ist es für KMU mit ihren üblicherweise begrenzten finanziellen und personellen Ressourcen essenziell, keine zum Scheitern verurteilten Projekte zu beginnen.

Die **Cultural Due Diligence** untersucht allgemein die Unternehmenskultur der beiden Transaktionspartner und betrachtet dazu etwa Führungsstile der Vor-

---

[17] Hermsdorf, 2011, S. 41.

[18] Körfer 2006, S. 289.

[19] So gelten die gravierenden Unterschiede in Bezug auf die grundlegende Managementphilosophie und die Qualitätsansprüche an die Produkte als ausschlaggebend dafür, dass die Fusion Daimler und Chrysler scheiterte. Dagegen passen Fiat und Chrysler trotz der kulturellen Unterschiede USA/Italien deutlich besser zusammen.

gesetzten, die Fördermöglichkeiten für Mitarbeiter und die Vergütungssysteme und Unternehmenswerte, die bei übernationalen Zusammenschlüssen als besonders kritisch gelten.[20]

Der Umfang der interkulturellen Due Diligence hängt sowohl von den nationalen und unternehmensspezifischen Kulturmerkmalen und -unterschieden als auch von deren Bedeutung für den Geschäftserfolg ab. Schließlich sollten die zum Überwinden der Unterschiede erforderlichen finanziellen und zeitlichen Ressourcen Bestandteil des Kaufpreises sein. Die Analyse von M&A-Transaktionen zeigt, dass vielfach Synergieeffekte deutlich überschätzt und Integrationskosten, zu denen auch die Überwindung der interkulturellen Barrieren zählt, unterschätzt werden, mithin also ein zu hoher Preis vereinbart wird.

Die interkulturelle Due Diligence sollte dabei bereits im Datenraum beginnen, also bevor die Beteiligten an der M&A-Transaktion über einen direkten Zugang zu den Mitarbeitern verfügen. Durch Analyse des eingestellten Materials lassen sich z.B. aus dem Kommunikationsstil von Hausmitteilungen und der Art, wie die Unterlagen vorbereitet sind, erste Erkenntnisse darüber liefern, wie hierarchisch ein Unternehmen organisiert ist und wie es mit den Mitarbeitern umgeht. Sofern größere kulturelle Unterschiede identifiziert werden, empfiehlt es sich, verschiedene Szenarien für die Integration auszuarbeiten, wobei sich diese zwischen 3 Extremen bewegen (s. Abb. 3).

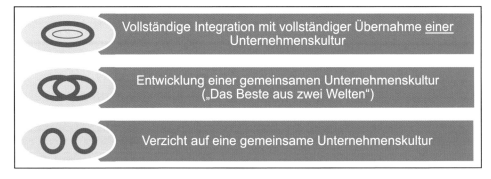

Abb. 3: Extremszenarien für den Umgang mit interkulturellen Unterschieden bei M&A-Transaktionen

Es liegt auf der Hand, dass diese Szenarien sowie alle Mischformen unterschiedliche Vor- und Nachteile bzw. Chancen und Risiken bergen und nicht nur von den Unternehmensgrößen, sondern auch von den jeweiligen Kulturen und ihrer Bedeutung für den Markterfolg abhängen.

Wenn bspw. die kulturellen Merkmale (z.B. Innovativität, Perfektion oder Termintreue) eines der beteiligten Unternehmen als essenziell für den zukünfti-

---

[20] Vertiefend Högemann, 2013 und Steimle et al., 2010.

gen Erfolg des zusammengeschlossenen Unternehmens gelten und die interkulturellen Unterschiede als beherrschbar eingestuft werden, sollte versucht werden, die Unternehmenskultur möglichst vollständig auf das andere Unternehmen zu übertragen, trotz der damit verbundenen Risiken. Sind dagegen interkulturelle Unterschiede in der Ausgangsposition sehr groß und deren Beibehaltung essenziell für die weitere Entwicklung der am M&A-Prozess beteiligten Unternehmen, wäre eine minimale Integration anzustreben (prägnante Beispiele hierfür sind die Übernahme von Bugatti durch Volkswagen oder der Kauf von Land's End durch Sears). Nur wenn eine Zusammenführung der bestehenden Unternehmenskulturen als Erfolg stiftend angesehen wird, sollte der schwierige Versuch unternommen, die Kulturen zu verschmelzen. Nach gründlicher Abwägung der Vor- und Nachteile sollte zum Abschluss der Phase eine Integrationsstrategie festgelegt werden. Allerdings darf auch der Abbruch des Transaktionsprozesses kein Tabu sein, sofern die Unterschiede als nicht beherrschbar angesehen werden.

Den Ausführungen folgend sollte in der anschließenden Post-Merger-Integrations-Phase die zuvor festgelegte Integrationsstrategie operativ umgesetzt werden. Unter den verschiedenen hierfür entwickelten Integrationsansätzen[21] seien auf Basis des Ansatzes nach Grube/Töpfer die Bestandteile der interkulturellen Integration verdeutlicht. Grundlegend lässt sich der PMI-Prozess in 3 Phasen unterteilen:[22]

1. Die **Start-up-Phase** umfasst die Definition der PMI-Projekte und die Implementierung der PMI-Organisation. Mit dieser Phase sollte wie o.a. bereits vor dem Vertragsabschluss und der Übergabe der Verantwortung begonnen werden. In dieser Phase sollten Teams gebildet werden, die für die einzelnen Projekte verantwortlich sind. Je höher das Transaktionsvolumen, desto mehrstufiger ist die Organisation zu gestalten. Sofern eine Integration angestrebt wird (s.o.), ist es zweckmäßig, auf allen Ebenen die Teams (in unterschiedlichem Umfang) aus den verschmelzenden Unternehmen zu bilden. Aufgabe des PMI-Managements ist dagegen die Koordination der Teams, es ist für das gesamte Projekt verantwortlich (Kommunikation, Budget, Statusbericht). Typischerweise ist es ratsam, zur Umsetzung des Change Management und für das Erkennen von Synergien externe Berater als Themenspezialisten hinzuzuziehen.

2. In der eigentlichen **Projektumsetzungsphase** werden die zuvor definierten Integrationsprojekte durchgeführt, begleitet von einer regelmäßigen Erfolgskontrolle. Schwerpunkt in dieser Phase ist neben der Hebung von Synergien, der Gestaltung neuer Führungsorganisationen sowie der Erschlie-

---

[21] Beispiele hierfür sind das Management-Modell nach Clever, die Integrationsgestaltung nach Gerpott, die Integrations-Management-Konzepte von Grüter und Stromer, das Integrationskonzept von Hase, das 7-K-Modell der Integration von Jansen sowie das Vorgehen bei Integrationsprojekten nach Koch.

[22] Vgl. Grube, 2006, S. 757 f.

ßung neuer Produktsegmente und Märkte (Hard Facts) auch die Integration weicher Erfolgsfaktoren (Soft Facts), zu denen auch die hier im Vordergrund stehenden interkulturellen Aspekte und die Kommunikation zählen.[23]

3. ln der dritten Phase, der **Business-Transformationsphase**, erfolgt die Übergabe der Verantwortung für die Projekte an die Linicnorganisation und damit die schrittweise Auflösung der PMI-Organisation.

3.2   Ausprägungen interkultureller Unterschiede für M&A Transaktionen

Die exemplarischen allgemeinen Ausführungen zu den kulturellen Unterschieden zwischen den 3 betrachteten Ländern lassen erkennen, dass diese Unterschiede auch bei M&A-Transaktionen berücksichtigt werden müssen. Bedeutsam ist, dass **sämtliche Phasen** einer Transaktion betroffen sind und sämtliche Kulturdimensionen betrachtet werden sollten: In besonderem Maß entstehen Herausforderungen aus den Unterschieden in Bezug auf die **Machtdistanz**. Bereits in der Pre-Merger- und der Transaktionsphase können unterschiedliche Prägungen der beteiligten Führungskräfte zu erheblichen Reibungen führen. In der Post-Merger-Phase ist die unterschiedliche kulturelle Vorprägung in Bezug auf die Zusammenarbeit von über- mit übergeordneten Unternehmensbereichen (z.B. dem Vorstand-Abteilung) und in Bezug auf das Zusammenwirken auf der operativen Ebene zu beachten.

Gerade aus dem mehr oder weniger ausgeprägten partizipativen Führungsstil in deutschen Unternehmen können Irritationen bei französischen Führungskräften und Kollegen erwachsen, da das eigenverantwortliche Engagement von Mitarbeitern auf allen Ebenen der Hierarchie als unangebracht aufgefasst wird. Umgekehrt erscheint deutschen Führungskräften und Kollegen die Hierarchieorientierung französischer Mitarbeiter als Form von Passivität und geringem Engagement. Um eine effektive und effiziente Zusammenarbeit zu realisieren, ist es sowohl auf der Ebene des Unternehmens als auch für alle Mitarbeiter erforderlich, im Rahmen der PMI adäquate interkulturelle Kompetenzen zu entwickeln.

Grundsätzlich sind französische und türkische Unternehmen stärker geprägt durch persönliche Autorität der Führungspersonen und die beständige Abstimmung zwischen den Hierarchieebenen, wohingegen in deutschen Unternehmen das Bestreben besteht, für möglichst viele Bereiche Regeln zu finden. Auch hieraus resultieren Herausforderungen mit interkulturellem Bezug im M&A-Bereich: So fällt es deutschen Mitarbeitern in deutsch-französischen Unternehmen mitunter schwer zu akzeptieren, dass nicht für alle Aspekte fixierte Regeln und

---

[23] Vgl. Grube/Töpfer, 2002, S. 104.

Ordnungen existieren und entsprechend mehr Zeit für Abstimmungen einzuplanen ist. Umgekehrt stören sich französische Mitarbeiter an der starren Regelanwendung und versuchen, diese im persönlichen Gespräch mit Vorgesetzten aufzuweichen. Gerade für den bei M&A-Transaktionen essenziellen Bereich des Informationsaustauschs ist es von Bedeutung, dass es für französische und türkische Mitarbeiter nicht selbstverständlich ist, von sich aus Informationen zu liefern.

Zudem ist die Termintreue von Mitarbeitern in Frankreich und der Türkei weniger ausgeprägt als in Deutschland. Dementsprechend sind bei M&A-Prozessen mehr Zeitpuffer einzuplanen. Es gilt also auch in diesem Bereich, auf Unternehmens- bzw. Abteilungsebene interkulturelle Kompetenzen zu entwickeln, um mit diesen Unterschieden umzugehen.

3.3 Bestandteile eines Konzepts zur Integration von Unternehmenskulturen nach interkulturellen M&A

Aufbauend auf den bisherigen Ausführungen wird deutlich, dass für den Erfolg einer übernationalen M&A-Transaktion, bei der zumindest partiell eine gemeinsame Unternehmenskultur geschaffen werden soll, folgende Bestandteile ausschlaggebend sind. Sie sind nacheinander anzugehen:

1. Unvoreingenommene Auseinandersetzung mit den Kulturen zur Gewinnung eines Kulturverständnisses: Unabdingbar ist zunächst die Identifikation der Unternehmens- und Landeskultur sowie ihrer Bedeutung für das jeweilige Geschäftsmodell, sowohl beim eigenen als auch beim hinzukommenden Unternehmen: Welche Kulturausprägungen sind für den Erfolg wichtig? Wo sind Anpassungen mit Blick auf eine gemeinsame Unternehmenskultur möglich und sinnvoll?

2. Klare Zielvorstellungen und Umsetzungswillen im Top-Management bezüglich der anzustrebenden Unternehmenskultur(en): Die im Rahmen der Integrationsstrategie verfolgten Ziele in Bezug auf die Gestaltung der zukünftigen Unternehmenskultur(en) sollten realistisch formuliert werden. Der gesamte Leitungskreis sollte sich auf die Strategie verständigen. Die Umsetzung ist Chefsache, zu bildende Integrationsstabsstellen bedürfen beständiger Unterstützung und Kontrolle durch die Unternehmensleitung.

3. Bildung interkulturelle Integrationsteams und Mediatoren sowie Hinzuziehung externer Experten: Alle Mitarbeiter, speziell die gemeinsamer Funktionen sollten zeitnah in die Umsetzung der festgelegten Strategie eingebunden werden. Die Einflussmöglichkeiten auf die Umsetzung hängen dabei vom angestrebten Verschmelzungsgrad der Unternehmenskulturen ab. Um Gemeinsamkeiten zu entwickeln, Widerstände abzubauen und „Fremdkulturinseln" (Organisationseinheiten, die nicht auf die angestrebte Kultur wechseln) zu vermeiden, sollten

interne Mediatoren für auftretende Schwierigkeiten eingesetzt werden. Zudem ist es ratsam, bei großen oder kritischen Kulturunterschieden trotz der damit verbundenen Kosten fallweise externe Fachexperten hinzuzuziehen. Insbesondere gilt es, das Entstehen von „Wir-/Ihr"-Gegensätzen innerhalb der Belegschaft zu vermeiden.

4. Durchführung interkultureller Trainings, Schulungsmaßnahmen und Coachings: Damit die betrieblichen Funktionen möglichst schnell effektiv zusammenarbeiten und sich wieder dem Markt widmen können, sollten interkulturelle Unterschiede bekannt sein und ein geeigneter Umgang damit aufgezeigt werden (siehe folgende Ausführungen zur Entwicklung interkultureller Kompetenzen). Hierzu sollten im Rahmen der PMI Schulungsmaßnahmen angeboten werden. Bei Führungskräften kann es sinnvoll sein, bereits im Vorfeld der Transaktion ein individuelles Coaching anzubieten, damit gerade in der Anbahnungsphase möglichst wenige interkulturelle Fauxpas auftreten.

5. Entwicklung und Umsetzung eines ganzheitlichen interkulturellen Kommunikationskonzepts: Adäquate Kommunikation nach innen und außen gilt als entscheidend für den M&A-Erfolg. Eine ganzheitliche interkulturelle Kommunikationsstrategie muss den (inter)kulturellen Kontext stets im Blick haben. Bspw. kann eine E-Mail in die Türkei, die nach deutschen Standards direkt zur Sache kommt, zu einer nachhaltigen Schädigung der Beziehungen führen. Zudem sind Verantwortlichkeiten und Ressourcen festzulegen sowie Zielgruppen, Stakeholder und deren Interessen zu ermitteln. Unabdingbar ist ein kontinuierliches Erfolgscontrollings etwa mittels Feedback und ggf. eine flexible Anpassung des Konzepts bei Veränderungen oder neuen Herausforderungen.

Zentral ist dabei die Entwicklung interkultureller Kompetenzen sämtlicher am M&A-Prozess beteiligter Personen. Für die Entwicklung und Förderung interkultureller Kompetenzen bietet sich folgendes 4-Stufen-Vorgehen an:[24]

1. Sensibilisierung: Das wichtigste ist zunächst, die Mitarbeiter für die bewusste Wahrnehmung von Eigen- und Fremdkultur zu sensibilisieren. Dies kann durch interkulturelle Workshops mit entsprechend qualifizierten Trainern und Kollegen aus beiden Kulturen erfolgen. Bewusste Sensibilisierung bedeutet dabei, den Blick zu schärfen für die Persönlichkeit der Menschen, mit denen zusammengearbeitet werden soll. Das beinhaltet auch, für Entdeckungen offen zu sein, welche Leistungen und Potenziale Menschen mit unterschiedlichen kulturellen Hintergründen in das Unternehmen bzw. Team einbringen können und wie sich Wertschätzung und Anerkennung angemessen kommunizieren lässt.

2. Input zu interkulturellen Kompetenzen: Sobald Mitarbeiter zu der Grunderkenntnis gelangt sind, dass interkulturelle Unterschiede bestehen, Menschen

---

[24] Vgl. auch Hofstede et al., 2017, S. 438 ff.

in verschiedenen Ländern unterschiedlich agieren und diese Unterschiede relevant für die eigene Tätigkeit sind, ist es sinnvoll für Unternehmen, für seine Mitarbeiter interkulturelle Workshops anzubieten. Dort kann bspw. die ausländische Kultur mit ihren Normen- und Wertevorstellungen mit der eigenen Kultur verglichen werden. Auf dieser Basis lassen sich dann Best Practices im Umgang mit den Unterschieden ableiten.

3. Anwendung interkultureller Kompetenzen: Nach dem Input bietet es sich an, etwa im Rahmen von Auslandsaufenthalten oder übernationalen gemeinsamen Konferenzen und Fachschulungen, das Gelernte über interkulturelle Unterschiede und den Umgang damit in der Praxis zu erleben.

4. Selbst- und Fremdreflexion der angewendeten interkulturellen Kompetenzen: Nach Auslandsaufenthalten und sonstigen Erfahrungen mit der Anwendung interkultureller Kompetenzen wird es oftmals zweckmäßig sein, im Rahmen einer Selbst- und Fremdreflexion das Erlebte strukturiert zu hinterfragen und ggf. Anregungen für ein geändertes Verhalten einzuholen.

4   Zusammenfassung

Unterschiedliche Unternehmenskulturen führen bei nationalen, aber insbesondere bei übernationalen M&A-Deals häufig zu Konflikten: Bspw. sind Mitarbeiter von Unternehmen mit dezentralem Führungsstil daran gewöhnt, über recht weitreichende Freiräume bei Entscheidungen zu verfügen. Wenn das gemeinsame Unternehmen eine stärker hierarchisch ausgerichtete Führung hat und die Mitarbeiter hierauf nicht vorbereitet sind, droht der Verlust von Führungskräften, denen im Rahmen der Human Resources Due Diligence noch Schlüsselfunktionen zugeordnet wurden.

Die Länderbeispiele Deutschland, Frankreich und Türkei verdeutlichen, dass hierbei neben Unternehmenskulturen auch die jeweiligen nationalen Kulturen zu berücksichtigen sind. Sie beeinflussen maßgeblich die jeweiligen Unternehmenskulturen sowie auch die Möglichkeiten zum Umgang mit Unternehmenskulturunterschieden. Vorbedingung für den Erfolg von M&A-Transaktionen ist daher die Kenntnis der eigenen Unternehmenskultur sowie deren Bedeutung für den Markterfolg.

Werden im Rahmen einer Cultural Due Diligence Konflikte zwischen den Unternehmenskulturen identifiziert, sind noch während der Phase künftige Strategien zu entwickeln und bei der Preisfindung zu berücksichtigen. In der Integrationsphase muss die besondere Aufmerksamkeit darauf gelegt werden, die als zweckmäßig festgelegte Unternehmens- und Führungskultur durch adäquate Maßnahmen zu implementieren und auch die Mitarbeiter diesbezüglich auszuwählen. Nichtsdestotrotz bleiben trotz bester Vorbereitung gerade übernationale M&A-Transaktionen ein Wagnis.

5   Literatur

Appl/Koytek/Schmid, Beruflich in der Türkei: Trainingsprogramm für Manager, Fach- und Führungskräfte, 2. Aufl. 2016.

Franken, Deutsch-türkische Unternehmenskooperationen, Strategien für erfolgreiche interkulturelle Zusammenarbeit (Alman Türk şirketler kooperasyonu), 2006.

Frankfurter Allgemeine Zeitung, o.V., Fusionen wenig erfolgreich, http://www.faz.net/aktuell/wirtschaft/unternehmenszusammenschluesse-fusionen-wenig-er folgreich-1196873.html, 19.12.2004, Abrufdatum: 14.1.2019.

Gerds/Schewe, Post Merger Integration, Unternehmenserfolg durch Integration Excellence. 5. Aufl. 2014.

Grube, Der Post-Merger-lntegrationsprozess bei der DaimlerChrysler AG, in Wirtz (Hrsg.), Handbuch Mergers & Acquisitions Management, 2006, S. 755–783.

Grube/Töpfer, Post Merger Integration – Erfolgsfaktoren für das Zusammenwachsen von Unternehmen, 2002.

Hall, E. T./Hall, M. R., Understanding cultural differences, 1990.

Hermsdorf, lntegrationsconsulting bei Unternehmenszusammenschlüssen unter Berücksichtigung des psychologischen Vertrages, 2011.

Hofstede, G./Hofstede, G. J./Minkov, Lokales Denken, globales Handeln : interkulturelle Zusammenarbeit und globales Management, 6. Aufl. 2017.

Högemann, Cultural Due Diligence, in Berens/Brauner/Strauch/Knauer (Hrsg.), Due Diligence bei Unternehmensakquisitionen, 7. Aufl. 2013, S. 599–623.

Kearney, Three Years After The Marriage- Merger Integration Revisited, 2008.

Körfer, Strategisches Management von Mergers and Acquisitions, 2006.

Lüsebrink, Interkulturelle Kommunikation : Interaktion, Fremdwahrnehmung, Kulturtransfer, 4. Aufl. 2016.

Rathnow/Mohr, „Dieses Mal könnte alles anders sein", Erfolgsfaktoren für Akquisitionen, in Controller Magazin, Jg. 39, H. 6, 2014, S. 28–32.

Steinle/Eichenberg/Weber-Rymkovska, Cultural Due Diligence als Erfolgsfaktor für internationale M&A-Transaktionen, in Müller-Stewens (Hrsg.), Mergers & Acquisitions, 2010, S. 253–267.

Tektaşlı/Heidinger, Business Guide Türkei – ein Handbuch für ausländische Investoren und Geschäftsleute in der Türkei, 2012.

Investieren in Indien: Eigenschaften, Chancen und Risiken

- Indien ist ein Riesenmarkt – sowohl personell als auch materiell. Investieren in Indien, Beteiligungen an asiatischen Firmen oder umgekehrt, gewinnt zunehmend auch für mittelgroße Unternehmen an Bedeutung.

- Große Chancen winken, große Risiken drohen überall in Asien, so auch in Indien. Die am meisten unterschätzten Herausforderungen sind der Zeitfaktor und die interkulturellen Besonderheiten indischer Kunden, Lieferanten und Mitarbeiter.

- Dieser Beitrag will dazu beitragen, den indischen Markt und seine Teilnehmer besser verstehen zu können.

■ **Die Autorin**

Prof. Dr. Claudia Ossola-Haring, Dipl. Kfm. Prof. Dr. Claudia Ossola-Haring hat BWL an der Uni. Mannheim studiert und im Fach Betriebswirtschaftliche Steuerlehre promoviert. Seit 2002 ist sie Professorin an der SRH-Hochschule für Wirtschaft und Medien Calw. Über 10 Jahre war sie Chefredakteurin für Steuerfachliteratur und GmbH-Publikationen. Seit 1992 führt sie ein Redaktions- und Herausgeberbüro, ist Unternehmensberaterin, freie Fachjournalistin sowie Referentin in den Bereichen Steuern, GmbH, Personal und Kommunikation.

1 Indien: Immer noch ein Boomland

Indien erlebte während der letzten Jahre trotz mancher Rückschläge immer noch einen wahren Boom: Die Verbraucherausgaben stiegen und steigen enorm, bedingt durch ein stetig steigendes Pro-Kopf-Einkommen. Schnell wachsende verfügbare Einkommen, erhöhte Verfügbarkeit und die Nutzung von Kundenkrediten und Kreditkarten unterstützen die Neigung des durchschnittlichen Inders, globalen (= i.d.R. westlich orientierten) Trends zu folgen. Dies führte zu einer rasant wachsenden Konsumentenanzahl und macht Indien zu einem der größten Märkte für Industriegüter und Dienstleistungen.

2 M&A-Markt in Indien

Der M&A-Markt in Indien kann aktuell als „vorsichtig optimistisch" bezeichnet werden. Zwar hat die Zahl der Transaktionen als solche in geringem Maß abgenommen, dafür aber hat der Wert der einzelnen Transaktionen zugenommen und erreichte im Jahr 2017 ein Sechs-Jahres-Hoch.

Die Regierung unter Modi ist bemüht, das Wirtschaftsleben zu vereinfachen und hat einige Erleichterungen, die sich auch positiv auf den M&A-Markt auswirken, durchgesetzt, so bspw. Steuererleichterungen, Patentschutz und die Möglichkeiten, vieles, wozu man vorher auf Ämter gehen musste, nunmehr online zu erledigen. Auch wurden bisherige Beschränkungen im Bereich Foreign Direct Investment (FDI) wie bspw. bei Verteidigung, Pharmazie und ziviler Luftfahrt erleichtert – was allerdings nicht mit „leicht" verwechselt werden sollte.

In den folgenden Sektoren gibt es signifikante M&A-Aktivitäten: Fertigung, Finanzdienstleistungen, IT und IT-gestützte Dienstleistungen, Öl und Gas, Pharmazie, Biowissenschaften und Gesundheitsvorsorge.

2.1 Optionen für ausländische Investoren in Indien

Im Gegensatz zu Europa ist Indien zwar ein Staat ist, der auch durchaus Gesetze für das gesamte Indien erlassen hat. Dr Staat Indien ist aber auch eine Föderation aus vielen Bundesländern, die allesamt wieder ihre eigenen Regeln haben.

Es wird nur noch in Ausnahmefällen zwischen indischen und ausländischen Investoren unterschieden. In vielen Branchen können sich ausländische Firmen zu 100 % beteiligen, benötigen also keinen indischen Partner (mehr). In bestimmten Sektoren allerdings sind ausländische Kapitalanlagen nicht oder nur bis zu einer Höchstgrenze möglich, bspw. in Medien und Lotterien oder dem reinen Finanzinvestment.

Ein Unternehmen aus dem Ausland, das plant in Indien tätig zu werden, hat die folgenden Optionen:

- Sich als ein Unternehmen eintragen lassen (Companies Act, 1956) durch:
  - Joint Venture oder
  - Gründung einer hundertprozentigen Tochtergesellschaft
  - Gründung eines eigenen Unternehmens

Das Firmenkapital aus dem Ausland kann bei solchen indischen Firmen bis zu 100 % betragen, abhängig von den Anforderungen des Investors und den „Caps" in dem jeweiligen Sektor/Bereich unter den FDI-Richtlinien.

- Der Einstieg als ausländisches Unternehmen ist möglich durch:
  - a) Liaison Office
  - b) Projektniederlassung
  - c) Zweigniederlassung

Diese Niederlassungen können Geschäfte abwickeln, wie es von den Foreign Exchange Management Regulations vorgesehen ist.[1]

Das Investitionsklima wurde auch durch die Änderung der Insolvenzregeln verbessert.

Bereits 2015 hat die indische Regierung für deutsche Firmen ein Schnellverfahren umgesetzt, um Geschäfte schneller und unbürokratisch abwickeln zu können. Unternehmensgründungen sollen durch eine elektronische Variante des Genehmigungsverfahrens „INC-29" auch sicherer werden. „eBIZ" wird künftig ein elektronisches Verfahren sein, das ursprünglich 14 Einzelgenehmigungen staatlicher Stellen in ein einziges Formular zusammenfasst. Ob diese Maßnahmen aber auch tatsächlich erfolgreich sind, wurde bislang offiziell noch nicht durch Daten bestätigt.

Wirtschaftliche Fördermaßnahmen in Indien sind u.a. erweiterte Abschreibungsmöglichkeiten, Steuerbefreiungen sowie Vergünstigungen bei direkten und indirekten Steuern.

2.2 Sonderwirtschaftszonen in Indien

Sonderwirtschaftszonen (SEZ) gibt es nicht nur für öffentlich-rechtliche Investoren, sondern gerade auch für mittelständische Unternehmen, und zwar auch solche aus dem Ausland. Da Indien Bundesstaaten hat, hängen die jeweiligen genauen Bedingungen in den Sonderwirtschaftszonen vom Standort ab. Die Zentralregierung gab lediglich allgemeine Richtlinien vor, wie bspw. Steuerfreiheit und die Möglichkeit, den extrem rigiden Kündigungsschutz für indische Mitarbeiter zu lockern.[2]

---

[1] s. auch: https://rbi.org.in/Scripts/BS_FemaNotifications.aspx?Id=11235.
[2] http://www.sezindia.nic.in.

Der Special Economic Zone Act 2005 trat am 10.2.2006 in Kraft. Das Gesetz bietet für die Einrichtung, Entwicklung und Management der Sonderwirtschaftszonen Exportförderungen. Die Regeln der SEZ stellen eine drastische Vereinfachung der Prozeduren der Zentral- und Landesregierung dar.

Die wichtigsten Regelungen des Special Economic Zone Act 2005 sind:

- keine Einfuhrzölle auf Rohstoffe, Produktionsgüter und Verbrauchsmaterialien
- 50–100 %ige Befreiung von Einkommensteuer
- Ausnahmeregelungen bei Kapitalerträgen bei Verpflichtungsübernahme von einem Stadtgebiet in eine SEZ
- freie Ausführung von Gewinnen
- keine Verbrauchsteuer auf Produkte aus dem Binnenland
- keine Kontrollen durch die Import- und Exportbehörde und anderen Behörden
- Einrichtung von designierten Gerichtshöfen und Strafverfolgungsbehörden um schnelle Gerichtsverfahren und Ermittlungen von Verstößen in den SEZs zu verfolgen
- Ermutigung der Landesregierungen die Landesgesetze zu liberalisieren und ihre Machtbefugnisse an Bevollmächtigte der SEZ zu delegieren um den Prozess für Genehmigungen zu vereinfachen
- Ermutigung der Regierungen der Bundesstaaten, Foreign Direct Investments (FDI) zuzulassen.

3 Erfolgsfaktoren in Indien

Die wichtigsten Erfolgsfaktoren in Indien sind Zeit, Zeit und Zeit. 3 Erfolgsfaktoren, die für Europäer und vor allem Deutsche nur schwer zu ertragen sind. Die weiteren Erfolgsfaktoren sind Respekt vor den Menschen in Indien und Liebe zu ihnen und zum Land.

3.1 Wirtschaftliches Umfeld (Foreign Direct Investment / FDI)

Unter den Ländern mit dem größten Bruttoinlandsprodukt (BIP) belegte Indien mit ca. 2,85 Mrd. USD Rang 7 im Jahr 2018 (USA rund 20,41 Mrd. USD, Deutschland 4,2 Mrd. USD.[3]

In der jüngeren Vergangenheit ist Indien in den Fokus ausländischer Direktinvestitionen (Foreign Direct Investment, FDI) und institutioneller Anleger aus dem Ausland (Foreign Institutional Investors – FII) gerückt.

Investiert wurde vor allem im Dienstleistungssektor, in der IT-Branche, im Bauwesen, in der Telekommunikation sowie in der Kfz-Industrie. Zu den größten

---

[3] Quelle: statista.

deutschen Direktinvestoren in Indien gehören Siemens, Daimler, Volkswagen Bosch und MAN in den Branchen Technologie und Kfz.

Seine Größe und sein Wachstumspotenzial machen Indien zu einem attraktiven Markt. Die indische Wirtschaft wächst derzeit um etwa sieben Prozent. Das stärkste Argument für eine Investition in Indien aber ist die hohe Gesamt-kapitalrentabilität (Return on Investment, ROI). Indiens freie Marktwirtschaft, die gesetzlichen und rechtlichen Rahmenbedingungen honorieren freies Unterneh-mertum und Risikobereitschaft. Die natürlichen Ressourcen und die in aller Regel gut ausgebildeten Mitarbeiter könnten Indien zu einer mutigen, aber machbaren Wahl gerade auch für mittelständische Investoren machen. Leider gilt dies aber nur bedingt. Denn obwohl Indiens Ministerpräsident Narendra Modi „die Wirtschaft" in den Fokus rückt, obwohl er Indien digitalisieren will (auf Twitter hat er 30 Mio. Follower, US-Präsident Trump zum Vergleich hat 53,1 Mio.), obwohl er offensiv um ausländische Investoren wirbt, sieht die Realität vor Ort teilweise drastisch anders aus.

Zwar drängt Modi auf Wirtschaftsreformen. Das bürokratisch-schwerfällige Foreign Investment Promotion Board, das die FDI-Anträge prüfte und genehmig-te, wurde abgeschafft und durch ein einfacheres – aber immer noch nicht einfaches – Genehmigungsverfahren ersetzt. Weiterhin hat Modi 2017 erstmals eine einheitliche Mehrwertsteuer für Indien, die „Goods and Services Tax" (GST) durchgesetzt. Unternehmen und die indische Wirtschaft profitierten von der GST. Auch der internationale Währungsfonds (IWF) kommt in seinem Länderbericht vom 6.8.2018 zu einem positiven Gesamtergebnis, obwohl die Einführung und die damit verbundenen Übergangsschwierigkeiten zu Beginn des zweiten Halbjahrs 2017 zunächst für einen Einbruch beim Wachstum führten. Mittlerweise hat das Wirtschaftswachstum jedoch wieder merkbar angezogen. Kritisch zu sehen sind allerdings die immer noch große Zahl von Steuersätzen und die komplexe Verfahrensstruktur.

3.2 Währung

Die Währung in Indien ist die Rupie (INR). In Indien wird die Rupie meist „Rupee" (Re), Plural: „Rupees" (Rs) geschrieben. Als (große) Zähleinheiten werden „Lakh" (1 Lakh = 100.000) und „Crore" (1 Crore = 100 Lakh = 10.000.000) verwendet. Unsere Zahleinheit 1 Million wird meist nicht verstanden, es sind 10 Lakh – auch im Gespräch mit international erfahrenen Bankern oder Geschäftsleuten.

3.3 Politisches Umfeld und Korruption

Indiens schnell wachsender Marktwirtschaft liegt ein dynamisches und durch-aus robustes System zugrunde. Demokratie und Gewaltenteilung sichern in der

Theorie ein stabiles politisches Umfeld und garantieren die Rechtsstaatlichkeit. Tatsächlich aber ist Korruption ein weit verbreitetes Phänomen. So wird für jedes notwendige Formular eine Extra-„Gebühr" erhoben. Auch die Polizei verwendet „Korruptionspreislisten" für Vergehen, wobei der „Ausländer-Zuschlag" teilweise beträchtlich ausfällt.

Transparency International misst in einer weiteren Erhebung die Bereitschaft, mit der Inländer im Ausland Bestechungs- und Schmiergelder zahlen. Mit 7,5 Punkten von maximal 10 erreichte indische Unternehmen den 20. Platz von insgesamt 28 untersuchten führenden Volkswirtschaften.[4]

3.4 Robustes Rechts- und Geschäftssystem

Indien ist eine freie Marktwirtschaft mit einem robusten und gut entwickelten Rechts- und ausgeprägten Verwaltungssystem, wobei letzteres hauptverantwortlich für den hohen Grad der Bürokratisierung Indiens ist. Das indische Gerichtssystem ist – ähnlich wie in Deutschland – dreistufig aufgebaut in das höchste Gericht, den Supreme Court, dessen Entscheidungen Präzedenzfälle sind, die alle anderen Gerichte binden, darunter angesiedelt sind High Courts und District Courts. Indische Gerichte sind von Rechts wegen unabhängig von der Exekutiven. Des Weiteren kann wie in Deutschland gegen die Entscheidungen von ersten oder zweiten Instanzen Revision eingelegt werden.

Grundsätzlich ist bei Gerichtsverfahren in Indien Geduld notwendig, denn die Gerichte und die Richter sind bereits in der ersten Instanz so chronisch überlastet, dass bereits hier mit einer Verfahrensdauer von zehn Jahren und mehr gerechnet werden muss. Den Ausweg, den auch indische Unternehmen wählen, ist ein privates Schiedsgericht.

Die Vorschriften zur Rechnungslegung in Indien sind ähnlich zu den internationalen Standards. Viele indische Firmen sind an der NYSE und dem NASDAQ notiert und legen ihre Ergebnisse unter US-GAAP offen.

Indien bietet eine hochentwickelte Unterstützung für Business und Industrie mit Wirtschaftsprüfungsgesellschaften (von denen einige an internationale WpG angeschlossen sind) sowie qualifizierten Rechtsexperten für Gesellschaftsrecht. Auch sind große internationale Werbeagenturen, Anlagebanken und Beratungsgesellschaften in Indien gut vertreten.

---

[4] Quelle: https://www.laenderdaten.info/Asien/Indien/korruption.php, Abrufdatum 02.12.2018.

4 Umgang mit Mitarbeitern und Geschäftspartnern

Wer Erfolg haben will, muss sich selbst als Respektsperson etablieren. Auch indische Geschäftspartner und Mitarbeiter merken schnell, wer nicht über eine natürliche Autorität, sondern nur über eine formal verliehene verfügt.

4.1 Vielseitige und qualifizierte Mitarbeiter, mit unterschiedlichem kulturellen Hintergrund

Indien verfügt über eine enorme Ressource an jungen(!), gebildeten, arbeitsamen, vielseitigen und ambitionierten Arbeitskräften. Indien den zweitgrößten Fundus an Wissenschaftlern und Ingenieuren der Welt. Allerdings kennen diese gut ausgebildeten Arbeitskräfte ihren Wert und sind nicht zimperlich, wenn es darum geht, ihren eigenen Vorteil wahrzunehmen. Anders ausgedrückt: Die Illoyalität indischer Arbeitnehmer und die daraus resultierende hohe Fluktuation sind für deutsche Unternehmen zumindest gewöhnungsbedürftig. Personalcontrolling gewinnt hier einen neuen, anderen und höheren Stellenwert als bspw. in Deutschland.

„Gewöhnungsbedürftig" für Europäer ist aber auch das Senioritätsprinzip, heißt, kein indischer Mitarbeiter wird seinem Vorgesetzten offen oder verdeckt widersprechen oder kritisieren. Controlling-Berichte sind auch unter diesem Gesichtspunkt zu lesen.

Wer Indien rein als Billiglohnland sieht, dessen Investitionstätigkeit ist in anderen (asiatischen) Ländern besser aufgehoben. Denn Indien ist kein Billiglohnland im „klassischen" Sinn. Ein vermeintlich geringes Lohnniveau ist schon lange kein Grund mehr sich in Indien niederzulassen, denn in anderen asiatischen Ländern sind die Personalkosten deutlich niedriger.

Natürlich sind die Unterschiede der Produktionskosten im Vergleich zu (west-)europäischen Standorten groß. Während bspw. ein Software-Ingenieur in Deutschland durchschnittlich zwischen 54.000 und 70 000 EUR pro Jahr verdient, sind es in Indien laut einem Bericht von „Glassdoor.de" durchschnittlich 800.000 indische Rupien, also ca. 9.600 EUR, Spitzenverdiener gehen mit rund 1.500.000 indischen Rupien (ca. 18.000 EUR) nach Hause.

Die Gehaltsstufen variieren – wie in Deutschland auch – nach Berufserfahrung und Hierarchiestufe. Die Gehälter der hochqualifizierten Arbeitskräfte mit mehrjähriger Berufserfahrung aber haben in manchen Branchen bereits ein beachtliches Niveau erreicht. Da sie knapp sind und sie um die Knappheit wissen, müssen teilweise sogar Löhne bezahlt werden, die über dem europäischen Niveau liegen. Leitende Angestellte geben sich nicht mit dem Grundgehalt zufrieden, sondern verlangen Zulagen (Allowances), die oft die Hälfte des Gesamtgehalts ausmachen.

Neben den zwei Amtssprachen Hindi und Englisch sind in der indischen Verfassung 21 weitere Sprachen mit teils eigenen Schriften anerkannt, die auf regionaler Ebene teils als Amtssprachen dienen. Darüber hinaus werden über 1.000 Minderheitssprachen und Dialekte gesprochen. Obwohl Hindi eine Amtssprache ist, gibt es sehr viele auch gebildete Inder, die kein Hindi sprechen und sich deshalb mit Hindi-sprechenden Indern auf Englisch verständigen.

Alles in allem ist es für ausländische Investoren sehr schwierig, das zu erwartende Lohnniveau in der eigenen Firma zuverlässig zu bestimmen und die innerindischen kulturellen und religiösen Unterschiede und Befindlichkeiten zu kennen. Im Personalcontrolling sowie im HR (Human Ressource Management sowohl was die Mitarbeitergewinnung als auch die Mitarbeiterbindung anbelangt) dürfte es deshalb empfehlenswert sein, den Rat ortsansässiger Beratungsfirmen einzuholen.

4.2   Indien und Deutschland sind keine Wunschdestinationen

Deutschland und die Deutschen haben in Indien einen sehr guten Ruf. Sie werden zwar nicht unbedingt geliebt, aber man bewundert die Zuverlässigkeit und Effektivität, die politischen Stabilität und den wirtschaftlichen Erfolg. Gleichwohl ist Deutschland selbst für Expats ein unbeliebtes Land.[5] Der Grund: Sie finden hier kaum Anschluss. Das muss nicht nur an der eher zurückhaltenden Gastfreundschaft der Deutschen liegen, sondern hat seinen Grund auch in der Sprache. Da in Indien zumindest bei der gebildeten Schicht Englisch die Sprache ist, in der man sich auch unter Indern verständigt, führt Deutsch als Sprache eher ein Mauerblümchendasein.

Umgekehrt steht Indien auf der Wunschliste der Auslandsdestinationen für Deutsche weit hinten. Zu den 3 Ländern, in denen sich Expats gleich welcher Nation am unwohlsten fühlen, gehört neben Saudi-Arabien und Kuwait eben auch Indien.

4.3   Die persönliche Beziehung: Schlüssel zum Erfolg in Indien

Die Grundidee Indiens als weltliche Nation ist Toleranz gegenüber den Religionen und kulturelle Verschmelzung nicht nur innerhalb Indiens, sondern auch global. Teilweise aber muss man konstatieren, dass es aktuell auch in Indien wie in Europa oder auch Amerika Strömungen gibt, die eben diese Toleranz und gegenseitige Achtung der Kulturen zum eigenen Vorteil politisch unterminieren wollen.

Interkulturelle Kompetenz ist unabdingbar für alle, die in Indien mit Indern Geschäfte machen wollen. Wer meint, er könne in Indien wie in Europa oder den USA nach alten Mustern Geschäftskontakte aufbauen, wird schon in den ersten

---

[5]   Quelle: Umfrage des Online-Netzwerks für Expats „Inter-Nations" mit 18.000 Personen, internations.org/expat-insider.

Schritten scheitern, ebenso wie derjenige, der meint, die Asienerfahrung, die er z.B. in China gesammelt hat, 1:1 auf Indien übertragen zu können. Die Unterschiede sind beträchtlich.

Besonders groß ist der Unterschied der Kulturdimensionen[6] beim Machtdistanz-index (Power Distance Index – PDI). Indien hat wie die meisten asiatischen Länder einen sehr hohen Machtdistanzwert. Werte, die in Indien als normal und selbstverständlich gelten, haben in Deutschland wenig oder überhaupt keinen Stellenwert. Andere Symbole, Helden, Rituale und Werte sind wichtig. Dennoch kommunizieren jeden Tag Inder mit Deutschen und das auch oft sehr erfolgreich.

Die meisten Inder sind extrem beziehungsorientiert. Während man in westlichen Ländern meist erst Geschäfte macht und sich dann nach Feierabend der Beziehungspflege widmet, läuft es in Indien genau anders herum. In Indien macht man Geschäfte, weil man sich kennt. Dabei ist es gar nicht wichtig, ob man einem indischen Geschäftspartner etwas verkaufen will oder etwas von ihm kaufen möchte. Eine vertrauensvolle Geschäfts- und Arbeitsbasis zu schaffen, sollte bei den ersten Schritten in Indien immer im Vordergrund stehen.

Dem überwiegenden Teil indischer Geschäftsleute ist es wichtig, langfristige(!) Geschäfte mit einer Win-Win-Situation für beide Geschäftspartner zu machen, denn Indien ist eine Nation, die eine langfristige Zukunftsorientierung (Long-Term-Orientation – LTO oder Future Orientation) aufweist.

Langzeitorientierung	Kurzzeitorientierung
• Respekt vor Tradition • Persönliche Stabilität steht im Vordergrund • Status ist wichtig	• Respekt vor Gegebenheiten • Persönliche Anpassungsfähigkeit ist wichtig • Bereitschaft, einem Zweck zu dienen, ist wichtig

Abb. 1: Die wesentlichen Unterschiede zwischen Ländern mit Lang- bzw. Kurzzeit-orientierung

Der Aufbau dieser Beziehungen dauert zwar lange, doch um langfristig in Indien Fuß fassen zu können, ist es unumgänglich, in diesen Beziehungsaufbau zu investieren.

4.4 Mimik, Gestik und Körpersprache

Die indische Mimik und Gestik wie überhaupt die gesamte Körpersprache ist der (süd-)europäischen recht ähnlich. Hier gibt es in aller Regel auch kaum Missverständnisse. Bspw. wird Ablehnung ebenso wie bei uns durch verächtliches

---

[6] Das Konzept der Kulturdimensionen wird in Schöning, 2019 in diesem Band ausführlich dargestellt.

Hochziehen der Oberlippe (oder zumindest eines Teils davon) kenntlich gemacht. Und auch Stirnrunzeln deutet entweder auf Konzentration oder auf Ablehnung hin. Auch Kopfschütteln ebenso wie die erhobene „abwinkende" Hand bedeuten Ablehnung. Kopfnicken dagegen Zustimmung.

Was aber regelmäßig zu Verwirrungen führt, ist das in ganz Indien übliche Kopfwiegen (wagging). Wenn eine indische Person den Kopf in einer Art Achter leicht wiegend hin und her bewegt, wird dies häufig als Kopfschütteln interpretiert und damit mit „nein" übersetzt. Das Wagging kann jedoch „ja", „vielleicht" oder „ich weiß nicht" heißen. Empfehlenswert ist es, nachzufragen mit dem Eingeständnis, dass man als Europäer den Unterschied zwischen „wagging" und „nein" nicht erkennt. Das kommt in aller Regel bei indischen Gesprächspartnern sehr gut an.

Viele Europäer erschrecken zunächst über die geringe körperliche Distanz bei gleichgeschlechtlichen Indern. Dabei sind Berührungen, auch unter Fremden, sind normal. Es ist durchaus üblich (und sagt nichts über deren sexuelle Veranlagung), dass 2 Männer Hand in Hand gehen. Auch im Geschäftsleben gilt: Je besser das Verhältnis ist, desto häufiger und länger sind Körperkontakte unter gleichgeschlechtlichen Personen. Da Inder sehr großen Wert auf gegenseitiges Vertrauen legen, ist es kein „Annäherungsversuch", sondern vielmehr der Vertrauensbeweis schlechthin, wenn ein indischer Geschäftspartner seinen deutschen Geschäftspartner in der Öffentlichkeit an die Hand nimmt und diese lange Zeit nicht loslässt, selbst wenn er zwischendurch mit zig anderen Leuten redet.

Etwas anderes gilt, wenn eine indische Geschäftsfrau mit einem deutschen Geschäftsmann verhandelt oder eine deutsche mit einem indischen. Dann sollten selbst beim besten Verstehen körperliche Kontakte völlig unterbleiben – sie würden mit Sicherheit falsch verstanden werden.

5 Chancen und Risiken in Indien

Im Folgenden werden die Chancen und Risiken einer M&A-Aktivität in Indien für den Investor überblicksartig nach PESTEL dargestellt. PESTEL ist ein Akronym und steht für die englischen Anfangsbuchstaben der Einflussfaktoren Politik (politics), Wirtschaft (economics), sozio-kulturell (social), Technologie (technological), Ökologie (ecological) und Recht (legal).

Einflussfaktor	Chancen	Risiken
politisch	• Demokratie	• Immer noch nur langsame Öffnung des indischen Markts für FDI und M&A • Nationalistische Bestrebungen nehmen zu • „Traditionelle" Feindschaft mit Pakistan
wirtschaftlich	• Anhaltendes Wirtschaftswachstum • Wirtschaftsfreundliche Reformen der aktuellen Regierung • Konsumfreudige, wachsende Mittelschicht • Große Anzahl von Hochschulabsolventen • Möglichkeiten der Leiharbeit	• Bürokratie • Korruption • Schlechter Zustand der Infrastruktur • Zahlungsmoral und Kreditausfälle (Non-performing Loans) • Importabhängigkeit bei Rohstoffen • Illoyalität der Mitarbeiter • Starke Gewerkschaften • Rigide Arbeitnehmerschutzgesetze (Kündigungen kaum durchsetzbar)
sozio-kulturell	• Englisch als Lingua Franca • Guter Ruf deutscher Unternehmen und deutscher Unternehmer • Niedriges Durchschnittsalter (hohe Geburtenrate) • Junge, lernwillige Bevölkerung	• Vielzahl von Sprachen, Dialekten, Schriften • Senioritätsprinzip • Ein indisches „Nein" ist nur sehr schwer erkennbar • Starke interkulturelle Unterschiede (Nord-Süd-Ost-West, Stadt-Land) • Religiöse Differenzen (Hindus, Muslime, Christen) • Kastensystem • Fehlende Gleichberechtigung • Spannungen zwischen Wachstumsprofiteuren und Armen

Einflussfaktor	Chancen	Risiken
technologisch	• Gute Ausbildungsmöglich-keiten • Technikaffinität	• Häufige Powercuts • Energiediebstahl • Veraltete Maschinen und Ausstattungen • Unkenntnis oder Nichtbeachtung von Sicherheitsvorschriften oder Bauplänen
ökologisch	• Umweltschutzmaßnahmen • Solarenergie	• Klima (Monsun) • Luftverschmutzung • Regelmäßige Überschwemmungen
rechtlich	• Demokratisches Rechtssystem (Common Law) • Überprüfbarkeit untergerichtlicher Entscheidungen • Anerkannte und praktizierte Schiedsgerichtsbarkeit • Unabhängige Notenbank	• Korruption • Lange Verfahrensdauer selbst bei den Untergerichten

Abb. 2: Chancen und Risiken einer M&A-Aktivität in Indien für den Investor

Literaturanalyse zum Thema „Mergers & Acquisitions"

Titel: Mergers & Acquisitions:
Erfolgsfaktoren für mittel-
ständische Unternehmen
Herausgeber: Thorsten Feix/
Jan-Philipp Büchler/Thomas Straub
Jahr: 2017
Verlag: Haufe Group
Kosten: 49,95 EUR
Umfang: 437 Seiten
ISBN: 978-3-648-05729-2

Inhalt

Wer wachsen will, muss kaufen: Immerhin 57 % aller mittelständischen Unternehmen haben in Deutschland vor kurzem eine M&A-Transaktion in Betracht gezogen. „Mergers & Acquisitions" zeigt anhand vieler praktischer Anleitungen und Beispiele sowie intuitiver Grafiken, wie Übernahmen auch tatsächlich zu Wachstum und Wertsteigerung führen. Die Herausgeber stützen sich dabei auf das von ihnen entwickelte M&A-Prozessmodell, das auf handfesten empirischen Daten basiert.

Startpunkt ist die Entwicklung einer individuellen M&A-Strategie. Mit diesem wichtigen Aspekt beschäftigt sich gleich ein ganzes Kapitel, bestehend aus mehreren Einzelbeiträgen. Es folgen die Themen finanzielle Bewertungsmethoden, die Durchführung der Due Diligence, die Berücksichtigung von Compliance-Aspekten sowie steuerliche Analysen von Transaktionen.

Weitere Schwerpunkte liegen auf der Integration neuer Unternehmensteile (Post Merger Integration) inklusive des wichtigen kulturellen Aspekts sowie Struktur und Prozesse. Auch dem Themenkreis Synergiemanagement wird viel Raum gegeben, also dem Schaffen aller notwendigen Voraussetzungen damit eins und eins am Ende auch tatsächlich weit mehr als zwei wird.

Das abschließende Kapitel widmet sich dem M&A-Projektmanagement und wesentlichen organisatorischen Aspekten, um die erfolgreiche Durchführung des Projekts zu gewährleisten.

Titel: Mergers & Acquisitions: Handbuch für Strategen, Analysten, Berater und Juristen
Herausgeber: Günter Müller-Stewens/ Sven Kunisch/Andreas Binder
Jahr: 2. Aufl. 2016
Verlag: Schäffer-Poeschel
Kosten: 79,95 EUR
Umfang: 856 Seiten
ISBN: 978-3-7910-3453-9

Inhalt

Zum strategischen Rüstzeug von Großkonzernen und KMU gehören jegliche Formen von Mergers & Acquisitions-Aktivitäten. Dabei müssen jedoch sowohl betriebswirtschaftliche als auch rechtliche, steuerliche und politische Aspekte berücksichtigt werden. Das Fachbuch beleuchtet das gesamte Themengebiet praxisorientiert und anhand zahlreicher Beispiele.

Das Spektrum der M&A-Tätigkeiten reicht von Unternehmenskäufen, Beteiligungen und Fusionen bis hin zu strategischen Allianzen und Joint Ventures. Zu den Motiven zählen zumeist Wachstum, Restrukturierung oder die Unternehmensnachfolge, wobei es im Kern immer um das Ziel der Wertgenerierung geht. In diesem Buch analysieren die Autoren den aktuellen M&A-Markt in Deutschland, Österreich und der Schweiz aus verschiedenen Perspektiven.

Die Herausgeber und ihre Co-Autoren gehen dabei auf betriebswirtschaftliche, rechtliche, steuerliche und politische Aspekte ein. Das Werk richtet sich an Strategen, Analysten, Berater und Juristen aus dem M&A-Umfeld. Aber auch Studenten und Dozenten einschlägiger Studiengänge finden wertvolle Inhalte.

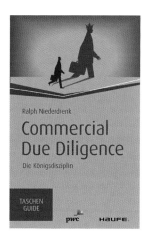

Titel: Commercial Due Diligence:
Die Königsdisziplin
Autor: Ralph Niederdrenk
Jahr: 2017
Verlag: Haufe Group
Kosten: 9,95 EUR
Umfang: 128 Seiten
ISBN: 978-3-648-09357-3

Inhalt

Wie zukunftsorientiert ist ein Unternehmen? Diese Frage muss heute im Rahmen der sogenannten Commercial Due Diligence beantwortet werden. Dieser Taschen-guide informiert über alle wichtigen Grundlagen und erklärt, wie Geschäfts-modelle, Märkte, Kunden und Wettbewerber analysiert werden.

- Grundlagen: Disziplinen, Perspektiven, Zielgruppen und Informationsquellen
- Geschäftsmodellanalyse: Unternehmen, Erfolg, Umsatz, Margen, Zyklizität
- Marktanalyse: Marktdefinition und -segmentierung, Markttreiber, Marktpreis
- Kundenanalyse: Kundengruppen, -konzentration, -beziehungen und Einkaufs-prozess
- Wettbewerbsanalyse: Umfeld, Intensität, Financial Benchmarking, Vorteile und Trends
- Validierung Business Plan: Planungskompetenz, aktuelles Geschäftsjahr und Ausblick, Umsatzplanung

Titel: Post Merger Management:
M&A-Integrationen erfolgreich planen
und gestalten
Autoren: Kirsten Meynerts-Stiller/
Christoph Rohloff
Jahr: 2015
Verlag: Schäffer-Poeschel
Kosten: 69,95 EUR
Umfang: 272 Seiten
ISBN: 978-3-7910-3399-0

Inhalt

Merger-Integrationen sind ganz besondere Projekte: Sie fordern eine Organisation insgesamt und speziell die Integrationsverantwortlichen enorm heraus. In der Regel sind sie mit deutlich überhöhten Hoffnungen auf schnelle Synergiegewinne überfrachtet, es haften ihnen die vielen Fallstricke einer komplexen Organisationsveränderung an und sie sind stark emotionalisiert und von soziopsychologischen Dynamiken geprägt.

Oft wird ohne ausdifferenzierte Projektstrukturen und ohne fundierte Integrationserfahrung auf die bloße Fachkompetenz der jeweiligen Business-Funktion vertraut. Technischer und kultureller Merger laufen nur lose verbunden nebeneinander her. Der Integrationsaufwand wird häufig unterschätzt und es werden keine ausreichenden Ressourcen bereitgestellt.

Vor diesem Hintergrund versucht dieses Buch den Integrationsverantwortlichen in Unternehmen eine Art Leitfaden an die Hand zu geben, der die wesentlichen Grundlagen zur erfolgreichen Gestaltung von Merger-Integrationsprojekten abdeckt. Pragmatisch werden Handwerkszeug und konkrete Unterstützungstools geliefert, die sich bereits in vielen Integrationsprozessen bewährt haben. Zahlreiche Beispiele, Best-Practice-Ansätze, Tools und Checklisten veranschaulichen das Integrationskonzept und unterstützen bei der Umsetzung in die Praxis.

Titel: Post-Merger-Integration im Mittelstand: Kompendium für Unternehmer
Herausgeber: Andreas Kuckertz/ Nils Middelberg
Jahr: 2016
Verlag: Verlag SpringerGabler
Kosten: 49,99 EUR
Umfang: 424 Seiten
ISBN: 978-3-658-12369-7

Inhalt

Für den mittelständischen Unternehmer – sei es als Partner unter gleichen, sei es als Übernehmender oder Übernommener – ist die Integration von Unternehmen alles andere als Tagesgeschäft und geht daher mit entsprechenden Herausforderungen einher. Aus diesem Grund beschäftigt sich das vorliegende Werk schwerpunktmäßig aus der Perspektive des Mittelstands mit der so überaus wichtigen Integrationsphase.

Der Band richtet sich damit vor allem an Unternehmer und verantwortliche Manager des Mittelstands, die im Rahmen ihrer Strategie auf externes Wachstum setzen. Eine zweite Zielgruppe sind Mitarbeiter von Unternehmensentwicklungsabteilungen, die in ihrer täglichen Arbeit für das Gelingen eines Integrationsprojekts verantwortlich sind. Zudem soll mit dem vorliegenden Sammelband aber auch anwendungsorientierten Wissenschaftlern ein Einblick in die konkrete Praxis der Post-Merger-Integration verschafft werden.

Stichwortverzeichnis